Eine Arbeitsgemeinschaft der Verlage

Böhlau Verlag · Wien · Köln · Weimar
Verlag Barbara Budrich · Opladen · Toronto
facultas.wuv · Wien
Wilhelm Fink · München
A. Francke Verlag · Tübingen und Basel
Haupt Verlag · Bern
Verlag Julius Klinkhardt · Bad Heilbrunn
Mohr Siebeck · Tübingen
Nomos Verlagsgesellschaft · Baden-Baden
Ernst Reinhardt Verlag · München · Basel
Ferdinand Schöningh · Paderborn · München · Wien · Zürich
Eugen Ulmer Verlag · Stuttgart
UVK Verlagsgesellschaft · Konstanz, mit UVK/Lucius · München
Vandenhoeck & Ruprecht · Göttingen · Bristol
vdf Hochschulverlag AG an der ETH Zürich

Reinhard Joachim Wabnitz

Grundkurs Recht
für die Soziale Arbeit

Mit 97 Übersichten, 22 Fällen und Musterlösungen
2., überarbeitete Auflage

Ernst Reinhardt Verlag München Basel

Prof. Dr. jur. Dr. phil. Reinhard Joachim Wabnitz, Ministerialdirektor a.D., Professor für Rechtswissenschaft, insbesondere Familien- und Kinder- und Jugendhilferecht am Fachbereich Sozialwesen, Hochschule RheinMain, Wiesbaden

Außerdem vom Autor im Ernst Reinhardt Verlag erschienen:
Wabnitz, Grundkurs Familienrecht für die Soziale Arbeit, 3. Auflage 2012
(UTB-Bestellnummer 978-3-8252-3699-1)
Wabnitz, Grundkurs Kinder- und Jugendhilferecht für die Soziale Arbeit,
3. Auflage 2012
(UTB-Bestellnummer 978-3-8252-3841-4)

Bibliografische Information der Deutschen Nationalbibliothek

Die Deutsche Nationalbibliothek verzeichnet diese Publikation in der Deutschen Nationalbibliografie; detaillierte bibliografische Daten sind im Internet über <http://dnb.d-nb.de> abrufbar.

UTB-Band-Nr.: 3368
UTB-ISBN 978-3-8252-4143-8

© 2014 by Ernst Reinhardt, GmbH & Co KG, Verlag, München

Dieses Werk einschließlich seiner Teile ist urheberrechtlich geschützt. Jede Verwertung außerhalb der engen Grenzen des Urheberrechtsgesetzes ist ohne schriftliche Zustimmung der Ernst Reinhardt, GmbH & Co KG, München, unzulässig und strafbar. Das gilt insbesondere für Vervielfältigungen, Übersetzungen in andere Sprachen, Mikroverfilmungen und die Einspeicherung und Verarbeitung in elektronischen Systemen.

Einbandgestaltung: Atelier Reichert, Stuttgart
Satz: FELSBERG, Satz & und Layout, Göttingen
Printed in Germany

Ernst Reinhardt Verlag, Kemnatenstr. 46, D-80639 München
Net: www.reinhardt-verlag.de E-Mail: info@reinhardt-verlag.de

Inhalt

Abkürzungsverzeichnis 11

Vorwort 13

1	**Soziale Arbeit und Recht**	14
1.1	Recht als Rahmenbedingung Sozialer Arbeit........	14
1.1.1	Soziale Wirklichkeit und Recht	14
1.1.2	Soziale Arbeit und Recht	15
1.1.3	Studium der Sozialen Arbeit und Recht	16
1.2	Recht, Rechtswissenschaft und „die Juristen"	17
1.2.1	Sollensordnungen und Recht	17
1.2.2	Wissenschaften und Recht	18
1.2.3	Juristen und Recht	19
1.3	Ziele und Funktionen von Recht	20
Vertiefung (1.3.1 bis 1.3.10):		21
1.3.1	Interessenausgleich	21
1.3.2	Freiheitssicherung................................	22
1.3.3	Gewährleistung von Gleichheit	23
1.3.4	Gewährleistung von Gerechtigkeit	24
1.3.5	Gewährleistung von Rechtssicherheit..............	26
1.3.6	Friedenssicherung	27
1.3.7	Steuerung gesellschaftlicher Prozesse	27
1.3.8	Erziehung	28
1.3.9	Abschreckung....................................	28
1.3.10	Strafe..	29

2	**Rechtsnormen**.	30
2.1	Charakteristika von Rechtsnormen.	30
2.1.1	Normierung menschlichen Verhaltens	30
2.1.2	Rechtsetzung durch den Staat	30
2.1.3	Rechtsetzung durch Mehrheitsentscheidungen	31
2.1.4	Rechtsetzung durch formalisierte Verfahren	32
2.1.5	Zunahme des Bestandes an Rechtsnormen	32
2.2	Objektive und subjektive Rechtsnormen	34
2.2.1	Objektives und subjektives Recht	34
2.2.2	Möglichkeiten der Einteilung von Rechtsnormen	35
2.3	Hierarchie, Zitierweise und Strukturen von Rechtsnormen.	37
2.3.1	Rechtsquellen.	37
2.3.2	Gliederung und Zitierweise von Rechtsnormen	40
2.3.3	Strukturen von Rechtsnormen	42
2.4	Zivilrecht und Öffentliches Recht	46
3	**Methoden praktischer Rechtsanwendung**.	50
3.1	Rechtstechnik/Subsumtion.	50
3.2	Gesetzesauslegung.	52
3.2.1	Grammatikalische Auslegung.	53
3.2.2	Systematische Auslegung	53
3.2.3	Historische Auslegung.	54
3.2.4	Teleologische Auslegung.	55
3.2.5	Weitere Auslegungsmethoden und Argumentationsfiguren.	56
3.3	Fallbearbeitung	59
3.3.1	Arbeiten am Sachverhalt	60
3.3.2	Auffinden einer Norm mit „gefragter" Rechtsfolge.	61
3.3.3	Eventuell: Entwurf einer Lösungsskizze	62
3.3.4	„Fünf goldene Schritte" bei der Fallbearbeitung	63

4 Allgemeine Zivilrechtsfragen ... 66

4.1 Personen ... 67
4.1.1 Natürliche und juristische Personen ... 67 ✓
4.1.2 Der eingetragene Verein (e.V.) ... 67
4.2 Rechtsfähigkeit und Handlungsfähigkeit ... 69
4.2.1 Rechtsfähigkeit ... 69 ✓
4.2.2 Handlungsfähigkeit ... 70 ✓
4.2.3 Geschäftsfähigkeit ... 70 ✓
4.2.4 Deliktsfähigkeit ... 71 ✓
4.2.5 Altersstufen im Recht ... 72
4.3 Willenserklärungen und Verträge ... 73
4.3.1 Willenserklärungen ... 74
4.3.2 Verträge ... 77
4.4 Rechtsgeschäftliche und gesetzliche Vertretung ... 79
4.4.1 Rechtsgeschäftliche Vertretung ... 79
4.4.2 Gesetzliche Vertretung ... 79

5 Einzelne zivilrechtliche Verträge ... 81

5.1 Kaufvertrag ... 81
5.2 Mietvertrag ... 82
5.3 Dienstvertrag, Arbeitsvertrag, Werkvertrag ... 86
5.3.1 Dienstvertrag ... 86
5.3.2 Arbeitsvertrag ... 87
5.3.3 Werkvertrag ... 88
5.4 Fälle ... 89

6 Zivilrechtliche Haftungsfragen (Deliktsrecht) ... 91

6.1 Das System der unerlaubten Handlungen nach dem BGB ... 92
6.2 Deliktsfähigkeit ... 93 ✓
6.3 Der Grundtatbestand des § 823 Abs. 1 BGB ... 94
6.4 Haftung für das Handeln oder Unterlassen anderer ... 97

6.4.1	Haftung für den Verrichtungsgehilfen	97
6.4.2	Haftung des Aufsichtspflichtigen	98
6.4.3	Haftung von Vereinen, Dienstleistungsunternehmen und sonstigen Gesellschaften	99
6.5	Rangverhältnis	100
6.6	Fälle	100

7	**Gerichtliche und außergerichtliche Rechtsverwirklichung**	**103**
7.1	Gerichtsaufbau und richterliche Unabhängigkeit	103
7.1.1	Gerichtsaufbau in Deutschland	104
7.1.2	Gerichtliches Verfahrensrecht	109
7.2	Beratungshilfe und Streitschlichtung	111
7.2.1	Beratungshilfe	111
7.2.2	Streitschlichtung	112
7.3	Prozesskostenhilfe	112

8	**Verfassungsrecht**	**115**
8.1	Grundgesetz und Landesverfassungen	115
8.2	Staatsprinzipien des Grundgesetzes	116
8.2.1	Republikanisches Prinzip	116
8.2.2	Demokratieprinzip	117
8.2.3	Bundesstaatsprinzip	118
8.2.4	Rechtsstaatsprinzip	119
8.2.5	Sozialstaatsprinzip	122
8.3	Grundrechte	123
8.3.1	Überblick	123
8.3.2	Einzelne Grundrechte	125
8.3.3	Das Grundrechtssystem des Grundgesetzes	129
8.4	Fälle	132

9	**Öffentliche Verwaltung und Verwaltungsbehörden**	134
9.1	Grundfragen der Verwaltungsorganisation..........	134
9.1.1	Öffentliche Verwaltung...........................	134
9.1.2	Träger, Organe und Behörden	137
9.2	Bundes- und Landesverwaltung...................	140
9.3	Kommunalverwaltung............................	142
9.3.1	Rechte und Aufgaben der Städte, Gemeinden und Landkreise als kommunale Gebietskörperschaften...	142
9.3.2	Aufbau und Organisation der Kommunalverwaltung .	145
9.4	Sozialversicherung...............................	147
10	**Überblick über das Sozialrecht und das Sozialgesetzbuch**	149
10.1	Entwicklung und Prinzipien	149
10.1.1	Gegenstand und Entwicklung des Sozialrechts in Deutschland...................................	149
10.1.2	Strukturprinzipien des Sozialrechts................	150
10.2	Leistungsarten	155
10.3	Leistungsträger..................................	159
10.4	Leistungserbringer...............................	160
10.5	Sozialverwaltungsverfahren	162
10.5.1	Zuständigkeiten.................................	162
10.5.2	Verfahrensvorschriften	163
10.5.3	Sozialdatenschutz	166
11	**Grundformen des Verwaltungshandelns**.........	169
11.1	Verwaltungsakt	169
11.1.1	Begriff und Bestandteile des Verwaltungsaktes	169
11.1.2	Inhalt, Form und Nebenbestimmungen des Verwaltungsaktes	171
11.1.3	Bestandskraft und Aufhebung des Verwaltungsaktes .	175
11.2	Öffentlich-rechtlicher Vertrag	177

11.3	Gebundene und Ermessensverwaltung.............	179
11.4	Fälle..	180

12 Rechtsschutz gegenüber Verwaltungshandeln ... 181

12.1	Rechtsschutz durch Verwaltung und Volksvertretung.	181
12.2	Widerspruchsverfahren..........................	183
12.3	Sozial- und verwaltungsgerichtliches Verfahren......	187
12.4	Fälle..	192

13 Strafrecht..................................... 194

13.1	Strukturprinzipien und Rechtsquellen des Strafrechts	194
13.2	Materielles Strafrecht	197
13.3	Rechtsfolgen der Straftat	200
13.4	Fälle..	202

14 Strafverfahrensrecht, Jugendstrafrecht.......... 203

14.1	Akteure und Verfahrensabschnitte	203
14.2	Soziale Arbeit und Strafverfahren	206
14.3	Jugendstrafrecht................................	210
14.4	Fälle..	213

Anhang... 215
Musterlösungen 215
Literatur 235
Sachregister 237

Abkürzungsverzeichnis

a. a. O.	am angegebenen Ort
AG	Amtsgericht
BAföG	Bundesausbildungsförderungsgesetz
BGB	Bürgerliches Gesetzbuch
BGBl	Bundesgesetzblatt
BGH	Bundesgerichtshof
BGHZ	Amtliche Sammlung der Entscheidungen des Bundesgerichtshofs
BVerfG	Bundesverfassungsgericht
BVerfGE	Amtliche Sammlung der Entscheidungen des Bundesverfassungsgerichts
EGBGB	Einführungsgesetz zum BGB
GG	Grundgesetz
Gbl.	Gesetzbatt (der ehemaligen DDR)
GVG	Gerichtsverfassungsgesetz
ISS	Institut für Sozialarbeit und Sozialpädagogik
i. V. m.	in Verbindung mit
JGG	Jugendgerichtsgesetz
JZ	Juristenzeitung
LG	Landgericht
NJW	Neue juristische Wochenschrift
OLG	Oberlandesgericht
OWiG	Gesetz über Ordnungswidrigkeiten
RDLG	Rechtsdienstleistungsgesetz
RG	Reichsgericht
RGBl.	Reichsgesetzblatt
RGSt	Amtliche Sammlung der Entscheidungen des Reichsgerichts in Strafsachen
Rz	Randziffer(n)
SGB	Sozialgesetzbuch

Abkürzungsverzeichnis

SGB I	Erstes Buch Sozialgesetzbuch (Allg. Teil)
SGB II	Zweites Buch Sozialgesetzbuch (Grundsicherung für Arbeitsuchende)
SGB VIII	Achtes Buch SGB (Kinder- und Jugendhilfe)
SGB X	Zehntes Buch SGB (Verwaltungsverfahren)
SGB XII	Zwölftes Buch SGB (Sozialhilfe)
SGG	Sozialgerichtsgesetz
StGB	Strafgesetzbuch
StPO	Strafprozessordnung
UN	Vereinte Nationen
vgl.	vergleiche
VwGO	Verwaltungsgerichtsordnung
ZPO	Zivilprozessordnung

Vorwort

Lehrveranstaltungen zum Thema Recht sind fester Bestandteil der Ausbildung an den Fachbereichen für Sozialarbeit, Sozialpädagogik bzw. Sozialwesen an Hochschulen in Deutschland. Zumeist ist dort bereits zu Beginn des Studiums eine allgemeine Einführungsveranstaltung zum Recht für die Soziale Arbeit zu besuchen und mit einer Klausur abzuschließen. Darauf will der „Grundkurs Recht für die Soziale Arbeit" vorbereiten. Dieser soll zugleich Neugierde wecken und Freude beim „ersten Einstieg" in das Recht vermitteln. Das vorliegende Buch, aus Lehrveranstaltungen an der Hochschule RheinMain in Wiesbaden hervorgegangen, stellt in 14 Kapiteln relevantes Basiswissen in einer auf die Zielgruppe zugeschnittenen Art und Weise dar. Im Mittelpunkt der Darstellung stehen Übersichten über das „Wichtigste" für die Klausur, ergänzt um Erläuterungen und Fallbeispiele sowie um „Vertiefungen".

Dieses Buch vermittelt die Grundlagen für das Verständnis der im Studium zumeist folgenden Lehrveranstaltungen etwa zum Familienrecht, Kinder- und Jugendhilferecht, Strafrecht, Recht der Existenzsicherungsleistungen sowie zum übrigen Sozialrecht.

Mit dem Ziel, den Text gut lesbar zu gestalten, sind in geeigneter Weise weibliche und/oder männliche Formen der Geschlechteranrede gewählt worden.

Erfreulicherweise ist bereits nach gut drei Jahren eine 2. Auflage dieses Buches erforderlich geworden. Dazu wurde das Werk sorgfältig durchgesehen und überarbeitet. Um den Blick auf das „Wesentliche" zu schärfen, sind mehr Textteile als in der 1. Auflage als „Vertiefung" gekennzeichnet worden.

Hingewiesen wird auf die weiterführenden Publikationen des Autors „Grundkurs Familienrecht für die Soziale Arbeit" sowie „Grundkurs Kinder- und Jugendhilferecht für die Soziale Arbeit", die ebenfalls im Ernst Reinhardt Verlag erschienen sind.

Wiesbaden, Herbst 2013   Reinhard Joachim Wabnitz

1 Soziale Arbeit und Recht

1.1 Recht als Rahmenbedingung Sozialer Arbeit

1.1.1 Soziale Wirklichkeit und Recht

Was hat Recht mit der sozialen Wirklichkeit und mit der Gesellschaft zu tun, in der wir leben? Vielleicht wird dies deutlich, wenn man einen kurzen Blick in eine x-beliebige Tageszeitung und auf die dort besonders ins Auge springenden Schlagzeilen wirft. Dies könnten z.b. die Folgenden sein, bei denen sofort deutlich wird, dass Politik, Wirtschaft, lokale Nachrichten, ja sogar Sport und Feuilleton sehr häufig zumindest auch eine rechtliche Dimension haben:

- „Staats- und Regierungschefs fordern verbindliche Regelungen für die Bankenaufsicht."
- „Bundestag beschließt Kindergelderhöhung."
- „Wirtschaft fordert verbesserte Abschreibungsmöglichkeiten für Investitionen im Umweltschutz."
- „Keine Tarifeinigung in Sicht. Droht jetzt ein neuer Arbeitskampf in der Metallindustrie?"
- „Kein neues Einkaufszentrum auf der grünen Wiese"
- „Doping im Radsport und kein Ende."

Wie man unschwer erkennt, gibt es in all diesen Fällen vielfältige rechtliche Regelungen zu beachten: des internationalen Rechts, des Wirtschafts-, des Familien-, des Arbeits-, des Umwelt- und sogar des Sportrechts! Schon diese wenigen Beispiele zeigen, dass ganz offensichtlich große Bereiche von Politik, Wirtschaft, Umwelt, Freizeit und Sport in einem Maße von rechtlichen Regelungen durchdrungen sind, wie man sich dies als „Normalbürger" mitunter gar nicht vorstellt.

1.1.2 Soziale Arbeit und Recht

Und wie sieht dies in der Sozialen Arbeit aus? Dazu zwei praktische Beispiele.

Beispiel 1:

Frau Anna A. ist 34 Jahre alt und hat zwei Kinder im Alter von fünf und acht Jahren. Frau A. ist von ihrem Ehemann verlassen worden. Von Beruf ist sie Sekretärin, hat jedoch seit der Geburt des ersten Kindes nicht mehr gearbeitet. Sie hat zudem ein chronisches Rückenleiden und wäre kaum dazu in der Lage, in ihren alten Beruf zurückzukehren, in dem sich mit dem Einsatz moderner Informations- und Computertechnologien zudem sehr viel verändert hat. Frau A. erhält von ihrem Ehemann keine finanzielle Unterstützung mehr und ist auch sonst mittellos. Sie befindet sich zudem in einer psychischen Krisensituation und wendet sich in ihrer Verzweiflung an Sie als der zuständigen Sozialarbeiterin bzw. dem zuständigen Sozialarbeiter im Amt X der Stadt Y.

Sofort haben Sie sicherlich eine Menge Ideen, wie Frau A. in persönlicher Hinsicht geholfen werden könnte, insbesondere durch Sozialberatung und durch Vermittlung psychotherapeutischer und gesundheitlicher Hilfen. Aber würde dies ausreichen? Nein, denn in diesem Fall und vielfach auch sonst in der Sozialen Arbeit erfordert professionelle Hilfe nicht nur Sozialberatung, sondern auch Rechtsberatung, ggf. auch Rechtsvertretung.

Deshalb müssen Sie sich als Sozialarbeiter/in, wenn Sie hier wirksam helfen wollen, auch im Familienrecht auskennen, insbesondere im Unterhaltsrecht des BGB. Notwendig wäre hier auch die Kenntnis des Unterhaltsvorschussgesetzes. Mit Blick auf Berufsberatung und Umschulung durch die Agentur für Arbeit ist die Kenntnis der Regelungen des SGB III (Arbeitsförderung) erforderlich, ergänzend möglicherweise auch der Hilfen nach dem SGB VIII (Kinder- und Jugendhilfe) und dem SGB II und SGB XII (Grundsicherung für Arbeitsuchende sowie Sozialhilfe). Im SGB V ist geregelt, welche gesundheitlichen Leistungen der Gesetzlichen Krankenversicherung hier in Betracht zu ziehen sind. Damit wird deutlich, dass Sie als Sozialarbeiterin oder als Sozialarbeiter auch die einschlägigen rechtlichen Ressourcen kennen und ausschöpfen müssen, wenn Sie Frau A. wirkungsvoll helfen wollen.

> **Beispiel 2:**
>
> Der drogenabhängige Karl D. kommt in die Drogenberatungsstelle des Evangelischen Dekanats in der Stadt X. D. offenbart Ihnen als dem/der dort tätigen Sozialarbeiter/in Privatgeheimnisse und im weiteren Verlauf des Gespräches sogar die Begehung einer Straftat. Wie verhalten Sie sich nun gegenüber Ihren Kollegen/innen und Vorgesetzten? Wie gegenüber der Polizei? Dürfen oder gar müssen Sie schweigen? Wie sieht es mit dem Datenschutz und ggf. Ihrem Recht auf Zeugnisverweigerung aus, falls es zu einem Prozess kommt? Auch hier ist offensichtlich, dass die Kenntnis des einschlägigen Berufsrechts gleichsam die Grundlage Ihrer Tätigkeit als Sozialarbeiter/in darstellt. Auch hier gehört die Kenntnis des Rechts zum Handwerkszeug für eine(n) Sozialarbeiter/in schlechthin.

1.1.3 Studium der Sozialen Arbeit und Recht

Mit diesen beiden Beispielen ist auch deutlich geworden, wie intensiv in der Sozialen Arbeit die Probleme ihrer Klientinnen und Klienten mit den einschlägigen Rechtsvorschriften „verwoben" sind. Deshalb gehört es unverzichtbar zum Kanon der Lehrveranstaltungen an den Fachbereichen für Soziale Arbeit, dass dort zumindest Grundkenntnisse im Familienrecht, Kinder- und Jugendhilferecht, im Sozialhilferecht, im Recht der Existenzsicherungsleistungen, ggf. im Strafrecht, Ausländer-/Aufenthaltsrecht, Arbeitsrecht und im Berufsrecht vorgesehen sind.

Um in diese sehr speziellen Rechtsgebiete mit Aussicht auf Erfolg „einsteigen" zu können, ist es erforderlich, zunächst allgemeine Basiskenntnisse über die Strukturen von Rechtsnormen, über Rechtsquellen, über die Rechtsanwendung sowie über die wichtigsten Grundbegriffe des Zivilrechts und des öffentlichen Rechts zu erwerben. Dazu dienen die üblicherweise angebotenen Lehrveranstaltungen „Einführung in die rechtlichen Grundlagen der Sozialen Arbeit" und das vorliegende Buch will eine Hilfe für den Einstieg geben.

„Künftige Sozialarbeiter/innen/ bzw. Sozialpädagogen/innen haben nicht der Rechtsfächer wegen ihr Studium der Sozialen Arbeit begonnen. Würde man sie fragen, mit welchen herkömmlichen Disziplinen sie am ehesten ihr Studium in Verbindung bringen, würden sie vermutlich antworten: mit „Psychologie", „Pädagogik",

„Methoden der Sozialen Arbeit", aber wohl eher ausnahmsweise mit „Recht", das zudem vielfach als formal, unverständlich und scheinbar gegenwartsfern empfunden wird" (Gastiger 2010, 2).

Recht ist zudem vielfach „gefürchtet", weil man dort viel lernen und Klausuren schreiben muss. In der Tat ist es richtig, dass man für die Rechtsfächer Einiges an Zeit aufwenden muss. Die Erfahrung zeigt jedoch, dass spätestens dann, wenn Studierende sich im praktischen Studiensemester/Berufspraktikum befinden, und allerspätestens dann, wenn sie später als Sozialarbeiter/in in der beruflichen Praxis stehen, klar geworden ist, wie wichtig, gesellschaftsrelevant und dynamisch Recht ist – und wie spannend Recht sein kann.

1.2 Recht, Rechtswissenschaft und „die Juristen"

1.2.1 Sollensordnungen und Recht

Recht stellt eine bestimmte „Sollensordnung" mit Geboten und Verboten sowie mit „Spielregeln" für das menschliche Zusammenleben dar. Daneben gibt es aber auch Regeln, die nicht rechtlicher Natur sind, sondern ethischer oder moralischer Art.

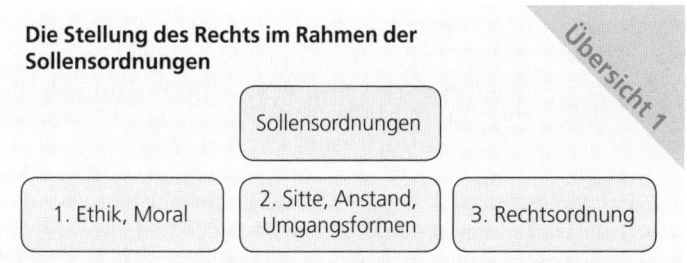

Die Stellung des Rechts im Rahmen der Sollensordnungen

Übersicht 1

Sollensordnungen

1. Ethik, Moral | 2. Sitte, Anstand, Umgangsformen | 3. Rechtsordnung

Ethik und Moral sind Sollensordnungen für das Zusammenleben von Menschen aufgrund von philosophischen oder theologischen Grundpositionen. Nach den zehn Geboten soll man u. a. nicht stehlen und nicht töten, soll man seine Eltern achten, nicht lügen und den Feiertag heiligen. Daneben gibt es Sollensordnungen, die gebieten, an bestimmten Orten eine bestimmte Kleidung zu tragen, in bestimmter Weise seine Mitmenschen zu begrüßen, bis hin zu Tischordnungen oder sonstigen Umgangsformen im Alltag.

Nur ein Teil dieser Gebote und Verbote ist auch rechtlich geregelt. Dies gilt für einen Teil der biblischen Gebote (Verbote zu töten, zu stehlen), aber nicht für alle (z. B. nicht: Seine Eltern zu ehren). Teil der Rechtsordnung sind also nur diejenigen Normen und Gebote, die (in einer formal ordnungsgemäß zustande gekommenen) Rechtsnorm niedergelegt sind. Man kann deshalb die Rechtsordnung auch als das „ethische Minimum" einer Gesellschaft bezeichnen. Im Folgenden werden wir uns im Wesentlichen nur noch mit Rechtsnormen befassen, und zwar mit solchen, die „der Staat" gesetzt hat. (Daneben gibt es auch Rechtsnormen der Kirchen und Religionsgemeinschaften, etwa der evangelischen und katholischen Kirche, auf die im Folgenden ebenfalls nicht eingegangen wird.)

1.2.2 Wissenschaften und Recht

Die Wissenschaft, die sich systematisch mit der Entstehung, Formulierung, Interpretation und Fortentwicklung von Rechtsnormen befasst, ist die Rechtswissenschaft. Die Rechtswissenschaft ist einerseits „exegetische" Geisteswissenschaft, indem sie sich ähnlich wie die Theologie mit der Schaffung und Interpretation von (Gesetzes-, Verordnungs- oder Vertrags-)Texten befasst. Die Rechtswissenschaft ist wegen ihrer engen Bezüge etwa zur Soziologie, Politologie oder den Wirtschaftswissenschaften aber auch als Sozialwissenschaft zu verstehen. In Randbereichen (der Kriminalwissenschaften) hat sie auch Bezüge zu den Naturwissenschaften (etwa bei der Auswertung von Spuren oder der Untersuchung von Körperteilen mit den Methoden der Kriminaltechnik). Obwohl hier manches umstritten ist, kann man sich m. E. bezüglich des Verhältnisses von Rechtswissenschaft und Nachbarwissenschaften auf diese Gliederung der Wissenschaften verständigen (siehe Übersicht 2).

Beispielhafte Gliederung der Wissenschaften *Übersicht 2*

1. Geisteswissenschaften
1.1 Geschichte
1.2 Philosophie
1.3 Theologie

1.4 Literaturwissenschaft
1.5 Sozialwissenschaft
   1.5.1 Politikwissenschaft
   1.5.2 Soziologie
   1.5.3 Psychologie
   1.5.4 Wirtschaftswissenschaften
   1.5.5 Sozialarbeitswissenschaft
   1.5.6 Rechtswissenschaft
2. Naturwissenschaften
2.1 Mathematik
2.2 „reine" Naturwissenschaften: Physik, Chemie, Biologie
2.3 „angewandte" Naturwissenschaften, z. B. Ingenieurwissenschaften
2.4 Kriminalwissenschaft

1.2.3 Juristen und Recht

Anekdotische Vertiefung: Recht und Rechtswissenschaft werden maßgeblich geprägt durch „die Juristen". Wie viele andere Berufsgruppen auch sehen sich Juristen vielfältigen Zuschreibungen, Zuspitzungen und Vorurteilen ausgesetzt: „Juristen sind elitär und arrogant", zudem „weltfremd und allein auf das Recht fixiert", wie folgende bekannte kleine Geschichte illustrieren mag.

An einem schönen Frühlingstag, an dem die Sonne scheint, die Blumen blühen und die Vögel zwitschern, stehen nebeneinander in einer großen Parkanlage: ein Maler, ein Schriftsteller, ein Komponist – und ein Jurist. Der Maler sagt: „Wie schön! Ich male ein Bild mit vielen bunten Blumen." Und der Schriftsteller sagt: "Ich schreibe ein Gedicht, am besten ein Liebesgedicht mit vielen Strophen." Und der Komponist sagt: „Ich schreibe dazu eine wunderbare Melodie." Und alle drei vertiefen sich in ihre Phantasien und denken daran, vielleicht miteinander ein „Gesamtkunstwerk" zu schaffen. Nur einer der vier steht unbeteiligt am Rande daneben und zeigt nur auf das Schild am Rande der Wiese, auf dem „Betreten verboten" steht.

Solche Karikaturen gibt es natürlich auch für andere Berufsgruppen. Kennen Sie schon die folgende Geschichte? Ein Sozialarbeiter geht durch die Stadt und wird von einem ortsfremden Passanten angesprochen. Dieser fragt: „Wo bitte geht es zum Bahnhof?" Darauf antwortet der Sozialarbeiter: „Das weiß ich nicht. Aber ich finde es ganz toll, dass Sie mit mir darüber reden wollen!"

Wenden wir uns noch einmal „den Juristen" zu. Besonders wichtig erscheint – und dies gilt dann auch für Sozialarbeiter/innen als künftige „Rechtsanwender/innen", dass man Recht nicht als Selbstzweck versteht, sondern als Bestandteil sozialer und gesellschaftlicher Prozesse und Veränderungen begreift. Recht ist nicht von der sozialen Wirklichkeit zu trennen, sondern ist vielmehr Bestandteil derselben. Für die Soziale Arbeit bedeutet dies: Rechtswissen und soziales Handlungswissen immer in Wechselwirkung voneinander zu verstehen und im Interesse der Klientinnen und Klienten erfolgreich zu kombinieren!

1.3 Ziele und Funktionen von Recht

Recht verfolgt sehr unterschiedliche Ziele und hat verschiedene Funktionen. Die Übersicht 3 vermittelt einen Überblick über wesentliche Ziele und Funktionen von Recht, ohne dass damit eine prioritäre Reihenfolge verbunden wäre und ohne dass alle Ziele gleichzeitig erreicht werden könnten, weil diese mitunter in einem Spannungsverhältnis oder gar in Widerspruch zueinander stehen. Eine wesentliche Aufgabe von Recht besteht deshalb auch darin, einen Ausgleich zwischen ggf. nicht in Einklang zu bringenden Zielen und Funktionen von Recht zu schaffen!

Ziele und Funktionen von Recht

1. Interessenausgleich
2. Freiheitssicherung
3. Gewährleistung von Gleichheit
4. Gewährleistung von Gerechtigkeit
5. Gewährleistung von Rechtssicherheit
6. Friedenssicherung
7. Steuerung gesellschaftlicher Prozesse
8. Erziehung
9. Abschreckung
10. Strafe

Vertiefung (1.3.1 bis 1.3.10):

1.3.1 Interessenausgleich

Eine ganz wesentliche Funktion von Recht ist der Ausgleich von unterschiedlichen, oft widerstreitenden Interessen verschiedener Menschen, gesellschaftlicher Gruppen, Institutionen etc. Beispiele für solche Interessengegensätze, die das Recht auszugleichen versucht, gibt es in großer Zahl.

> **Beispiel:**
> Mieter und Vermieter sind zwar Vertragsparteien, wenn sie einen Mietvertrag abgeschlossen haben; trotzdem können Ihre Interessen widerstreitend sein, z.B. mit Blick auf die Dauer des Mietverhältnisses, die Miethöhe, die Möglichkeit einer Kündigung etc. Mit Hilfe der §§ 535ff. BGB wird deshalb versucht, einen Interessenausgleich zu erreichen, und werden Regelungen für Konfliktfälle getroffen.

Interessengegensätze bestehen typischerweise auch zwischen Arbeitnehmern und Arbeitgebern, z.B. mit Blick auf Gehaltsstrukturen, Arbeitszeit, Urlaub, Kündigung von Arbeitsverhältnissen etc. Die hier bestehenden Interessenunterschiede werden zumeist dadurch ausgeglichen, dass sich beide Seiten auf Tarifverträge verständigen, für die das Tarifvertragsgesetz wiederum einen breiten, aber verbindlichen Rahmen darstellt.

Erhebliche Interessengegensätze etwa zwischen Fragen von Ökonomie und Ökologie stellen sich bei jedem industriellen Großprojekt, wo Interessenunterschiede zwischen ansiedlungswilligen Unternehmen und den in der Region lebenden Bürgerinnen und Bürgern bestehen können, wenn es z.B. um die Ansiedlung eines neuen Einkaufszentrums, um die Ausweisung eines Industriegebietes oder um den Ausbau eines Flughafens geht. Das Recht versucht deshalb, mit differenzierten Regelungen zu einem Interessenausgleich beizutragen, z.B. in Gesetzen im Bereich von Raumordnung, Landesplanung , Flächennutzungs- und Bauleitplanung, im Straßenrecht, im Immissionsschutzrecht, Wasserrecht, Luftverkehrsrecht etc.

1.3.2 Freiheitssicherung

Das Ziel „Freiheitssicherung" entspricht einem der drei großen Ziele der französischen Revolution: Freiheit, Gleichheit, Brüderlichkeit – und zugleich aller modernen Verfassungen. Gewährleistung und Sicherung von Freiheit als eines der zentralen Ziele der Aufklärung seit dem 18. Jahrhundert und eines der Ziele der bürgerlichen Revolutionen im 19. Jahrhundert bedeutete in klassischer Form zunächst „Freiheit vor dem Staat", Freiheit vor staatlicher Bevormundung und Gängelung; und dementsprechend finden sich in den meisten modernen Verfassungen Normierungen von Freiheitsrechten der Bürgerinnen und Bürger. Auch das Grundgesetz für die Bundesrepublik Deutschland (GG) beinhaltet zahlreiche Freiheitsrechte als Grundrechte. Art. 2 GG beinhaltet mehrere allgemeine Freiheitsrechte, Art. 4 GG die Glaubens- und Gewissens-Freiheit, Art. 5 GG u. a. die Meinungs-, Informations-, Presse- und Wissenschaftsfreiheit, Art. 8 GG die Versammlungsfreiheit, Art. 9 GG die Vereinigungsfreiheit, Art. 10 GG Freiheiten mit Blick auf den Brief-, Post- und Telekommunikationsverkehr. Art. 11 GG beinhaltet ein Grundrecht auf Freizügigkeit, Art. 12 GG auf Berufs- und Berufsausübungsfreiheit, Art. 13 GG auf Freiheit vor Eingriffen in die Wohnung, Art. 14 GG gewährleistet Eigentum und Erbrecht.

Allerdings können Freiheitsrechte nicht unbegrenzt gewährt werden. Ihre Grenzen finden sie regelmäßig in den Freiheitsrechten anderer Menschen. Dies gilt z. B. mit Blick auf die Freiheit, laute Musik auch nach Mitternacht zu hören, mit Blick auf die Öffnungszeiten von Gaststätten, insbesondere in Wohngebieten etc. Die Freiheitsrechte Einzelner müssen, da sie in Konflikt mit den Freiheitsrechten anderer stehen können, in diesen Fällen etwa durch Hausordnungen, Mietverträge, Sperrzeitenregelungen, das Gaststättenrecht u. a. begrenzt werden.

Darüber hinaus würde eine grenzenlose Gewährleistung von Freiheitsrechten („freie Bahn dem Tüchtigen") typischerweise zu einer erheblichen Ungleichheit der Menschen führen, zumeist zulasten der „Schwächeren". Bereits an dieser Stelle wird deshalb offenkundig, dass die Prinzipien der Freiheit und Gleichheit, sowie übrigens auch der Freiheit und Gerechtigkeit sowie der Gleichheit und Gerechtigkeit, in einem geradezu unauflösbaren Spannungsverhältnis zueinander stehen.

1.3.3 Gewährleistung von Gleichheit

Das Ziel der Gleichheit der Menschen entspricht der zweiten großen Forderung der bürgerlichen Revolutionen und späteren Verfassungen der Neuzeit. Auch im Grundgesetz sind mehrere Gleichheitsgrundrechte enthalten. Gemäß Art. 3 Abs. 1 GG sind alle Menschen vor dem Gesetz gleich. Weitere Gleichheitsgebote gemäß Art. 3 Abs. 2 und 3 betreffen die Gleichberechtigung von Männern und Frauen bzw. Benachteiligungsverbote wegen des Geschlechts, der Abstammung, der Rasse, der Sprache, der Herkunft, des Glaubens, der religiösen und politischen Anschauung etc. Behinderte und nicht behinderte Menschen sind im Grundsatz gleich zu behandeln, ebenso wie eheliche und nichteheliche Kinder (vgl. Art. 6 Abs. 5 GG).

Die Gewährleistung von Gleichheit stellt ein wichtiges Regelungsziel zahlreicher Rechtsnormen dar. Ganz allgemein ist es vor dem Hintergrund des allgemeinen Gleichheitssatzes des Art. 3 Abs. 1 GG Aufgabe aller staatlicher Institutionen und Behörden, alle Bürgerinnen und Bürger bei Vorliegen derselben Voraussetzungen gleich zu behandeln. Auch im Strafrecht gilt der Grundsatz, dass jeder unbeschadet der Person vor dem Gesetz „gleich" ist. Die antike Göttin Justitia trägt deshalb eine Binde vor den Augen, damit „ohne Ansehen der Person" gerichtet werde.

Die verbundenen Augen der Justitia lehren aber auch, dass Gleichbehandlung eine Verallgemeinerung voraussetzt. Verallgemeinerung wiederum bedeutet Vergröberung und kann sich im Einzelfall wiederum als ungerecht erweisen. Ein reicher Mann kann seinen Schuldner ebenso auf Begleichung seiner Schulden in Anspruch nehmen wie ein Gläubiger, der darauf viel dringlicher angewiesen ist. Und ungerecht erscheint auch der häufig kolportierte Satz: „Jedem ist es verboten, egal ob reich oder arm, unter den Brücken von Paris zu schlafen"; dies erscheint deshalb als ungerecht, weil reiche Bürger gar nicht erst auf die Idee kommen würden, unter einer Brücke zu schlafen.

Dass absolute Gleichheit zu sehr ungerechten oder unbefriedigenden Ergebnissen führen kann, zeigt auch das folgende lustige Beispiel. Ein Vater hat drei Söhne und möchte sie „gleich" behandeln, indem er ihnen allen drei zu Weihnachten ein Schaukelpferd schenkt. Dieses „gleiche" Geschenk hat aber bei den drei Söhnen sehr unterschiedliche Begeisterung ausgelöst, weil der eine Sohn drei Jahre, der andere sechs und der dritte 14 Jahre alt war. Die Verwirklichung absoluter Gleichheit führt also, isoliert betrachtet, oft zu unsinnigen oder ungerechten Ergebnissen.

1.3.4 Gewährleistung von Gerechtigkeit

Bereits Aristoteles wusste: Bei der Frage der Gleichheit stellen sich häufig auch Fragen nach der Gerechtigkeit. Zuvor hatte Platon gefordert: Es sei nicht jedem genau das Gleiche, sondern jedem das ihm „Angemessene"; jedem das „Seine" zu gewähren. „Suum cuique"; jedem das Seine, war deshalb eine alte Forderung auch des römischen Rechts. Und in ganz ähnlicher Weise hat sich im Mittelalter Thomas von Aquin geäußert: Die Menschen ins rechte Verhältnis zueinander setzen, ist Gegenstand der Gerechtigkeit.

Die Frage nach der Gerechtigkeit ist eines der zentralen Themen der Philosophie und der Theologie, aber auch der politischen Theorie und der Rechtswissenschaft. Wie kompliziert diese „große Frage" der Menschheitsgeschichte jedoch sein kann, zeigt bereits folgendes Beispiel aus archaischer Zeit (vgl. Arzt 1996, 22): Der älteste von vier Brüdern hatte eine große Ziegenherde von unbekannter Stückzahl; der zweitälteste, ein Schmied, hatte 30 Ziegen, der drittälteste, ein Lastträger, drei Ziegen. Der Jüngste besaß nichts, sollte jedoch Hirte werden. Dazu gaben ihm der älteste Bruder nichts, der Schmied fünf Ziegen und der Lastträger eine Ziege. Der Schmied besaß nun 25, der Lastträger zwei und der Hirte sechs Ziegen. Nach einigen Jahren hat sich der Bestand beim Schmied auf 50, beim Lastträger auf 10 und beim Jüngsten, der sich dem Geschäft von Berufs wegen widmete, auf 132 Ziegen vermehrt. Auch die Herde des ältesten Bruders hatte sich wesentlich vergrößert.

Da stirbt der Jüngste. Sein Testament lautet wie folgt: Mein ältester Bruder, der mir in meiner Not nicht geholfen hat, soll nichts erben. Meine beiden anderen Brüder sollen meine Herde erben, wobei ich auf den Richter vertraue, dass er nach Anhörung dieser beiden Brüder meine Ziegen an sie gerecht verteilen werde.

Wie hätten Sie nach Anhörung der Brüder die Ziegen aufgeteilt? Nach dem Sachverhalt gibt es mindestens fünf Alternativen für eine „gerechte" Entscheidung:

- Die erste Entscheidungsmöglichkeit könnte dahin gehen, die Herde von 132 Ziegen in zwei gleiche Teile aufzuteilen, so dass sowohl der Schmied als auch der Lastträger je 66 Ziegen erhielten. Dieser „Halbteilungsgrundsatz", der zudem unkompliziert zu „handhaben" ist, entspricht dem deutschen Erbrecht.
- Eine andere Möglichkeit der Entscheidung könnte darin bestehen, die Ziegen nach dem Verhältnis aufzuteilen, wie der Schmied und der Lastträger seinerzeit Ziegen abgegeben hatten. Der Schmied hatte fünf Ziegen abgegeben, der Lastträger eine Ziege. Danach wären die 132 Ziegen im Verhältnis von 5:1 aufzuteilen, so dass der Schmied 110 und der Lastträger 22 Ziegen erhielte.
- Eine weitere Variante wäre eine Aufteilung nach der damaligen „Opferquote": Der Schmied hatte seinerzeit 1/6 seiner Ziegen abgegeben, der Lastträger 1/3. Dies entspräche einer prozentualen Opferquote von 1:2, so dass der Schmied 44 und der Lastträger 88 Ziegen erhielte.
- Sodann könnten die Ziegen auch nach sozialen Gesichtspunkten verteilt werden, so dass derjenige mehr Ziegen erhielte, der bedürftiger wäre. Entsprechende „Billigkeitsentscheidungen" nach Bedürftigkeit sieht das Recht an vielen Stellen vor.
- Schließlich könnte auch erwogen werden, die genannten Alternativen für eine „gerechte" Entscheidung ganz oder teilweise miteinander zu kombinieren. Solche „Kombinationsprinzipien" gibt es nicht selten im Recht.

Ich überlasse der Leserin und dem Leser die Entscheidung, welche Alternative die „gerechteste" wäre. Allerdings könnten alle fünf Teilungsmethoden, je aus der Perspektive der Betroffenen betrachtet, als „gerecht" angesehen werden. Auch der Gesetzgeber befindet sich nun häufig in exakt dieser Situation, zwischen mehreren denkbaren „gerechten" (oder auch: ungerechten) Entscheidungsalternativen abwägen und sich dann für die eine oder andere Alternative entscheiden zu müssen. Damit wird deutlich, dass „Gerechtigkeit" keine absolut feste Größe darstellt und häufig maßgeblich davon abhängt, aus welcher Perspektive, Betroffenheit oder Interessenlage heraus eine „gerechte" Entscheidung getroffen werden soll.

Und da es mitunter mehrere „gerechte" Alternativen gibt und ggf. keinesfalls Einigkeit darüber besteht, wie etwas „gerecht" geregelt werden sollte, bedarf es letztlich einer verbindlichen Entscheidung darüber, was rechtens sein soll. Vermag niemand festzustellen, was gerecht ist, so muss jemand festsetzen, was rechtens ist (Thomas Hobbes); und dies ist in modernen Zivilisationen der Staat, der durch gesetzgeberische Entscheidung festlegt, was in diesem Sinne „rechtens" ist.

1.3.5 Gewährleistung von Rechtssicherheit

Ein weiteres Ziel und eine weitere wichtige Funktion von Recht ist die Gewährleistung von Rechtssicherheit. Auch dazu zunächst zwei Beispiele:

> **Beispiel:**
> Familie F. (Vater, Mutter, drei Kinder) will ein Haus kaufen. Die Finanzierung ist nur möglich, wenn auch die vom Staat gewährten Beihilfen bzw. Steuervorteile in Anspruch genommen werden (Abschreibungen, Eigenheimzulage, Kinderzuschläge). Familie F. muss sich also darauf verlassen können, dass sich an den im Zeitpunkt der Kaufentscheidung bestehenden Regelungen während deren vorgesehener Geltungsdauer nichts zu ihren Lasten ändert, weil sie sonst ggf. ihr Haus wieder verkaufen müssten. Aus Gründen der Rechtssicherheit hat der Staat deshalb bisher immer dafür gesorgt, dass solche Steuervergünstigungen oder Zuschüsse so lange gewährt werden, wie man im Zeitpunkt der Kaufentscheidung darauf hatte vertrauen können.

> **Weiteres Beispiel:**
> Studentin A. will Soziale Arbeit studieren. Ihre Eltern, die in sehr bescheidenen Verhältnissen leben, können sie dabei nicht finanziell unterstützen. A. kann auch nicht nebenbei arbeiten gehen, weil sie noch ihre kranke Mutter betreut. A. ist deshalb auf Zahlungen nach dem Bundesausbildungsförderungsgesetz (BAföG) angewiesen und muss sich darauf verlassen können, dass die gesetzlichen Regelungen des BAföG für sie während ihres Studiums so bleiben, wie sie zu Studienbeginn bestanden haben.

Die beiden Beispiele zeigen, dass das Verfolgen von Zukunftsplänen Orientierungssicherheit und Realisierungssicherheit voraussetzt. Beides im Sinne von Rechtssicherheit zu gewährleisten, ist deshalb ein weiteres wesentliches Ziel und eine wesentliche Funktion von Recht. Rechtssicherheit soll gewährleisten, dass man sich auf die Geltung von rechtlichen Normen verlassen kann. Rechtssicherheit soll also Messbarkeit und Berechenbarkeit von Recht gewährleisten. Deshalb gilt bei staatlichem Handeln der Grundsatz des Vertrauensschutzes. Und deshalb gibt es auch das (rechtsstaatliche) Verbot rückwirkender Strafgesetze und rückwirkender Besteuerung. Es ist ein Gebot der Rechtssicherheit, sich darauf verlassen zu können, dass Strafgesetze oder Steuergesetze so gelten, wie dies im Zeitpunkt der Begehung einer Straftat oder im Zeitpunkt des Entstehens der Steuerpflichtigkeit der Fall gewesen war.

1.3.6 Friedenssicherung

Eine wesentliche Funktion von Recht ist die der Friedenssicherung, in der in früheren Jahrhunderten sogar die wesentliche Legitimation staatlichen Handelns gesehen wurde. Friedenssicherung gilt nach innen und außen. Nach „innen", also innerhalb des jeweiligen Staates, erfolgt Friedenssicherung u. a. durch das Strafrecht, das Strafprozessrecht, das Polizeirecht, das Straßenverkehrsrecht u. v. m. Friedenssicherung nach „außen" soll erreicht werden durch das Friedensvölkerrecht, das Kriegsvölkerrecht, Konventionen der Vereinten Nationen, Verträge z. B. über Truppenabbau, Atomwaffenabbau usw. Internationale Gerichte wachen über die Einhaltung dieser völkerrechtlichen Grundsätze und verurteilen ggf. Kriegsverbrecher (z. B. die überlebenden Hauptschuldigen des Nationalsozialismus in den Nürnberger Prozessen 1946 oder Hauptschuldige von Kriegsverbrechen in den 1990er Jahren auf dem Territorium des früheren Jugoslawiens).

1.3.7 Steuerung gesellschaftlicher Prozesse

Eine ganz wesentliches allgemeines Ziel und eine ganz bedeutende weitere Funktion von Recht ist die Steuerung gesellschaftlicher Prozesse. Auf die Vorschriften des Baurechts, Raumordnungsrechts, Straßenverkehrs- und Luftverkehrsrecht etc. zur Steuerung von „Großvorhaben" ist bereits hingewiesen worden.

Aufgrund des Steuerrechts werden Abgaben erhoben, die zur Finanzierung öffentlicher Aufgaben erforderlich sind. Zahlreiche Rechtsnormen greifen steuernd in das Wirtschaftsleben ein, z.B. solche des Gewerberechts, des Wettbewerbsrechts, Kartellrechts, des Arbeitsrechts.

Und nicht zuletzt werden durch das Sozialrecht in einem außerordentlich bedeutsamen Umfange gesellschaftliche Prozesse gesteuert. Aufgrund des Sozialgesetzbuchs (SGB) und weiterer Sozialgesetze werden in Deutschland zur Zeit ca. 700 Milliarden € pro Jahr und damit fast ein Drittel des jährlich erwirtschafteten Bruttosozialprodukts „umverteilt", indem diese enormen finanziellen Beträge im Wesentlichen für Sozialleistungen ausgegeben werden. Damit werden gesellschaftliche Prozesse ganz maßgeblich gesteuert.

1.3.8 Erziehung

Es gibt Rechtsnormen, mit denen erzieherische Ziele verfolgt werden. Auch dies kann eine Funktion von Recht sein. Auch wenn die Eltern gemäß Art. 6 Abs. 2 Satz 1 GG vorrangig das Recht (und die Pflicht) zur Pflege und Erziehung ihrer Kinder haben, wird ab dem Schulalter von Kindern auch der staatlichen Gemeinschaft ein Erziehungsrecht ihnen gegenüber eingeräumt, und zwar insbesondere in den Schulgesetzen (der Länder). Auch das Achte Buch Sozialgesetzbuch (SGB VIII) – Kinder- und Jugendhilfe – ist insoweit ein Erziehungsgesetz, als es die Erziehung der Eltern in der Familie unterstützt, ergänzt und (ausnahmsweise) sogar ersetzt. Des Weiteren werden mit dem Jugendgerichtsgesetz (JGG) als einem speziellen Strafgesetz für Jugendliche und Heranwachsende bis zum Alter von unter 21 Jahren u.a. erzieherische Zielsetzungen verfolgt (siehe 14.3).

1.3.9 Abschreckung

Daneben haben sowohl das Jugendstrafrecht als auch das Erwachsenenstrafrecht Abschreckungsfunktion. Sie verfolgen explizit und implizit das Ziel, durch Androhung von Strafe zu verhindern, dass Straftaten überhaupt begangen werden. Ähnliche Ziele verfolgen auch manche Regelungen des Ordnungswidrigkeitenrechts.

1.3.10 Strafe

Insbesondere die Rechtsnormen des Strafrechts einschließlich des Strafprozessrechts und des Jugendstrafrechts dienen dem Ziel und haben die Funktion, einzelne Bürgerinnen und Bürger zu bestrafen, wenn sie gegen Strafgesetze verstoßen haben. Damit wird der Anspruch des Staates realisiert, strafbares Verhalten zu ahnden. Aufgrund der Entscheidung eines unabhängigen Strafgerichts kann deshalb Freiheitsstrafe verhängt oder zur Bewährung ausgesetzt werden, oder es kommt ggf. zur Verhängung von Geldstrafen, zum Ausspruch eines Fahrverbotes im Straßenverkehr oder zur Einziehung von Gegenständen (Tatwaffen). Näheres dazu wird in den Kapiteln 13 und 14 ausgeführt.

2 Rechtsnormen

2.1 Charakteristika von Rechtsnormen

Charakteristika von Rechtsnormen

– Normierung menschlichen Verhaltens
– Rechtsetzung durch den Staat
– Rechtsetzung durch Mehrheitsentscheidung
– Rechtsetzung durch formalisierte Verfahren

Übersicht 4

2.1.1 Normierung menschlichen Verhaltens

Gegenstand von Rechtsnormen ist im Wesentlichen die Normierung menschlichen Verhaltens bzw. deren Rechtsbeziehungen. (In früheren Zeiten waren mitunter auch Vorschriften für die Natur und für Tiere vorgesehen, wenn z.b. ein Pferd einem Reiter einen tödlichen Tritt versetzt hatte. Als heute kurios anmutendes Beispiel gilt auch der Berner Maikäferprozess von 1479; vgl. Arzt 1996, 2).

2.1.2 Rechtsetzung durch den Staat

Rechtsetzung durch Schaffung von Rechtsnormen mit allgemeiner Verbindlichkeit ist Aufgabe des Staates, dem insoweit ein Rechtsetzungsmonopol zukommt.

Vertiefung: Auch dies war in früheren Jahrhunderten nicht selten anders, als es etwa den Göttern oder einem einzelnen Gott oblag, Recht zu stiften. So wird z.B. in der Bibel berichtet, dass Gott seine zehn Gebote auf zwei steinerne Tafeln geschrieben habe (5. Buch Moses, 22). Spätestens seit der Aufklärung im 18. Jahrhundert war das staatliche Rechtsetzungsmonopol jedoch nicht mehr umstritten, wenn es auch unterschiedlich begründet wurde. Die Begründung des Philosophen Rousseau war z. B. die, dass die Mitglieder der Gesellschaft mit dem Staat einen „contrait social" („Sozialvertrag") geschlossen und damit das Rechtsetzungsmonopol vertraglich an den Staat abgegeben haben, damit dieser verbindlich für alle Rechtsnormen setze.

„Staat" kann dabei ein Nationalstaat sein oder als Gliedstaat eines solchen ein Bundesstaat in einem föderativen System wie der Bundesrepublik Deutschland, unter bestimmten Voraussetzungen auch eine kommunale Gebietskörperschaft. Von zunehmender Bedeutung ist zudem die Setzung von Rechtsnormen durch die Europäische Union sowie, wenn auch zum Teil erst in Ansätzen, durch die Vereinten Nationen.

2.1.3 Rechtsetzung durch Mehrheitsentscheidungen

In den modernen demokratischen Staaten erfolgt die Setzung von Rechtsnormen zumeist aufgrund von Mehrheitsentscheidungen der vom Volk gewählten Abgeordneten in den Parlamenten. In Deutschland ist dies auf der Bundesebene der Deutsche Bundestag unter Mitwirkung des Bundesrates, in den Bundesländern sind dies die Landtage. Der dort zum Ausdruck gebrachte Mehrheitswille beinhaltet zwar keine Garantie für Gerechtigkeit oder sachliche „Richtigkeit" der in Rechtsnormen einfließenden parlamentarischen Entscheidungen; dennoch wird diese Vorgehensweise in den westlichen Demokratien als relativ bestes, weil „demokratisches" Rechtsetzungsverfahren angesehen. Zum Traditionsbestand in den modernen Verfassungsstaaten der Neuzeit gehört dabei aber auch, dass Minderheiten geschützt und maßgeblich am Verfahren beteiligt werden. Bestimmten Minderheiten werden sogar zusätzliche Verfahrensrechte zugestanden (z. B. den Minderheitsfraktionen in den Parlamenten).

2.1.4 Rechtsetzung durch formalisierte Verfahren

Wie schwierig und häufig umstritten es ist, „gerechte" Entscheidungen zu treffen und dem Gerechtigkeitsgefühl entsprechende Rechtsnormen zu verabschieden, ist bereits in Kapitel 1 deutlich geworden (siehe 1.3.4). Wie dargestellt lässt sich nämlich oft nicht ohne Weiteres sagen, welche Festlegungen „gerecht" sind, weil nicht selten mehrere „gerechte" Entscheidungen und Rechtsnormen denkbar erscheinen. Auch der Verweis auf das „Gerechtigkeitsgefühl" (wessen?) oder auch auf die „Vernunft" (von wem?) führt oft nicht weiter, da Gefühle und Ansichten über das „Vernünftige" allzu häufig auseinander gehen.

Von daher liegt es nahe, dass der Gesetzgeber sich zwischen mehreren Alternativen „gerechter" oder „vernünftiger" Rechtsnormen entscheidet und durch die Schaffung entsprechender Rechtsnormen damit verbindlich festlegt, was „rechtens" sein soll (vgl. oben 1.3.4). Wichtig für die Legitimation solcher Entscheidungen ist, dass dabei bestimmte Verfahrensregelungen eingehalten worden sind, die z. B. gewährleisten, dass zumindest eine umfassende Abwägung zwischen verschiedenen Alternativen und dass eine umfassende Beteiligung der relevanten Institutionen und Organisationen stattgefunden hat. In nahezu allen Verfassungen wird deshalb detailliert vorgegeben, wie Gesetzgebungsverfahren abzulaufen haben und wie das Zusammenwirken im Parlament, mit der Regierung und ggf. den Verbänden oder anderen Beteiligten zu erfolgen hat.

2.1.5 Zunahme des Bestandes an Rechtsnormen

Die Anzahl und der Umfang von Rechtsnormen haben seit Jahrzehnten immer mehr zugenommen. Wesentliche Gründe für die Zunahme des Bestandes an Rechtsnormen sind u. a. in Übersicht 5 angeführt.

Gründe für die Zunahme des Bestandes an Rechtsnormen:

– Rückgang traditioneller Hilfepotentiale
– Zunahme öffentlicher Hilfen
– Zunahme von Verrechtlichung durch „Vergesetzlichung"

Übersicht 5

- Zunahme von Verrechtlichung aufgrund von „Vergerichtlichung"
- Rechtliche Regelung bisher nicht geregelter sozialer oder ökonomischer Sachverhalte

Vertiefung: Traditionelle Hilfepotentiale stell(t)en neben den Kernfamilien die Großfamilien, die Nachbarschaft oder die dörfliche Gemeinschaft dar. Die (Groß-)Familie war Jahrtausende lang – und ist es in vielen Teilen der Welt bis heute – Grundlage und Garant für die Alterssicherung. Von daher war man bemüht, möglichst viele Kinder zu bekommen. Auch was sonst von der engeren Familie nicht geleistet werden konnte, übernahm mitunter die Großfamilie oder die dörfliche Gemeinschaft. Der soziale Wandel hat zumindest in West- und Mitteleuropa weitgehend dazu geführt, dass diese traditionellen Hilfepotentiale stark zurückgegangen oder fast vollständig verschwunden sind.

Dies ging gleichsam Hand in Hand mit der Zunahme öffentlicher Hilfen, etwa in Form der Krankenversicherung, der Rentenversicherung oder der Versicherung gegen andere Lebensrisiken sowie in Form von staatlicher Fürsorge und staatlichem Schutz. In Deutschland kam es seit den 1880er Jahren zur Entwicklung der Kranken-, Invaliden-, Unfall- und Rentenversicherung, und die Sozialgesetzgebung wurde in den folgenden Jahrzehnten immer weiter ausgebaut.

Damit einher ging eine wesentliche Ausweitung des Bestandes an Rechtsnormen aufgrund neuer Gesetze, es kam also zu einer zunehmenden Verrechtlichung durch „Vergesetzlichung": Dies gilt keineswegs nur für den Sozialbereich, sondern für fast alle Bereiche des gesellschaftlichen Lebens. Mit der Zunahme des Straßenverkehrs wurden entsprechende Rechtsnormen in diesem Bereich erforderlich. Mit Blick auf die Wirtschaft mussten Rechtsnormen geschaffen werden, die Wettbewerb ermöglichen oder begrenzen, Arbeitnehmer schützen oder bestimmte Wirtschaftsbeziehungen insgesamt „ordnen".

Da aber kaum ein Gesetz alle nur denkbaren Fälle regeln kann, ist es Aufgabe der Gerichte, nicht nur Streit zu schlichten, sondern auch Recht fortzuentwickeln. Durch Entscheidungen von Gerichten entsteht also Recht in Form von „Richterrecht", das die vom Gesetzgeber geschaffenen Rechtsnormen interpretiert und ergänzt. Das dadurch geschaffene Richterrecht wird so ebenfalls zu einem maßgeblichen Orientierungspunkt für die Rechtspraxis. Insbesondere höchstrichterliche Entscheidungen der obersten Bundesgerichte tragen maßgeblich zur Rechtsfortentwicklung bei (Verrechtlichung durch „Vergerichtlichung").

2.2 Objektive und subjektive Rechtsnormen

2.2.1 Objektives und subjektives Recht

Für die gesamte Rechtsordnung und auch die Soziale Arbeit ist es wichtig, zwischen objektivem und subjektivem Recht zu unterscheiden.

Unter objektivem Recht oder objektiven Rechtsnormen versteht man die gesamte Rechtsordnung bzw. die Gesamtheit der existierenden Rechtsnormen. Dazu zählen alle Gesetze wie z. B. das Bürgerliche Gesetzbuch (BGB) oder das Sozialgesetzbuch (SGB). Auf die dort enthaltenen objektiven Rechtsnormen kann sich der Einzelne allerdings nur berufen bzw. auf ihrer Grundlage Klage vor den Gerichten erheben, wenn ihm zusätzlich auch ein subjektives Recht, meist in Form eines (Rechts-)Anspruchs, zusteht. Häufig ist es so, dass mit objektiven Rechtsnormen auch subjektive Rechte Einzelner verbunden sind. Allerdings ist dies keineswegs immer der Fall. Deshalb muss man objektive und subjektive Rechte voneinander unterscheiden, wie die Übersicht 6 verdeutlicht.

Rechte *Übersicht 6*

1. **Objektives Recht**
   = die gesamte Rechtsordnung
   = die Gesamtheit der Rechtsnormen

2. **Subjektive Rechte**
   = Rechte des Einzelnen
   2.1 **Herrschaftsrechte** als Rechte,
       2.1.1 die sich gegen jedermann richten (= absolute Rechte), z. B. Eigentumsrechte;
       2.1.2 die sich gegen einzelne Personen richten (= relative Rechte), z. B. Forderungen aufgrund eines Kaufvertrages.
   2.2 **Gestaltungsrechte**, z. B. Kündigung eines Mietvertrages, Anfechtung eines Kaufvertrages.

2.3 (Rechts-) Ansprüche
2.3.1 des Privatrechts (§ 194 BGB),
2.3.2 des öffentlichen Rechts (z. B. §§ 24, 27 SGB VIII).

Vertiefung: Objektive Rechtsnormen stellen gleichsam Verpflichtungen Einzelner bzw. eines Trägers hoheitlicher Verwaltung dar. Berufen kann sich der Bürger jedoch nur auf subjektive Rechte, die ihm ausdrücklich in einer Rechtsnorm zugebilligt werden; diese kann er dann auch vor Gerichten gegen den Willen anderer durchsetzen („einklagen"). Die wichtigsten subjektiven Rechte, als Rechte des Einzelnen, sind Ansprüche; vielfach wird dafür auch der inhaltsgleiche Begriff „Rechtsansprüche" verwendet. Solche gibt es sowohl im privaten Recht als auch im öffentlichen Recht. § 194 BGB definiert einen privatrechtlichen Anspruch allgemein als das Recht eines Einzelnen, von einem anderen ein bestimmtes Tun oder Unterlassen zu verlangen. Aufgrund eines Kaufvertrages hat der Käufer gemäß § 433 BGB z. B. das Recht, von dem Verkäufer die Übergabe eines gekauften Autos zu verlangen, während der Verkäufer gegenüber dem Käufer einen Anspruch auf Kaufpreiszahlung hat.

Beispiele des öffentlichen Rechts für ein solches subjektives Recht in Form eines Anspruchs sind etwa der Anspruch eines Kindes ab dem vollendeten dritten Lebensjahr bis zum Schuleintritt auf den Besuch einer Tageseinrichtung (§ 24 Abs. 1 Satz 1 SGB VIII). Und ein Personensorgeberechtigter (zumeist ein Vater und/oder eine Mutter) hat unter bestimmten Voraussetzungen gemäß § 27 Abs. 1 SGB VIII einen Anspruch auf Hilfe zur Erziehung. In beiden Fällen können diese Ansprüche gegenüber der öffentlichen Verwaltung (hier: dem Jugendamt) vor Gericht „eingeklagt" und damit durchgesetzt werden.

2.2.2 Möglichkeiten der Einteilung von Rechtsnormen

Vertiefung: Wenn man noch einmal einen Blick auf das objektive Recht wirft, kann man die verschiedenen Rechtsnormen wie in Übersicht 7 einteilen.

> **Möglichkeiten der Einteilung von Rechtsnormen**
> 1. nach der Rechtsquelle: Gesetzes- und Verordnungsrecht sowie Gewohnheitsrecht
> 2. nach dem Geltungsbereich der Rechtsnorm: inländisches und ausländisches Recht
> 3. nach dem Inhalt der Rechtsnorm: öffentliches Recht und Privatrecht
> 4. nach der Wirkung der Rechtsnorm: zwingendes und dispositives Recht
> 5. nach der Zeit: vor- und nachkonstitutionelles Recht
>
> *Übersicht 7*

Weitere Vertiefung: Neben dem Gesetzes- und Verordnungsrecht gibt es auch ungeschriebenes, so genanntes Gewohnheitsrecht, das gewohnheitsmäßig allgemein anerkannt wird. Aufgrund der oben dargestellten Zunahme der geschriebenen Rechtsnormen gibt es in Deutschland nicht mehr viel Gewohnheitsrecht. Ein „klassisches" Beispiel dafür war das früher gewohnheitsrechtlich anerkannte „Züchtigungsrecht" von Eltern und Lehrern; zum Glück ist inzwischen in Rechtsnormen definitiv geregelt worden, dass eine solche „Züchtigung" (also: das Verprügeln von Kindern zu Zwecken der „Erziehung") unzulässig und verboten ist.

Vom (Herkunfts- und) Geltungsbereich her kann man inländisches und ausländisches Recht unterscheiden. Besonders wichtig ist die Unterscheidung zwischen Zivilrecht (oder Privatrecht) und öffentlichem Recht (dazu 2.4). Von der Wirkung her gibt es zwingendes und dispositives Recht. Zwingendes Recht gilt immer ohne Ausnahme, dispositives Recht lässt ggf. ein Abweichen von Rechtsnormen aufgrund vertraglicher Vereinbarungen zu.

> **Beispiel:**
>
> Für den Fall der Ehescheidung sieht das BGB unter bestimmten Voraussetzungen nachehelichen Unterhalt für den geschiedenen „Ex"-Ehepartner vor (§ 1569 ff. BGB). Von diesen Regelungen können die (früheren) Eheleute jedoch gemäß § 1585c BGB abweichende Vereinbarungen schließen, können also aufgrund eines (notariellen) Vertrages z. B. auch auf nachehelichen Unterhalt verzichten.

Nicht mehr von großer Bedeutung ist die Unterscheidung zwischen vor- und nachkonstitutionellem Recht. Mit vor- bzw. nachkonstitutionellem Recht (von lat. „constitutio" = Verfassung) sind Rechtsnormen gemeint, die vor bzw. nach Inkrafttreten des Grundgesetzes (im Jahre 1949) geschaffen worden sind. Die für die Soziale Arbeit wichtigsten Rechtsnormen stammen mittlerweile fast alle aus der Zeit nach 1949. Ein Beispiel für nach wie vor gültiges vorkonstitutionelles Recht ist das Gesetz über die religiöse Kindererziehung aus dem Jahre 1921.

2.3 Hierarchie, Zitierweise und Strukturen von Rechtsnormen

2.3.1 Rechtsquellen

Es gibt Rechtsnormen unterschiedlicher Herkunft und Bedeutung, die in einem gestuften, hierarchischen Verhältnis zueinander stehen. Die verschiedenen Rechtsnormen werden in diesem Zusammenhang häufig auch als „Rechtsquellen" bezeichnet.

Grundsätzlich ist es so, dass die von der jeweils „höheren" Ebene erlassenen Rechtsnormen denjenigen übergeordnet sind, die auf einer „unteren" staatlichen Ebene erlassen worden sind. Deshalb gehen Rechtsnormen der Europäischen Union denen der Bundesrepublik Deutschland (als Gesamtstaat) vor, deren Rechtsnormen wiederum gegenüber denen vorrangig sind, die auf Landesebene geschaffen sind (dazu: Hömig/Risse 2010, Erläuterungen zu Art. 31 GG).

Auf das Europäische Recht soll im Folgenden nicht näher eingegangen werden, da es bislang für die Soziale Arbeit in Deutschland noch keine wesentliche Bedeutung erlangt hat. Dies wird sich möglicherweise in den nächsten Jahren ändern, wie die Entwicklungen z.B. im Bereich des Wirtschaftsrechts, des Gesundheitsrechts, des Umweltrechts und partiell auch bereits des Sozialversicherungsrechts gezeigt haben. Auf Rechtsnormen der Europäischen Union soll an dieser Stelle auch deshalb (noch) nicht eingegangen werden, weil dort zum Teil Begriffe verwendet werden, die im deutschen Recht eine andere Bedeutung haben.

Die deutschen geschriebenen Rechtsnormen stehen in einem Über- und Unterordnungsverhältnis zueinander (Übersicht 8).

Stufung/Hierarchie von Rechtsnormen in Deutschland

Übersicht 8

1. Bundesrecht
1.1 Grundgesetz (GG) = Bundesverfassung
1.2 Bundesgesetz
1.3 Bundesrechtsverordnung

> Bundesrecht bricht Landesrecht (Art. 31 GG)!

2. Landesrecht
2.1 Landesverfassung
2.2 Landesgesetz
2.3 Landesrechtsverordnung
2.4 Satzung, z.B. von Gemeinden oder Sozialversicherungsträgern

Die oberste Rechtsnorm bzw. oberste Rechtsquelle in Deutschland ist das Grundgesetz (GG) für die Bundesrepublik aus dem Jahre 1949, unsere Bundesverfassung (im Einzelnen dazu Kap. 8). Dort sind die wesentlichen Grundentscheidungen für das Verhältnis von Bürger und Staat und für den Staatsaufbau der Bundesrepublik Deutschland getroffen worden. Danach ist die Bundesrepublik Deutschland ein demokratischer und sozialer Bundesstaat und zugleich ein Rechtsstaat. Außerdem enthält das Grundgesetz in den Art. 1 bis 19 Grundrechte und in den Art. 20 bis 146 Regelungen des so genannten Staatsorganisationsrechts: über die Verfassungsorgane und ihr Verhältnis zueinander (Bundestag, Bundesrat, Bundesregierung, Bundespräsident und Bundesverfassungsgericht) sowie über weitere Themenbereiche wie Verwaltung, Finanzverfassung, Bundeswehr u.a.m. Das Grundgesetz geht allen anderen Rechtsnormen der Bundesrepublik Deutschland sowie der Länder vor, bzw. diese dürfen nicht gegen das Grundgesetz verstoßen. Ist z.B. ein Bundesgesetz nicht mit dem Grundgesetz vereinbar, kann es vom Bundesverfassungsgericht als verfassungswidrig aufgehoben werden.

Die für die Soziale Arbeit bedeutendsten Rechtsnormen sind in Bundesgesetzen enthalten. Es gibt ca. 3000 Bundesgesetze, die vom Deutschen Bundestag unter Mitwirkung des Bundesrates beschlossen worden sind. Sie gelten in ganz Deutschland. Die beiden für die Soziale Arbeit wichtigsten Bundesgesetze sind das Sozialgesetzbuch (SGB) mit derzeit zwölf „Büchern" sowie das Bürgerliche Gesetzbuch (mit fünf „Büchern"). Für die Soziale Arbeit von Bedeutung sind ggf. auch andere Bundesgesetze wie z. B. das Strafgesetzbuch, die Strafprozessordnung, die Zivilprozessordnung oder das Aufenthaltsgesetz (früher: Ausländergesetz). Die Bundesgesetze kommen aufgrund eines im Grundgesetz genau beschriebenen Gesetzgebungsverfahrens unter Mitwirkung des Bundesrates zustande, werden vom Bundespräsidenten unterzeichnet und im Bundesgesetzblatt veröffentlicht. Eine ganze Reihe von Verlagen gibt Sammlungen der wichtigsten Bundesgesetze heraus, die zudem mittlerweile großteils auch über das Internet zugänglich sind.

Auf der dritten Ebene der bundesrechtlichen Rechtsnormen gibt es Bundesrechtsverordnungen. Einige der mehr als 10.000 Bundesrechtsverordnungen sind auch für die Soziale Arbeit von Bedeutung, z. B. Bundesrechtsverordnungen zum Sozialhilferecht. In einer Bundesrechtsverordnung werden weitere Einzelheiten in Ausführung eines bestimmten Bundesgesetzes geregelt. Dabei ist wichtig zu wissen, dass die Bundesrechtsverordnungen nicht vom Deutschen Bundestag beschlossen werden, sondern von der Bundesregierung oder einzelnen Bundesministern. Bei den Bundesrechtsverordnungen handelt es sich mithin nicht um Rechtsnormen der Legislative, sondern der Exekutive, die zum Erlass von Bundesrechtsverordnungen allerdings im jeweiligen Bundesgesetz ausdrücklich ermächtigt worden sein muss.

Neben den Rechtsnormen, die von der Bundesrepublik Deutschland als Gesamtstaat geschaffen worden sind (Grundgesetz, Bundesgesetze und Bundesrechtsverordnungen), gibt es in jedem der 16 Bundesländer nach demselben hierarchischen Prinzip wiederum eine Landesverfassung, gibt es Landesgesetze und Landesrechtsverordnungen. Die jeweilige Landesverfassung stellt das höchste Landesgesetz im jeweiligen Bundesland dar, das allen anderen Rechtsnormen des Landes (Landesgesetzen und Landesrechtsverordnungen) vorgeht. Umgekehrt dürfen diese nicht gegen die Landesverfassung verstoßen, wenn sie nicht verfassungswidrig sein sollen.

In jedem Bundesland gibt es zahlreiche Landesgesetze, die vom jeweiligen Parlament (Landtag) erlassen werden. Das Sozialrecht ist zwar ganz überwiegend in Bundesgesetzen geregelt, wird aber zum Teil durch Landesgesetze als Landesausführungsgesetze zum jeweiligen Bundesgesetz weiter konkretisiert. Schließlich gibt es auch auf der Landesebene Landesrechtsverordnungen als „Recht der Exekutive", in denen wiederum Einzelheiten in Ausführung des jeweiligen Landesgesetzes durch die Landesregierung oder einen Landesminister aufgrund einer entsprechenden Ermächtigung in einem Landesgesetz geregelt werden.

In den meisten Bundesländern gibt es zahlreiche kommunale Gebietskörperschaften (Gemeinden, Städte und Landkreise). Diese sind häufig aufgrund von Landesgesetzen dazu ermächtigt, ihrerseits Rechtsnormen zu erlassen, und zwar in Form von so genannten Satzungen. Beispiele dafür sind z. B. Satzungen einer Stadt über den Jugendhilfeausschuss, Haushaltssatzungen, Friedhofssatzungen, Feuerwehrsatzungen und im Bereich der Hochschulen Grundordnungen sowie Studien- und Prüfungsordnungen.

Was gilt nun für das Verhältnis zwischen Bundesrecht und Landesrecht? Hierzu gibt es in Art. 31 GG eine klare Regelung: „Bundesrecht bricht Landesrecht." Das heißt: Alle Rechtsnormen des Bundesrechts gehen allen Rechtsnormen des Landesrechts vor. Es gilt also in Deutschland: Grundgesetz vor Bundesgesetz und Bundesrechtsverordnung; diese gehen wiederum der Landesverfassung, den Landesgesetzen, den Landesrechtsverordnungen und dem Satzungsrecht (von Gemeinden und Hochschulen etc.) vor. All die genannten Rechtsnormen (oder Rechtsquellen) werden insgesamt als „Rechtsvorschriften" bezeichnet, die auch gegenüber dem einzelnen Bürger, soweit er davon betroffen ist, Geltung beanspruchen.

2.3.2 Gliederung und Zitierweise von Rechtsnormen

Wie sind nun Rechtsnormen gegliedert und wie werden sie zitiert? Einen Überblick dazu vermittelt die Übersicht 9.

Gliederung und Zitierweise von Gesetzen (und anderen Rechtsnormen)

Übersicht 9

1. Gliederung von Gesetzen
- ggf. in: Bücher (im BGB oder SGB)
- ggf. in: Kapitel
- ggf. in: Abschnitte
- ggf. in: Unterabschnitte oder Titel
- grds. in: Paragrafen (§§) oder selten: Artikel (Art.)

2. Zitierweise von Paragrafen (§§) oder Artikeln (Art.)
- Absätze: I, II, III oder Abs. 1, 2, 3 oder (1), (2), (3)
- Sätze: 1, 2, 3 oder Satz 1, 2, 3 oder S. 1, 2, 3
- ggf. Halbsätze: Halbsatz 1, 2, 3 oder Halbs. 1, 2, 3
- ggf. Nummern: Nr(n). 1, 2, 3

Große Gesetzeswerke wie das BGB, das SGB oder das Baugesetzbuch sind in mehrere „Bücher" unterteilt. Das BGB hat fünf, das Sozialgesetzbuch (BGB) derzeit zwölf Bücher. Sodann sind einzelne Gesetze mitunter in Kapitel unterteilt; weitere Untergliederungsmöglichkeiten sind ggf. Abschnitte, Unterabschnitte oder Titel.

Die „Basiseinheit" von Rechtsnormen ist der einzelne Paragraf. Dieser wird durch das Zeichen § symbolisiert, der zwei ineinander verschlungenen Buchstaben „S" entspricht (für lateinisch: signum sectionis = Zeichen der Abteilung/des Abschnitts). In besonders bedeutenden Gesetzeswerken, insbesondere im Grundgesetz und in den Landesverfassungen, aber auch in vielen Gesetzen des Freistaates Bayern, werden die einzelnen Paragrafen (etwas „feierlicher") als Artikel (Art.) bezeichnet.

Wie umfangreich ein einzelner Paragraf gestaltet wird, entscheidet der Gesetzgeber unter Zweckmäßigkeitsgesichtspunkten. Es gibt Paragrafen, die nur wenige Worte bzw. nur einen einzigen Satz enthalten (§ 1 BGB lautet: „Die Rechtsfähigkeit des Menschen beginnt mit der Vollendung der Geburt."). Häufig werden Paragrafen in mehrere Absätze unterteilt, die mit römischen Ziffern (I, II, III) oder abgekürzt mit „Abs." oder mit in Klammern gesetzten arabischen Ziffern – (1), (2), (3) – zitiert werden. Beispiel: § 38 II oder § 38 Abs. 2 oder § 38 (2).

Häufig werden sodann Absätze eines Paragrafen nochmals in mehrere Sätze unterteilt, die mit arabischen Buchstaben (1, 2, 3) oder mit „S" bezeichnet werden. Beispiel: § 67 II 3 oder § 67 Abs. 2 S. 3 oder § 67 (2) 3. Es kommt aber auch vor, dass einzelne Paragrafen nur in Sätze unterteilt werden – und nicht in Absätze. Einzelne Sätze werden gelegentlich noch unterteilt in Halbsätze (zitiert Halbs. 1, 2, 3 usw.) oder ggf. in Nummern untergliedert (zitiert Nr. 1, 2, 3 etc.).

Damit exakt klar wird, worüber man spricht und welche Rechtsnorm im Einzelnen gemeint ist, ist es unbedingt erforderlich, Gesetze und Paragrafen so präzise wie möglich zu zitieren. Hat also z. B. ein bestimmter Paragraf Absätze oder Sätze oder Halbsätze oder Nummern, ist dies auch bei der Lösung eines Falles in einer Klausur exakt zu bezeichnen. Beispiel aus dem Sozialhilferecht: Gemäß „§ 9 Abs. 2 S. 1 SGB XII" soll Wünschen der Leistungsberechtigten ... entsprochen werden, soweit sie angemessen sind".

2.3.3 Strukturen von Rechtsnormen

Rechtsnormen (sowohl des Bundes- als auch des Landesrechts) können inhaltlich sehr unterschiedlich strukturiert sein. Im Sinne der Übersicht 10 kann man fünf Grundstrukturen von Rechtsnormen unterscheiden, wobei es allerdings auch „Kombinationen" derselben geben kann.

> **Strukturen von Rechtsnormen**
>
> 1. Vollständige Rechtssätze (Konditionalprogramme):
>   Tatbestand → Rechtsfolge („wenn" → „dann")
> 2. Unvollständige Rechtssätze, z. B. § 7 Abs. 1 Nr. 1 SGB VIII
> 3. Final- und Zweckprogramme, z. B. § 11 I 1 SGB VIII
> 4. Generalklauseln, z. B. § 157, § 242 BGB
> 5. Unbestimmte Rechtsbegriffe, z. B. § 27 I SGB VIII
>
> Übersicht 10

Die klassische Rechtsnorm ist der so genannte vollständige Rechtssatz, der einen Tatbestand und eine Rechtsfolge enthält und deshalb mitunter auch als „Konditionalprogramm" bezeichnet wird. Solche vollständigen Rechtssätze enthalten also einen Tatbestand („wenn...") und eine Rechtsfolge („... dann..."). Der Tatbestand der jeweiligen Rechtsnorm enthält die abstrakten Voraussetzungen für den Eintritt der Rechtsfolge. Die Rechtsfolge tritt ein, wenn der Tatbestand durch den konkreten Sachverhalt im Einzelfall erfüllt ist.

Als Beispiel für einen solchen vollständigen Rechtssatz wird häufig § 823 Abs. 1 BGB genannt, der die Schadenersatzpflicht bei so genannten unerlaubten Handlungen betrifft (dazu im Einzelnen 6.3). § 823 Abs. 1 BGB lautet wie folgt: „Wer vorsätzlich oder fahrlässig das Leben, den Körper, die Gesundheit, die Freiheit, das Eigentum oder ein sonstiges Recht eines anderen widerrechtlich verletzt" (dies ist der Tatbestand mit den abstrakten Voraussetzungen für den Eintritt der Rechtsfolge), „ist dem anderen zum Ersatz des daraus entstehenden Schadens verpflichtet": Der zweite Teil dieser Rechtsnorm ist die Rechtsfolge „Schadenersatz", die dann eintritt, wenn der Tatbestand (erster Halbsatz der Rechtsnorm) durch einen konkreten Sachverhalt ausgefüllt wird. Dies wäre z. B. der Fall, wenn ein Mann A. einen anderen Mann B. dadurch an seiner Gesundheit verletzt, dass er ihn mit einem Baseballschläger geschlagen hat.

Neben vollständigen Rechtssätzen mit Tatbestand und Rechtsfolge gibt es auch so genannte unvollständige Rechtssätze, auch Hilfsnormen genannt. Diese enthalten z. B. Definitionen.

> **Beispiel:**
>
> Im Sinne von § 7 Abs. 1 Nr. 1 SGB VIII (Kinder- und Jugendhilfe) „ist Kind, wer noch nicht 14 Jahre alt ist, ...". Bei einem solchen unvollständigen Rechtssatz fehlt es an der für den vollständigen Rechtssatz notwendigen Bezeichnung eines Tatbestandes und einer damit verbundenen Rechtsfolge.

Wiederum eine andere Grundstruktur enthalten die so genannten Final- oder Zweckprogramme. Hier gibt der Gesetzgeber (zumeist einer Behörde) ein bestimmtes Ziel bzw. einen bestimmten Zweck vor.

> **Beispiel:**
>
> „Jungen Menschen sind die zur Förderung ihrer Entwicklung erforderlichen Angebote der Jugendarbeit zur Verfügung zu stellen" (§ 11 Abs. 1 S. 1 SGB VIII).

Des Weiteren verwendet der Gesetzgeber in Rechtsnormen mitunter so genannte Generalklauseln. Berühmte Generalklauseln des Zivilrechts sind z. B. § 157 BGB („Verträge sind so auszulegen, wie Treu und Glauben mit Rücksicht auf die Verkehrssitte es erfordern") oder § 242 BGB („Der Schuldner ist verpflichtet, die Leistung so zu bewirken, wie Treu und Glauben mit Rücksicht auf die Verkehrssitte es erfordern."). Solche Generalklauseln werden mitunter etwas geringschätzig auch als „Gummiparagrafen" bezeichnet. Sie dienen dazu, in abstrakter Weise etwas zu regeln, was sich mangels Vorhersehbarkeit aller künftigen Sachverhalte nicht konkret regeln lässt. Generalklauseln sind bewusst so flexibel formuliert, dass sie auch im Zeitpunkt des Erlasses der jeweiligen Rechtsnorm nicht vorhersehbaren Entwicklungen gerecht werden können. Zugleich ist es auch möglich, aufgrund von Generalklauseln „ungerechte" Ergebnisse zu korrigieren, die sich bei strikter Anwendung einzelner Rechtsnormen ergeben würden.

Vertiefung: Dahinter verbirgt sich auch ein rechtsphilosophisches Problem, das Juristen beschäftigt, seitdem es Rechtsnormen gibt. In dieser Kontroverse stehen Vertreter des so genannten Rechtspositivismus solchen des so genannten Naturrechts gegenüber. Die so genannten Rechtspositivisten wollen nur diejenigen Rechtsnormen akzeptieren, die formal ordnungsgemäß zustande gekommen sind und in Gesetzen und Rechtsverordnungen ihren konkreten Ausdruck gefunden haben. Nur diese dürften Geltung beanspruchen.

Die Vertreter des so genannten Naturrechts gehen demgegenüber davon aus, dass es „über" den in Gesetzen und Rechtsverordnungen staatlich gesetzten Rechtsnormen noch ein „ungeschriebenes" Recht oder ein „Vernunftrecht" („Naturrecht") gibt, das allgemeine, humane Prinzipien von Billigkeit, Gerechtigkeit und Menschlichkeit beinhaltet. Solche allgemeinen Prinzipien der Gerechtigkeit hat der Gesetzgeber z.B. in den genannten Normen der §§ 157 und 242 BGB zum Ausdruck gebracht.

Dass beide Positionen jedoch nicht verabsolutiert werden sollten, zeigt das folgende, sehr anschauliche Beispiel des Sinneswandels von Gustav Radbruch, eines berühmten Rechtsphilosophen, Strafrechtlers und späteren Reichsjustizministers in der Weimarer Republik, der zunächst ein überzeugter Vertreter des Rechtspositivismus war, bevor er in Kenntnis der Auswirkungen der Barbareien der nationalsozialistischen Diktatur später Anhänger des Naturrechts geworden ist (vgl. Radbruch 1973, 175 f., 178, 328).

Im Jahre 1932, also vor der Machtergreifung durch die Nationalsozialisten, hatte sich Radbruch „rechtspositivistisch" wie folgt geäußert:

„Vermag niemand festzustellen, was gerecht ist, so muss jemand festsetzen, was rechtens sein soll, und soll dann das gesetzte Recht der Aufgabe genügen, den Widerstreit entgegen gesetzter Rechtsanschauungen durch einen autoritativen Machtspruch zu beenden" … „Für den Richter ist es Berufspflicht, den Geltungswillen des Gesetzes zur Geltung zu bringen, das eigene Rechtsgefühl dem autoritativen Rechtsbefehl zu opfern, nur zu fragen, was rechtens ist, und niemals, ob es auch gerecht sei… Auch wenn er, weil das Gesetz es so will, aufhört, Diener der Gerechtigkeit zu sein, bleibt er noch immer Diener der Rechtssicherheit." (175 ff.)

Völlig anders äußerte sich Radbruch sodann im Jahre 1945, also nach dem Ende des Zweiten Weltkrieges und in Kenntnis dessen, was deutsche Juristen während der Zeit des Nationalsozialismus auf der Grundlage formal ordnungsgemäß zustande gekommener Rechtsnormen (auch) an Verbrechen begangen haben, wie folgt: „Wenn Gesetze den Willen zur Gerechtigkeit bewusst verleugnen, zum Beispiel Menschenrechte Menschen nach Willkür gewähren und versagen, dann fehlt diesen Gesetzen die Geltung, dann schuldet das Volk ihnen keinen Gehorsam, dann müssen auch die Juristen den Mut finden, ihnen den Rechtscharakter abzusprechen … Es gibt also Rechtsgrundsätze, die stärker sind, als jede rechtliche Satzung, so dass ein Gesetz, das ihnen widerspricht, der Geltung bar ist. Man nennt diese Grundsätze das Naturrecht oder das Vernunftrecht." (328)

Heutzutage werden betreffend Rechtspositivismus und Naturrecht vermittelnde Positionen vertreten. Es wird davon ausgegangen, dass die vom Gesetzgeber des demokratischen Rechtsstaates Bundesrepublik Deutschland beschlossenen Rechtsnormen grundsätzlich gerecht sind, dass sie jedoch in Ausnahmefällen auf der Grundlage von Generalklauseln ggf. relativiert oder eventuell sogar korrigiert werden müssen, wie dies auch in der Rechtsprechung immer wieder einmal geschieht (vgl. z. B. Fall 3: „Der Unterhaltsverzicht" in Wabnitz 2012a, 54, 175 f.).

Schließlich gibt es neben Generalklauseln auch so genannte unbestimmte Rechtsbegriffe (dazu auch 11.3), die mitunter ebenfalls etwas despektierlich „Gummiparagrafen" genannt werden. Mit ihnen wird seitens des Normgebers auf außerjuristische Sachverhalte verwiesen oder ebenfalls versucht, mit Blick auf eine nicht vorhersehbare Vielzahl von Einzelsachverhalten in der Rechtspraxis zu sachlich überzeugenden Ergebnissen zu kommen.

> **Beispiel:**
>
> Gemäß § 27 Abs. 1 SGB VIII (Kinder- und Jugendhilfe) hat ein Personensorgeberechtigter bei der Erziehung eines Kindes oder Jugendlichen Anspruch auf Hilfe (Hilfe zur Erziehung), „wenn eine dem Wohl des Kindes oder des Jugendlichen entsprechende Erziehung nicht gewährleistet ist" und die Hilfe für seine Entwicklung „geeignet" und „notwendig" ist. Mit Hilfe dieser drei unbestimmten Rechtsbegriffe kann auf eine Vielzahl von Erziehungsdefiziten reagiert werden. Zugleich wird es möglich, die im Einzelfall passgenaue Hilfe auszuwählen, um das konkrete Erziehungsdefizit bei einem bestimmten Kind oder Jugendlichen zu beseitigen.

2.4 Zivilrecht und Öffentliches Recht

Die verschiedenen Teilgebiete des Rechts werden in Deutschland traditionell entweder dem Zivilrecht (Privatrecht) oder dem Öffentlichen Recht zugeordnet. Diese Unterscheidung ist auch für die Soziale Arbeit von erheblicher Bedeutung und wird deshalb in der nächsten Übersicht erläutert, und zwar auf eine bewusst vereinfachende Art und Weise (Juristen haben hierzu zahlreiche „verfeinernde" Theorien entwickelt).

> **Abgrenzung von Zivilrecht und Öffentlichem Recht** *Übersicht 11*
>
> **1. Zivilrecht (Privatrecht):** Auf beiden Seiten einer Rechtsbeziehung stehen sich Privatpersonen gegenüber.
>
> **2. Öffentliches Recht:** Auf mindestens einer Seite einer Rechtsbeziehung befindet sich der „Staat" (als Träger unmittelbarer oder mittelbarer hoheitlicher Verwaltung; dazu Kap. 9.1).

Das Zivilrecht (oder Privatrecht) regelt also die Rechtsbeziehungen der Bürger untereinander, und zwar sowohl zwischen natürlichen Personen als auch juristischen Personen des Privatrechts (dazu 4.1). Das öffentliche Recht hingegen regelt die Rechtsbeziehungen zwischen Bürger und Staat. Das öffentliche Recht regelt darüber hinaus auch die Organisation von Staat und Verwaltung und die Rechtsbeziehungen zwischen mehreren Trägern hoheitlicher Verwaltung untereinander, wenn z.B. mehrere Träger der öffentlichen Jugendhilfe gemeinsame Dienste einrichten oder zwei Gemeinden einen öffentlich-rechtlichen Vertrag über die gemeinsame Nutzung einer Kläranlage schließen.

Die wichtigsten Rechtsgebiete des Zivilrechts sowie des Öffentlichen Rechts werden in der Übersicht 12 aufgezählt.

Rechtsgebiete des Zivilrechts und des Öffentlichen Rechts

Übersicht 12

1. Zivilrecht (oder Privatrecht)
1.1 Bürgerliches Recht (BGB)
    1.1.1 Allgemeiner Teil (Buch 1)
    1.1.2 Schuldrecht (Buch 2)
    1.1.3 Sachenrecht (Buch 3)
    1.1.4 Familienrecht (Buch 4)
    1.1.5 Erbrecht (Buch 5)
1.2 Sonstiges Privatrecht, Arbeits- und Wirtschaftsrecht
    1.2.1 Arbeitsrecht
    1.2.2 Handelsrecht
    1.2.3 Gesellschaftsrecht
    1.2.4 Banken-, Kredit-, Versicherungsvertragsrecht
    1.2.5 Wettbewerbsrecht

2. Öffentliches Recht
2.1 Völkerrecht, Recht der Europäischen Union
2.2 Staats- und Verfassungsrecht
2.3 Verwaltungsrecht
    2.3.1 Allgemeines Verwaltungsrecht
    2.3.2 Sozialrecht als besonderes Verwaltungsrecht
    2.3.3 Steuerrecht als besonderes Verwaltungsrecht
    2.3.4 Weitere Gebiete des besonderen Verwaltungsrechts
2.4 Strafrecht
2.5 Prozessrecht

Das für die Soziale Arbeit wichtigste Gesetz des Zivilrechts ist das Bürgerliche Gesetzbuch (BGB). Für die Soziale Arbeit am wichtigsten sind das Buch 4. Familienrecht des BGB sowie Teile des Buches 1. Allgemeiner Teil sowie des Buches 2. Schuldrecht. Darauf wird in den Kapiteln 4 bis 6 (sowie im Parallelwerk des Verfassers:

Wabnitz 2012a) näher eingegangen. Ergänzt werden die materiell-rechtlichen Regelungen des BGB durch das Zivilprozessrecht als formelles Recht, das der Feststellung und Durchsetzung von Zivilrecht dient (vgl. dazu Kap. 7). Allgemein gesprochen haben das Bürgerliche Recht und das dazugehörende Zivilprozessrecht die in Übersicht 13 genannten Regelungsaufgaben.

> **Regelungsaufgaben des Bürgerlichen Rechts (BGB) als dem wichtigsten Gebiet des Zivilrechts (Privatrechts)** — Übersicht 13
>
> 1. Allgemeine Regelungen über Personen, Geschäftsfähigkeit, Vertretung etc. (Buch 1. Allgemeiner Teil).
> 2. Regelung des freiwilligen Kontaktes von Personen untereinander = Vertragsrecht (Buch 2. Recht der Schuldverhältnisse).
> 3. Regelung des ungewollten Kontaktes von Personen untereinander = Recht der unerlaubten Handlungen etc. (Buch 2. Recht der Schuldverhältnisse).
> 4. Regelung der Organisation menschlicher Gemeinschaften, z. B. von Vereinen (Buch 1. Allgemeiner Teil), Familien (Buch 4. Familienrecht) oder von Erbengemeinschaften (Buch 5. Erbrecht).
> 5. Regelung des Besitzes und Eigentums an Sachen und Rechten (Buch 3. Sachenrecht).
> 6. Ergänzend gilt für die Feststellung und Durchsetzung des Bürgerlichen Rechts das Zivilprozessrecht, insbesondere die ZPO (Zivilprozessordnung).

Im Bereich des öffentlichen Rechts ist das Sozialrecht als Teil des Verwaltungsrechts das wichtigste Rechtsgebiet für die Soziale Arbeit. Rechtsgrundlage dafür ist vor allem das Sozialgesetzbuch (SGB) mit derzeit zwölf Büchern. Regelungsgegenstand des Sozialgesetzbuchs sind u. a. die verschiedenen Zweige der Sozialversicherung, das Kinder- und Jugendhilfe- sowie das Sozialhilferecht. In Kapitel 10 wird ein Überblick über das Sozialgesetzbuch sowie weitere Sozialgesetze gegeben.

Auch einzelne Artikel des Grundgesetzes sind für die Soziale Arbeit von Bedeutung und werden deshalb in Kapitel 8 dargestellt. Teil des öffentlichen Rechts ist auch das einschlägige Prozessrecht, in dem u. a. das gerichtliche Verfahrensrecht enthalten ist. Darauf wird in den Kapiteln 7 und 12 näher eingegangen. Teil des öffentlichen Rechts ist schließlich auch das Strafrecht sowie das Strafprozessrecht; beide Rechtsgebiete sind auch für die Soziale Arbeit von Bedeutung und werden deshalb in den Kapiteln 13 und 14 näher erläutert.

3 Methoden praktischer Rechtsanwendung

In der Praxis der Sozialen Arbeit kommt es nicht nur auf die abstrakte Kenntnis von Rechtsnormen an, sondern auch auf deren praktische Anwendung im konkreten Fall. Der Sozialarbeiter und die Sozialarbeiterin arbeiten dabei grundsätzlich nicht anders als ein(e) Jurist(in), und sie sollten deshalb ebenfalls die wichtigsten Methoden der Rechtsanwendung beherrschen.

Rechtsanwendung oder „Rechtsanwendungskunst" bedeutet im Kern: „Subsumtion" (wörtlich: „Unterschieben") eines Sachverhaltes (eines konkreten Geschehens) unter eine bestimmte Rechtsnorm. Anders ausgedrückt: Bei jeder Rechtsanwendung geht es im Wesentlichen darum, einen Sachverhalt und eine Rechtsnorm einander zuzuordnen bzw. eine Rechtsnorm auf einen Sachverhalt anzuwenden. Dies wird sogleich unter 3.1 (Rechtstechnik/Subsumtion) näher erläutert.

Vielfach ist eine Rechtsnorm jedoch nicht eindeutig formuliert, so dass es der Auslegung der jeweiligen Norm bedarf (siehe dazu 3.2). Die einzelnen praktischen Schritte bei der Fallbearbeitung werden schließlich noch einmal zusammenfassend dargestellt (3.3). Zur weiteren Vertiefung sei verwiesen auf Kreft et al. 1994, Kap. 5; Trenczek et al. 2012, Kap. I 3. sowie Kievel et al. 2013, Kap. 21.

3.1 Rechtstechnik/Subsumtion

Rechtstechnik bedeutet, wie bereits ausgeführt, im Kern Subsumtion eines konkreten Sachverhaltes unter eine bestimmte Rechtsnorm (siehe Literaturhinweise oben).

Die jeweilige Rechtsnorm, die zumeist einen abstrakten Tatbestand und eine Rechtsfolge enthält, stellt die rechtliche Grundlage, und der Sachverhalt (das tatsächliche Geschehen) stellt die tatsächliche Grundlage für die Fallbearbeitung dar. Der Sachverhalt wird in der Klausur bereits „fertig" vorgegeben; in der Praxis bereitet dessen Feststellung/Ermittlung allerdings häufig erhebliche Probleme.

Erfüllt der Sachverhalt alle abstrakten Tatbestandsmerkmale einer Rechtsnorm, so tritt die dort vorgesehene Rechtsfolge ein. Mit anderen Worten: Wenn der Sachverhalt alle Tatbestandsmerkmale der Rechtsnorm verwirklicht bzw. wenn der Tatbestand in vollem Umfang auf den Sachverhalt angewendet werden kann, dann gilt auch für den konkreten Sachverhalt die in der Rechtsnorm bestimmte Rechtsfolge.

Vertiefung: Dazu ein Beispiel aus dem Familienrecht. § 1601 BGB lautet: „Verwandte in gerader Linie sind verpflichtet, einander Unterhalt zu gewähren". Diese Rechtsnorm enthält nur ein einziges Tatbestandsmerkmal, nämlich das Bestehen eines Verwandtschaftsverhältnisses in gerader Linie. Besteht ein solches, so sind die beiden Personen, die in diesem Verwandtschaftsverhältnis zueinander stehen, wechselseitig verpflichtet, einander Unterhalt zu gewähren. „Verwandte in gerader Linie" sind nun gemäß § 1589 S. 1 BGB Personen, „deren eine von der anderen abstammt". Verlangt also ein Sohn von seinem Vater Unterhalt nach § 1601 BGB, ist, da er von seinem Vater abstammt, der Tatbestand des § 1601 BGB erfüllt, und die Rechtsfolge tritt ein: Sein Vater muss ihm Unterhalt gewähren.

Weiteres Beispiel aus dem Sozialhilferecht: Gemäß § 19 Abs. 1 S. 1 SGB XII ist Hilfe zum Lebensunterhalt „Personen zu leisten, die ihren notwendigen Lebensunterhalt nicht oder nicht ausreichend aus eigenen Kräften und Mitteln, insbesondere aus ihrem Einkommen und Vermögen, beschaffen können". Liegen alle (!) in dieser Rechtsnorm aufgeführten Tatbestandsvoraussetzungen vor, tritt die Rechtsfolge ein: Dieser Person ist Hilfe zum Lebensunterhalt zu leisten. Ist allerdings im konkreten Fall auch nur ein einziges Tatbestandsmerkmal nicht erfüllt, weil der Antragsteller z.B. über erhebliche Vermögenswerte verfügt, ist der Tatbestand von § 19 Abs. 1 S. 1 SGB XII nicht erfüllt, und die Rechtsfolge – es ist Hilfe zum Lebensunterhalt zu leisten – tritt nicht ein.

3.2 Gesetzesauslegung

Bereits das Auffinden der „richtigen" Rechtsnorm bereitet sowohl in der Praxis als auch in der Klausur an der Hochschule häufig Probleme. Hat man die „richtige" Rechtsnorm gefunden, besteht sodann die weitere Schwierigkeit darin, dass es „eindeutige", aber oft auch mehrdeutige Rechtsnormen gibt. Eindeutig sind z.B. die bereits genannten § 7 Abs. 1 S. 1 BGB VIII („Kind ist, wer noch nicht 14 Jahre alt ist") oder § 1601 BGB („Verwandte in gerader Linie sind verpflichtet, einander Unterhalt zu gewähren"). Bei sehr vielen Rechtsnormen ist es jedoch so, dass diese nicht eindeutig und oft nicht einmal aus sich heraus in vollem Umfang verständlich sind. Ist dies so, muss die Rechtsnorm zunächst „ausgelegt" bzw. interpretiert werden. Dafür gibt es vier „klassische" Methoden der Gesetzesauslegung (Übersicht 14).

> **Methoden der Gesetzesauslegung**
>
> 1. Grammatikalische Auslegung
>   (= Auslegung nach dem Wortlaut der Rechtsnorm)
> 2. Systematische Auslegung
>   (= Auslegung aus dem Zusammenhang der Rechtsnorm mit anderen Normen und ggf. mit anderen Gesetzen)
> 3. Historische Auslegung
>   (= Auslegung nach der Entstehungsgeschichte der Norm)
> 4. Teleologische Auslegung
>   (= Auslegung nach Sinn und Zweck der Rechtsnorm)
>
> *Übersicht 14*

Diese vier Methoden der Gesetzesauslegung sind in der Rechtswissenschaft unumstritten und beruhen auch auf Entscheidungen des Bundesverfassungsgerichts und des Bundesgerichtshofs (BVerfGE 11, 129; BGHZ 46, 76). Die genannten vier Auslegungsmethoden stehen gleichberechtigt „nebeneinander", das heißt: eine bestimmte Rangfolge zwischen ihnen besteht nicht. Mit ihrer Hilfe soll gewissermaßen der „im Gesetz objektivierte Wille des Gesetzgebers" ermittelt werden.

Allerdings bestehen bei einer nicht eindeutig formulierten Rechtsnorm oft mehrere Möglichkeiten der Interpretation und gibt es dementsprechend häufig mehrere vertretbare Auslegungsergebnisse. Von daher verwundert es auch nicht, dass bei der Interpretation von Rechtsnormen bei mehreren denkbaren Auslegungsmöglichkeiten über diese heftig gestritten werden kann. Unter Juristen gilt der etwas böse Satz: „Zwei Juristen, drei Meinungen." In der Praxis ist es dann regelmäßig so, dass man derjenigen Auslegungsalternative folgt, die den jeweiligen Interessen am Besten entspricht. Für die Soziale Arbeit wird es deshalb in solchen Fällen oft darauf ankommen, dass man im Interesse der jeweiligen Klienten diejenige Auslegung einer Rechtsnorm vertritt, die für diese zum „günstigsten" Ergebnis führt.

Vertiefung: Im Folgenden sollen die vier genannten „klassischen" Methoden der Gesetzesauslegung näher erläutert werden.

3.2.1 Grammatikalische Auslegung

Diese zumeist nahe liegende Auslegungsmethode besteht darin, „wie im Deutschunterricht" den Wortlaut einer jeweiligen Rechtsnorm so auszulegen, wie dies sprachlich/ philologisch allgemein üblich ist. Die Grenze der Auslegung nach dem Wortlaut einer Rechtsnorm ist die, wo eine Auslegung nicht mehr dem Wortsinn entspräche.

Beispiel:

Sehr häufig werden in Rechtsnormen bestimmte Worte im Singular verwendet; damit ist jedoch oft (allerdings nicht immer!) die Pluralform mit eingeschlossen. Unter „Familie" wird z. B. sowohl umgangssprachlich als auch soziologisch und juristisch eine Gruppe von Menschen verstanden, bei der zumindest eine Person von wenigstens einer anderen Person abstammt: also Vater und/oder Mutter mit einem Kind oder mehreren Kindern. Nicht unter den Begriff der Familie fallen mithin Einzelpersonen oder Paare.

3.2.2 Systematische Auslegung

Systematische Auslegung einer Rechtsnorm bedeutet, sie im Zusammenhang mit anderen Paragrafen oder aufgrund ihrer Stellung innerhalb eines Abschnittes eines Gesetzes oder im Zusammenhang mit mehreren Gesetzen zu interpretieren.

> **Beispiel:**
>
> § 6 SGB I lautet wie folgt: „Wer Kindern Unterhalt zu leisten hat oder leistet, hat ein Recht auf Minderung der dadurch entstehenden wirtschaftlichen Belastungen". Ergibt sich daraus ein Anspruch des Familienvaters V., von den jeweils zuständigen Behörden z. B. „mindestens ein Drittel der finanziellen Aufwendungen für seine Kinder zu übernehmen"?

Aufgrund einer systematischen Auslegung von § 6 SGB I wird man diese Frage verneinen müssen. Denn § 6 steht systematisch in der „Reihe" der §§ 2 bis 10 SGB I. Diese sehr allgemeinen Vorschriften sind als § 2 Abs. 2 SGB I „nachfolgende(n) soziale Rechte (zwar) bei der Auslegung der Vorschriften dieses Gesetzbuchs ... zu beachten": Aus ihnen können jedoch gemäß § 2 Abs. 1 Satz 2 SGB I „Ansprüche ... nur insoweit geltend gemacht ... werden, als deren Voraussetzungen und Inhalt durch die Vorschriften der besonderen Teile dieses Gesetzbuchs im Einzelnen bestimmt sind." Daraus folgt, dass sich konkrete Leistungsansprüche nicht aus § 6 SGB I, sondern nur aus den „besonderen Teilen" (den Büchern II bis XII) des SGB ergeben können – oder aus dem Bundeskindergeldgesetz, dem Einkommensteuergesetz oder dem Unterhaltsvorschussgesetz, die gemäß § 68 SGB I ebenfalls als besondere Teile des SGB gelten.

3.2.3 Historische Auslegung

Historische Auslegung einer Rechtsnorm bedeutet: Auslegung nach dem Willen des historischen Gesetzgebers. Wichtige Anhaltspunkte dafür sind vielfach die Gesetzesmaterialien. Insbesondere in einem Gesetzentwurf der Bundesregierung oder einer Landesregierung sind zumeist umfangreiche Begründungen zu den einzelnen Rechtsnormen enthalten, die für die Auslegung der Norm von Bedeutung sein können. Bei der historischen Auslegung können auch allgemeine Grundüberzeugungen oder Anschauungen herangezogen werden, die zur Zeit der Entstehung der Norm bestanden haben. Eine Rechtsnorm kann deshalb nicht selten vor dem Hintergrund des „Zeitgeistes" bei der Entstehung der Norm historisch ausgelegt werden.

Beispiel aus dem Kinder- und Jugendhilferecht:

Gemäß § 1 Abs. 1 SGB VIII hat jeder junge Mensch „ein Recht auf Förderung seiner Entwicklung und auf Erziehung zu einer eigenverantwortlichen und gemeinschaftsfähigen Persönlichkeit." Strittig ist dabei, ob dieses „Recht" auch einen einklagbaren und damit vor den Verwaltungsgerichten durchsetzbaren „Anspruch" beinhaltet oder nicht. In der amtlichen Gesetzesbegründung zum Kinder- und Jugendhilfegesetz aus dem Jahre 1989 (Bundestags-Drucksache 11/5948, Einzelbegründung zum damaligen § 1, S. 1) heißt es dazu: „ein unmittelbarer Anspruch auf ein Tätigwerden der öffentlichen Jugendhilfe kann aus dieser Bestimmung nicht hergeleitet werden. Für eine Qualifizierung der Vorschrift als subjektiv-öffentliches Recht fehlt sowohl die hinreichende Konkretisierung des Leistungsinhaltes als auch die Bezeichnung des Leistungsverpflichteten." Die weitaus überwiegende Auffassung in der Rechtswissenschaft geht deshalb – und zudem auch aus anderen Gründen – dahin, dass § 1 Abs. 1 SGB VIII keinen unmittelbar einklagbaren Anspruch beinhaltet.

3.2.4 Teleologische Auslegung

Die so genannte teleologische Auslegungsmethode (von griechisch: telos = Zweck) fragt nach dem Sinn und Zweck einer bestimmten Rechtsnorm: Insbesondere danach, was mit der jeweiligen Rechtsnorm beabsichtigt wird. Anders als bei der historischen Auslegung, bei der der Sinn einer Norm aus der Sicht des „damaligen" Gesetzgebers ergründet wird, stellt die teleologische Auslegung darauf ab, welchen aktuellen Zweck eine bestimmte Rechtsnorm erfüllen soll.

Beispiel:

Eltern schulden ihren Kindern grundsätzlich Unterhalt nach den §§ 1601 ff. BGB. Das Maß des zu gewährenden Unterhalts bestimmt sich gemäß § 1610 Abs. 1 BGB nach der „Lebensstellung des Bedürftigen (angemessener Unterhalt)". Und gemäß § 1610 Abs. 2 BGB umfasst der Unterhalt „den gesamten Lebensbedarf". Die Frage, was Eltern ihrem studierenden Kind an Unterhalt schulden, wird in § 1610 BGB nicht konkreter umschrieben. Eine teleologische Auslegung von § 1610 Abs. 1 und 2 BGB ergibt jedoch, dass zum Unterhalt eines/r Studierenden all das gehört, was ein(e) Studierende(r) aktuell und üblicherweise zum Bestreiten des Lebensunterhalts und zur Durchführung des Studiums benötigt.

Der geschuldete Unterhalt umfasst deshalb bei auswärtiger Unterbringung die Finanzierung eines Zimmers, von Büchern und Lehrmaterialen, Essen, Trinken, Taschengeld. Nach der aktuellen Lebensstellung eines Studierenden ist es jedoch bei einer auf Sinn und Zweck der Rechtsnorm abstellenden Auslegung nicht geboten, dass die Eltern z. B. auch Aufwendungen für die Altersvorsorge oder für eine Lebensversicherung finanzieren.

3.2.5 Weitere Auslegungsmethoden und Argumentationsfiguren

Schließlich gibt es für die Auslegung von Rechtsnormen neben den dargestellten vier „klassischen" Auslegungsmethoden noch weitere Methoden und Argumentationsfiguren (Übersicht 15).

Weitere Auslegungsmethoden und Argumentationsfiguren

Übersicht 15

1. Verfassungskonforme Auslegung
2. Extensive („erweiternde") oder restriktive („einengende) Auslegung
3. Analogie (Anwendung einer Rechtsnorm auf einen anderen, nicht geregelten, aber „ähnlichen" Fall)
4. Erst-recht-Schluss
5. Umkehrschluss

Vertiefung:

Verfassungskonforme Auslegung. Eine sehr häufige Auslegungsmethode ist die so genannte verfassungskonforme Auslegung, die in gewisser Weise auch einen Unterfall der systematischen Auslegung darstellt. Wie oben (2.1) dargestellt, stellt das Grundgesetz bzw. stellen die Landesverfassungen im Bundes- bzw. Landesrecht die jeweils obersten Rechtsnormen dar, gegen die Bundesgesetze bzw. Landesgesetze nicht verstoßen dürfen. Lässt nun die Auslegung einer Rechtsnorm mehrere Auslegungsalternativen zu, ist diejenige auszuwählen, die (besser) mit dem Grundgesetz bzw. mit der Landesverfassung übereinstimmt.

Beispiele:

Wird in einer Rechtsnorm lediglich ein Mann als Adressat bezeichnet und ist kein sachlicher Grund erkennbar, dass nicht auch Frauen unter den Anwendungsbereich einer Rechtsnorm fallen, gebietet eine verfassungskonforme Auslegung dieser Rechtsnorm, dass trotz rein männlicher Bezeichnung auch Frauen vom Anwendungsbereich der Norm erfasst sind, weil Männer und Frauen gemäß Art. 3 Abs. 2 S. 1 GG „gleichberechtigt" sind.

Oder: Ist in einer Rechtsnorm nicht eindeutig formuliert, ob neben ehelichen auch nichteheliche Kinder vom Anwendungsbereich dieser Norm erfasst sind, gebietet eine verfassungskonforme Auslegung in der Regel, dass auch nichteheliche Kinder erfasst sind, weil gemäß Art. 6 Abs. 5 GG (auch) den „unehelichen Kindern... die gleichen Bedingungen... zu schaffen" sind „wie den ehelichen Kindern".

Extensive und restriktive Auslegung. Extensive Auslegung bedeutet, eine Rechtsnorm weit (bis an die Grenzen ihres Wortsinnes) auszulegen. Restriktive Auslegung bedeutet, die jeweilige Rechtsnorm einengend auszulegen.

Beispiel:

Gemäß § 823 Abs. 1 macht sich jemand u. a. schadenersatzpflichtig, wenn er ein „sonstiges Recht" eines anderen widerrechtlich verletzt. Allgemein anerkannt ist, dass diese „sonstigen Rechte" weit auszulegen sind und damit auch allgemeine Persönlichkeitsrechte oder das so genannte Recht am eingerichteten und ausgeübten Gewerbebetrieb als schützenswerte „sonstige Rechte" vom Anwendungsbereich des § 823 Abs. 1 BGB erfasst sind.

Eine restriktive Auslegung ist demgegenüber mit Blick auf den aus früheren Jahrhunderten stammenden Begriff der „öffentlichen Ordnung" geboten. Nach der so genannten polizeilichen Generalklausel der Landespolizeigesetze ist die Polizei zum Einschreiten berechtigt und verpflichtet bei „Verstößen gegen die öffentliche Sicherheit und Ordnung." Der Begriff der öffentlichen Sicherheit wird heute zu Recht so interpretiert, dass damit der Bestand der geltenden Gesetze gemeint ist. Droht also ein Gesetzesverstoß, ist ein Einschreiten der Polizei möglich und ggf. geboten. Der Begriff der öffentlichen Ordnung ist demgegenüber ungleich schwerer konkret zu bestimmen. Im Lichte der Grundrechte nach dem

Grundgesetz ist deshalb der Begriff der „öffentlichen Ordnung" so eng auszulegen, dass kaum noch ein Anwendungsspielraum verbleibt.

Analogie: Eine nicht selten nützliche Auslegungsfigur ist die so genannte „Analogie". Analogie bedeutet Anwendung einer Rechtsnorm, die eigentlich für einen anderen „Fall" vorgesehen ist, auf einen ähnlichen Fall, der jedoch nicht geregelt worden ist.

> **Beispiel:**
> Bis zum Jahr 2004 erfolgte die öffentliche Förderung von Tageseinrichtungen für Kinder aufgrund von § 74 SGB VIII. Ab dem 01.01.2005 regelt aufgrund eines neu geschaffenen Paragrafen § 74a SGB VIII nunmehr die Förderung von Tageseinrichtungen für Kinder „das Landesrecht". In Baden-Württemberg hat es der Landesgesetzgeber jedoch nicht geschafft, rechtzeitig für das Jahr 2005 Landesrecht über die Förderung von Tageseinrichtungen für Kinder zu schaffen. Das entsprechende baden-württembergische Landesgesetz ist erst zum 01.01.2006 in Kraft getreten. Was ist nun mit der Förderung für Kindertageseinrichtungen im Jahre 2005? Da nicht davon ausgegangen werden kann, dass Tageseinrichtungen ein Jahr ohne öffentliche Förderung auskommen können, muss die „Regelungslücke" betreffend das Jahr 2005 m. E. durch eine Analogie geschlossen werden, und zwar dergestalt, dass auch für das Jahr 2005 der frühere § 74 SGB VIII analog angewendet wird.

Allerdings ist eine analoge Anwendung von Rechtsnormen im Bereich des Strafrechts verboten, weil man sich bereits bei Begehung einer Tat über die strafrechtlichen Konsequenzen im Klaren sein soll. Ein berühmtes Beispiel dafür stammt bereits aus dem 19. Jahrhundert (vgl. RGSt 29, 111; 32, 165), als die Städte in Deutschland elektrifiziert wurden. Ein besonders „cleverer" Bürger „zapfte" damals elektrische Energie aus der öffentlichen Stromleitung für sich ab. Er wurde zunächst aufgrund einer analogen Anwendung des § 242 StGB (Diebstahl) verurteilt, jedoch später vom Reichsgericht freigesprochen, weil er nach dessen Auffassung nicht wegen Diebstahls hatte verurteilt werden dürfen.

Denn Diebstahl setzt nach § 242 StGB voraus, dass es sich um die Wegnahme einer „fremden beweglichen Sache" handelt. Elektrischer Strom ist aber nun offenbar keine „bewegliche Sache", die man „wegnehmen" könnte. (In Folge dieses Freispruchs hat der

Gesetzgeber sodann aber alsbald einen neuen Straftatbestand § 248c StGB über die unbefugte Entziehung von elektrischer Energie in das Strafgesetzbuch einfügt, aufgrund dessen später entsprechende Straftaten geahndet werden konnten.)

Erst-recht-Schluss: Ein häufiges Verfahren zur Auslegung von Gesetzen ist auch der so genannte Erst-recht-Schluss. Man schließt von einem in einer Rechtsnorm geregelten Sachverhalt darauf, dass „erst recht" etwas „noch Gravierenderes" von der Norm erfasst wäre.

> **Beispiel:**
>
> Nach der Satzung einer Stadt ist das „Betreten von Grünanlagen im Stadtpark verboten". Was ist nun, wenn jemand auf die Idee käme, mit seinem Auto die Grünanlagen zu „befahren"? Vom Wortlaut der Verbotsnorm ist das Befahren nicht erfasst. Mit einem Erst-recht-Schluss kommt man jedoch zu dem klaren Ergebnis, dass auch das Befahren der Grünanlage mit dem Auto verboten ist.

Umkehrschluss: Mit einem Umkehrschluss aus einer Rechtsnorm kann mitunter auf andere, von der Norm nicht erfasste „gegenteilige" Sachverhalte und Rechtsfolgen geschlossen werden.

> **Beispiel:**
>
> Leben Eltern, denen die elterliche Sorge gemeinsam zusteht, nicht nur vorübergehend getrennt, so kann jeder Elternteil gemäß § 1671 Abs. 1 BGB beantragen, dass ihm das Familiengericht die elterliche Sorge allein überträgt. Ein Umkehrschluss aus der genannten Norm ergibt deshalb, dass Eltern, wenn sie zuvor die elterliche Sorge gemeinsam innehatten, diese auch weiterhin gemeinsam zusteht (sofern nicht einer von ihnen einen Antrag auf Alleinsorge stellt).

3.3 Fallbearbeitung

Am Ende von Lehrveranstaltungen im Recht muss regelmäßig eine Klausur (oder Hausarbeit) geschrieben werden (oder eine mündliche Prüfung abgelegt werden), bei der zumeist (auch) ein Fall gelöst werden muss. Dafür muss man nun als Studierende(r) das systematisch erarbeitete Wissen gleichsam „umorganisieren":

Dies entspricht auch der Realität: Denn die Klientinnen und Klienten in der Sozialen Arbeit wollen nicht lehrbuchmäßiges Wissen referiert bekommen, sondern erwarten eine praktische Hilfestellung mit Blick auf ihre individuellen Probleme. Das dafür erforderliche Rechtswissen muss deshalb „punktgenau" ausgewählt und angewendet werden.

Für die Studierenden der Sozialen Arbeit stellt dies insoweit eine besondere Herausforderung dar, als dass die Fallbearbeitung mitunter in den Lehrveranstaltungen nicht hinreichend „eingeübt" worden ist und zudem in Klausuren regelmäßig Zeitnot besteht. Aus diesem Grunde werden in den folgenden Kapiteln auch Fallbeispiele mit Musterlösungen (am Ende dieses Buches) eingestreut. Mitunter werden dabei auch Lösungsschemata vorgestellt, die bei bestimmten wiederkehrenden Fallgestaltungen regelhaft genutzt werden können (z.B. in Kap. 12: Rechtsschutz gegenüber Verwaltungshandeln).

Oft ist es jedoch leider so, dass es keine Schemata oder Arbeitsanleitungen gibt. Umso wichtiger ist es in solchen Fällen, systematisch vorzugehen und sich zudem nur auf das wirklich Gefragte zu konzentrieren. Studierende müssen dabei unbedingt der „Versuchung" widerstehen, zusätzlich Gelerntes zu referieren, das nicht gefragt ist; dies kostet nur Zeit und bringt keinerlei Vorteile. Sinnvoll ist es vielmehr, wie folgt vorzugehen (3.3.1 bis 3.3.4).

3.3.1 Arbeiten am Sachverhalt

Arbeiten am Sachverhalt

Übersicht 16

1. Sachverhalt konzentriert lesen.
2. Ggf. Daten/Zeitangaben chronologisch erfassen.
3. Fragestellung genau beachten:
   - ggf. präzise Fragestellung(en)?
   - ggf. mehrere Fragen?
   - ggf. alternative Fragen?
   - ggf. umfassende Frage: Wie ist die Rechtslage?
   - ggf. unklare Frage; dann fragen: wer(?) will was(?) von wem(?) woraus (? = aus welcher Rechtsnorm)?
4. Erneut Sachverhalt lesen und ggf. markieren.

Einige der dargestellten Hinweise müssen nicht in jeder Fallbearbeitung beachtet werden. Manches mag dem Leser sogar „banal" vorkommen. Aber bereits der erste Hinweis („konzentriert lesen") – zunächst ohne Anbringung von Markierungen – wird oft nicht sorgfältig genug beachtet. Manche Studierenden glauben mitunter, den Sachverhalt bereits zu kennen und „legen" sofort mit der Fallbearbeitung los, ohne zu merken, dass der Klausurfall sich in einigen Einzelheiten von einem zuvor „gelernten" Fall unterscheidet.

Das „Herausschreiben" von Daten oder Zeitangaben in chronologischer Reihenfolge kann dann sinnvoll sein, wenn es sich um einen komplizierten Sachverhalt handelt, bei dem mehrere „historische" Entwicklungsschritte zu beachten sind. Bei einfachen und überschaubaren Sachverhalten erübrigt sich dieser Schritt.

Ganz wichtig ist es sodann, die Fragestellung genau zu beachten. Oft ist sie eindeutig; dann ist das zu beantworten, was konkret gefragt ist. Bei mehreren Fragestellungen muss man alle Varianten bearbeiten, bei alternativen Fragestellungen je nachdem, wie diese formuliert sind. Am schwierigsten ist die Fragestellung: wie ist die Rechtslage? Dann müssen alle nur denkbaren Rechtsbeziehungen geprüft und alle eventuell auftretenden Rechtsprobleme erörtert werden, sofern dies nicht als von vornherein abwegig erscheint.

Es kann auch vorkommen (in der Praxis häufig, in einer Klausur aus Zeitgründen eher selten), dass die Fragestellung unklar ist. Dann kann es sich empfehlen, wie folgt zu fragen: Wer(?) will was(?) von wem(?) woraus (aus welchem Paragrafen bzw. aus welcher Anspruchsnorm?)?

Sodann empfiehlt sich das erneute Lesen des Sachverhaltes sowie mitunter, bestimmte Sachverhaltsteile durch Markierungen oder Unterstreichungen optisch deutlicher hervorzuheben.

3.3.2 Auffinden einer Norm mit „gefragter" Rechtsfolge

Nunmehr gilt es, eine Rechtsnorm zu suchen und zu finden, in der die „gefragte" Rechtsfolge enthalten ist und aus der sich ein entsprechender Anspruch oder eine bestimmte Verpflichtung eines anderen oder einer Behörde ergibt. Anspruchsnormen sind z.B. die in der nächsten Übersicht „Beispiele für mögliche Lösungsskizzen" genannten Paragrafen. Von den rund 2400 Paragrafen des

BGB enthält allerdings nur ein kleiner Teil einen Anspruch in dem gekennzeichneten Sinne.

Auch im öffentlichen Recht kommt es oft darauf an, eine Rechtsnorm zu suchen und zu finden, die zugleich eine Anspruchsnorm ist. Je nach Fragestellung kann es aber auch so sein, dass nach einer bestimmten Verpflichtung eines Trägers hoheitlicher Verwaltung gefragt wird. Dann muss eine Rechtsnorm gesucht und gefunden werden, in der eine solche Verpflichtung enthalten ist. Beispiel: Gemäß § 11 Abs. 1 Satz 1 SGB VIII hat der Träger der öffentlichen Jugendhilfe dafür zu sorgen, dass in erforderlichem Umfang Angebote der Jugendarbeit zur Verfügung stehen.

3.3.3 Eventuell: Entwurf einer Lösungsskizze

Mitunter kann es nunmehr zweckmäßig sein, eine Lösungsskizze zu entwerfen, bei der die wichtigsten Rechtsbeziehungen zwischen den jeweils relevanten Personen oder Institutionen mit einem Pfeil gekennzeichnet und die jeweils in Betracht kommenden Paragrafen „an den Pfeil" geschrieben werden (Übersicht 17).

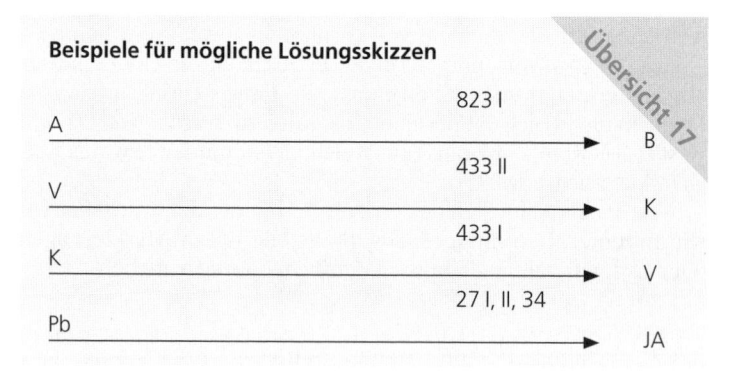

Beispiele für mögliche Lösungsskizzen   *Übersicht 17*

```
              823 I
A ─────────────────────────▶ B

              433 II
V ─────────────────────────▶ K

              433 I
K ─────────────────────────▶ V

            27 I, II, 34
Pb ────────────────────────▶ JA
```

Dies bedeutet: Die Person A könnte gegenüber der Person B einen Anspruch auf Schadenersatz gemäß § 823 Abs. 1 BGB haben. Ein Verkäufer (V) könnte gegenüber dem Käufer (K) einen Anspruch auf Kaufpreiszahlung gemäß § 433 Abs. 2 BGB haben. Umgekehrt könnte ein Käufer gegenüber einem Verkäufer einen Anspruch gemäß § 433 Abs. 1 BGB haben, ihm die verkaufte Sache zu übergeben. Schließlich könnte ein(e) Personensorgeberechtigte(r) gemäß § 27 Abs. 1, 2 i. V. m. § 34 SGB VIII einen Anspruch auf Hilfe zur Erziehung in Form der Heimerziehung für ihr Kind haben.

3.3.4 „Fünf goldene Schritte" bei der Fallbearbeitung

In der Übersicht 18 habe ich versucht, das für die Fallbearbeitung relevante „technische" Wissen in „fünf goldenen Schritten bei der Fallbearbeitung" zusammenzufassen.

„Fünf goldene Schritte" bei der Fallbearbeitung *Übersicht 18*

„Lehrbuchmäßig" empfiehlt es sich, mit Blick auf jede einschlägige Rechtsnorm wie folgt vorzugehen:

1. Zunächst „vorsichtiges Herantasten": Ein Anspruch, die gefragte Verpflichtung, die Antwort auf die gestellte Rechtsfrage etc. „könnte sich ergeben aus § ... " (mit Tatbestand und Rechtsfolge).
2. Dies setzt voraus, dass der Tatbestand des jeweiligen § mit allen seinen Tatbestandsmerkmalen (M1, M2, M3 usw.) erfüllt ist (diesen benennen bzw. aus dem § „abschreiben"!).
3. Nun ist der jeweilige Teil des Sachverhalts (der „story" aus dem Aufgabentext/der Fallschilderung, soweit relevant!) genau in den Blick zu nehmen und ebenfalls „herauszuschreiben".
4. Und jetzt folgt als Kern der Fallbearbeitung (gleichsam als „juristische Meisterleistung") die Subsumtion (der Vergleich, die Zuordnung, das „Unterschieben") von Tatbestand (2.) und Sachverhalt (3.):

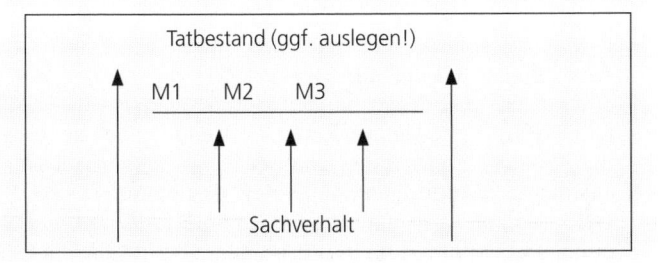

```
            Tatbestand (ggf. auslegen!)
    ↑                                          ↑
            M1     M2     M3
                   ↑      ↑      ↑
                   Sachverhalt
```

> **5.** Das Ergebnis der Fallbearbeitung ist deshalb schließlich
> 5.1 positiv, wenn der Sachverhalt den Tatbestand in allen seinen Merkmalen erfüllt. Dann tritt die Rechtsfolge der Norm ein;
> 5.2 oder negativ, wenn (auch nur) ein Tatbestandsmerkmal der Norm nicht erfüllt ist. Dann tritt die Rechtsfolge der Norm nicht ein.

Nicht immer ist es erforderlich, bei der Fallbearbeitung „lehrbuchmäßig" in diesen fünf Schritten vorzugehen. Natürlich gibt es Fälle, wo quasi auf den ersten Blick klar ist, ob der Sachverhalt zu einer bestimmten Norm „passt". Bei einem Vater und einem Sohn ist in diesem Sinne sofort „klar", dass der Sohn gegenüber seinem Vater einen Unterhaltsanspruch gemäß § 1601 BGB hat, ohne dass ausführlich die fünf „goldenen" Schritte durchlaufen werden müssen. Bei komplizierteren Fällen ist es jedoch anders und kommt es in der Tat darauf an, den Tatbestand der Norm exakt zu bezeichnen und ggf. auszulegen, (nur) die relevanten Teile des Sachverhalts in den Blick zu nehmen und dann „sauber" zu subsumieren – und nicht gleich auf ein Ergebnis zu „springen".

Vertiefung: Im Folgenden sollen die fünf „goldenen" Schritte anhand eines kleinen Beispielfalles „durchgespielt" werden. Die 20-jährige F. lernt am Rosenmontag auf einem Fastnachtsball den 22-jährigen M. kennen. Die anschließende Nacht verbringen beide zu Hause bei F. Exakt neun Monate später bringt F. das Kind K. zur Welt. Einen „anderen Mann" hat es seit über einem Jahr nicht gegeben. Hat F. gegenüber M. einen Unterhaltsanspruch für sich selbst (ein Unterhaltsanspruch des Kindes soll hier nicht geprüft werden)?

1. F. könnte gegenüber M. einen Unterhaltsanspruch nach § 1615l Abs. 1 und 2 BGB haben.
2. Tatbestand: „Der Vater hat der Mutter" gemäß § 1615l Abs. 1 und 2 BGB für bestimmte Zeiten „vor und ... nach der Geburt des Kindes Unterhalt zu gewähren." Dies setzt zunächst voraus, dass F. „Mutter" und M. „Vater" des Kindes K. sind. Eine systematische Auslegung von § 1615l BGB im Zusammenhang mit den §§ 1589, 1591 ff., 1601 ff. BGB ergibt nun, dass darunter hier nur die Mutterschaft und Vaterschaft im Rechtssinne (und nicht im biologischen Sinne) zu verstehen ist.

3. Sachverhalt: F. hat das Kind K. geboren, nachdem sie von M. schwanger geworden ist.
4. Subsumtion: F. ist Mutter gemäß § 1591 BGB, weil sie das Kind K. geboren hat. (Rechtlicher) Vater eines Kindes ist jedoch gemäß § 1592 Nr. 1, 2 oder 3 BGB (nur) der Mann, der zum Zeitpunkt der Geburt des Kindes mit der Mutter verheiratet ist, der die Vaterschaft anerkannt hat oder dessen Vaterschaft gerichtlich festgestellt ist.
   Keiner dieser drei Fälle der Begründung der rechtlichen Vaterschaft des M. ist hier (bislang) gegeben.
5. Ergebnis: Da M. nicht im Rechtssinne „Vater" des Kindes K. ist, hat F. auch keinen Unterhaltsanspruch nach § 1615l BGB gegenüber M. (für sich selbst).

(Hinweis: Anders als in der Praxis, wo Sie nun F. aufgrund Ihrer guten Rechtskenntnisse im Familienrecht dringend raten würden, M. entweder zur Anerkennung der Vaterschaft zu bewegen oder diese durch das Familiengericht feststellen zu lassen, ist dies in diesem (insoweit „künstlichen") Beispielfall weder gefragt noch darzustellen!)

4 Allgemeine Zivilrechtsfragen

In den folgenden Kapiteln 4 bis 6 werden allgemeine Zivilrechtsfragen behandelt, soweit sie für die Soziale Arbeit von Bedeutung sind. Zur Abgrenzung von Zivilrecht und öffentlichem Recht und zur Unterteilung des Zivilrechts (Privatrechts) in dessen verschiedene Rechtsgebiete wird verwiesen auf 2.4.

Das wichtigste Gesetz des Zivilrechts ist das Bürgerliche Gesetzbuch (BGB).

Vertiefung: Es war nach über 20-jährigen Vorarbeiten im Jahre 1896 (also zur Zeit des zweiten deutschen Kaiserreichs) beschlossen worden und ist am 01.01.1900 in Kraft getreten. Es ist mithin ein über hundert Jahre altes Gesetz, das manche Paragrafen enthält, die aus heutiger Sicht merkwürdig anmuten mögen (vgl. beispielsweise die §§ 961 bis 964 über das Herrenloswerden, die Vereinigung und die Vermischung von Bienenschwärmen). Das BGB beruht maßgeblich auf dem römischen Recht und auf Landesrecht, das in den verschiedenen deutschen Einzelstaaten zuvor bestanden hatte.

Das BGB ist ein Gesetz von „Juristen für Juristen" und stellt vor dem Hintergrund seiner ausgefeilten Begrifflichkeit und mit Blick auf die teilweise altertümlich anmutende Sprache (insbesondere in den Büchern 1, 3 und 5) für „Einsteiger" eine besondere Herausforderung dar, auch wenn das BGB seit seinem Inkrafttreten immer wieder geändert und in Teilen den sich wandelnden gesellschaftlichen Verhältnissen angepasst worden ist (insbesondere im 2. und 4. Buch).

In seinem Buch 1. Allgemeiner Teil mit 240 Paragrafen trifft das BGB, gleichsam vor die Klammer gezogen, allgemeine und grundlegende Regelungen, die für alle weiteren vier Bücher des BGB (mit insgesamt ca. 2400 Paragrafen) und für das gesamte Zivilrecht sowie teilweise auch für das Öffentliche Recht von Bedeutung sind. Die für die Soziale Arbeit wichtigsten Vorschriften des Allgemeinen Teiles des BGB (Buch 1) werden in Kapitel 4 näher dargestellt.

4.1 Personen

4.1.1 Natürliche und juristische Personen

Das Zivilrecht kennt entsprechend den Titelüberschriften des Gesetzes vor den §§ 1 ff. und 21 ff. BGB natürliche Personen und juristische Personen (Übersicht 19).

Personen im Zivilrecht

1. Natürliche Personen – Menschen (§§ 1 bis 12 BGB)
2. Juristische Personen – rechtsfähige Vereinigungen nach dem BGB und nach anderen Gesetzen, z. B.:
   2.1 Vereine
   2.2 Personengesellschaften
   2.3 Stiftungen
   2.4 Kapitalgesellschaften

Übersicht 19

Natürliche Personen sind alle Menschen. Daneben gibt es juristische Personen als juristische „Kunstgebilde", in denen eine Vielzahl von Menschen aus Praktikabilitätsgründen „zusammengeschlossen" worden ist und die unabhängig von diesen rechtlich handeln können.

Beispiel:

Wenn sich 30 Bürger/innen zusammenfinden, um Fußball zu spielen, müsste jede(r) von ihnen als natürliche Person Bälle kaufen, einen Platz mieten, Spiele organisieren etc. Dazu müssten Verträge mit jeder einzelnen Person geschlossen werden, was nicht praktikabel wäre. Von daher bietet es sich an, dass diese Bürger/innen einen eingetragenen Verein (e. V.) gründen, der dann als solcher rechtsfähig und damit im Rechtsverkehr handlungsfähig wird und die erforderlichen Verträge abschließt.

4.1.2 Der eingetragene Verein (e. V.)

Die wichtigste juristische Person auch im Bereich der Sozialen Arbeit ist der genannte eingetragene Verein (e. V.). Die meisten nicht-staatlichen, freien Träger der Sozialen Arbeit sind in dieser

Rechtsform organisiert. Dies gilt z.B. für die Verbände der freien Wohlfahrtspflege, die meisten Jugendverbände, deren Dachverbände, sonstige Organisationen im Bereich der Kinder- und Jugendhilfe, der Sozialhilfe, der Behindertenhilfe etc. (vgl. Papenheim et al. 2013, Kap. E). Die einschlägigen gesetzlichen Regelungen über Vereine sind die §§ 21 ff. sowie §§ 55 ff. BGB.

Einen Verein zu gründen ist relativ einfach. Mindestens sieben natürliche, geschäftsfähige Personen müssen die Eintragung des Vereins unter Vorlage der zuvor erarbeiteten und notariell beurkundeten Vereinssatzung beim zuständigen Amtsgericht (Registergericht) beantragen. Ist der Verein eingetragen, ist er gleichsam „juristisch geboren" und damit rechts- und handlungsfähig. Für den Verein handeln „nach außen" dessen Mitgliederversammlung sowie insbesondere dessen Vorstand auf der Grundlage des BGB und der Vereinssatzung.

Vertiefung: Als Beispiel für die Satzung eines Vereins sei auf die Mustersatzung in Übersicht 20 verwiesen.

Mustersatzung für einen eingetragenen Verein (e. V.)

Übersicht 20

§ 1 Name und Sitz
Der Verein führt den Namen „Studenten helfen Kindern in Wiesbaden" und hat seinen Sitz in Wiesbaden. Nach der Eintragung in das Vereinsregister führt er den Namen „Studenten helfen Kindern in Wiesbaden e. V.".

§ 2 Zweck des Vereins
(1) Der Verein verfolgt ausschließlich und unmittelbar gemeinnützige Zwecke im Sinne des Abschnitts „steuerbegünstigte Zwecke" der Abgabenordnung.
(2) Zweck des Vereins ist die Hilfeleistung für Kinder in schwierigen sozialen Verhältnissen in Wiesbaden. Der Vereinszweck wird verwirklicht durch … (Bezeichnung konkreter Ziele bzw. Aktivitäten).
(3) Der Verein ist selbstlos tätig. Er verfolgt nicht in erster Linie eigenwirtschaftliche Zwecke. Mittel des Vereins dürfen nur für die satzungsmäßigen Zwecke verwendet werden. Die Mitglieder erhalten keine Zuwendungen aus Mitteln des Vereins.
(4) Es darf keine Person durch Ausgaben, die dem Zweck des Vereins fremd sind, oder durch unverhältnismäßig hohe Vergütungen begünstigt werden.

(5) Alle Vereinsämter werden ehrenamtlich ausgeübt. Jede Satzungsänderung wird vor ihrer Anmeldung zum Vereinsregister dem Finanzamt vorgelegt.
(6) Nach Auflösung des Vereins oder Wegfall seines bisherigen Zweckes fällt das Vereinsvermögen an die Stadt Wiesbaden, die es ausschließlich für gemeinnützige soziale Zwecke zu verwenden hat.

§ 3 Erwerb und Verlust der Mitgliedschaft
Dem Verein kann jede(r) Studierende an der Hochschule RheinMain in Wiesbaden als Mitglied beitreten. Die Mitgliedschaft endet durch Austritt, Tod oder Ausschluss.

§ 4 Mitgliedsbeitrag
Die Mitglieder entrichten einen Vereinsbeitrag, über dessen Höhe die Mitgliederversammlung entscheidet.

§ 5 Vorstand
Der Vorstand besteht aus vier Personen und wird von der Mitgliederversammlung für die Dauer von zwei Jahren gewählt.

§ 6 Mitgliederversammlung
(1) Die Mitgliederversammlung tagt einmal jährlich.
(2) Eine außerordentliche Mitgliederversammlung kann der Vorstand einberufen, wenn das Interesse des Vereins es erfordert.
(3) Die Einladung erfolgt schriftlich mit einer Frist von zwei Wochen unter Angabe einer Tagesordnung.
(4) Die Beschlüsse der Mitgliederversammlung werden in ein Protokoll aufgenommen, das die Versammlungsleitung unterzeichnet.

4.2 Rechtsfähigkeit und Handlungsfähigkeit

4.2.1 Rechtsfähigkeit

Die Rechtsfähigkeit des Menschen beginnt gemäß § 1 BGB „mit der Vollendung der Geburt". Grundsätzlich von Geburt an ist der Mensch mithin rechtsfähig und kann damit als Rechtssubjekt Träger von Rechten und Pflichten sein (vgl. Kievel et al. 2013, Kap. 5.1). Auch ein neugeborenes Kind kann z.B. Eigentümer eines Hauses werden, wenn ihm ein solches vererbt worden sein sollte. Das Ende der Rechtsfähigkeit tritt mit dem Tode der Person ein, wie sich aus § 1922 Abs. 1 BGB ergibt. Im Erbrecht gibt es sogar eine „Rechtsfähigkeit vor der Geburt": Wer zur Zeit eines Erbfalls noch nicht gelebt hat, aber bereits gezeugt war, gilt als vor dem Erbfall geboren" (§ 1923 Abs. 2 BGB). Von solchen Besonderheiten abgesehen gilt mithin: Der Mensch ist von Geburt bis zum Tode rechtsfähig und damit fähig, Träger von Rechten und Pflichten zu sein.

4.2.2 Handlungsfähigkeit

Von der Rechtsfähigkeit deutlich zu unterscheiden ist die Handlungsfähigkeit als Fähigkeit zu rechtswirksamen Handeln.

> **Rechtsfähigkeit und Handlungsfähigkeit nach dem BGB:** *Übersicht 21*
>
> 1. **Rechtsfähigkeit**
>   = Fähigkeit, Träger von Rechten und Pflichten zu sein.
>   Beginn: mit der Geburt § 1 (vgl. §§ 1912, 1923 II);
>   Ende: mit dem Tod (vgl. § 1922).
> 2. **Handlungsfähigkeit**
>   = Fähigkeit zu rechtswirksamen Handeln.
>   2.1 Geschäftsfähigkeit
>   = Fähigkeit zur Vornahme von Rechtsgeschäften (§§ 104 ff.).
>   2.2 Deliktsfähigkeit
>   = Fähigkeit, die Verantwortung für unerlaubte Handlungen zu übernehmen (§§ 827 ff.).

Auch wenn der Mensch, wie dargestellt, von Geburt an rechtsfähig ist, ist er damit jedoch nicht ohne Weiteres handlungsfähig. Bei der Handlungsfähigkeit wird zwischen der Geschäftsfähigkeit und der Deliktsfähigkeit des Menschen unterschieden.

4.2.3 Geschäftsfähigkeit

Um zu rechtswirksamem Handeln fähig zu sein, muss der Mensch geschäftsfähig, das heißt: fähig sein, Rechtsgeschäfte vorzunehmen (insbesondere: Verträge abzuschließen). Die Geschäftsfähigkeit ist geregelt in den §§ 104 ff. BGB (vgl. Trenczek et al. 2011, Kap. II. 1.1.2). Dabei sind die volle und die beschränkte Geschäftsfähigkeit sowie die Geschäftsunfähigkeit zu unterscheiden (Übersicht 22).

Geschäftsfähigkeit, beschränkte Geschäftsfähigkeit und Geschäftsunfähigkeit nach dem BGB

Übersicht 22

1. **Volle Geschäftsfähigkeit.** Diese tritt mit der Volljährigkeit ein, also ab der Vollendung des 18. Lebensjahres (§ 2). Rechtsgeschäfte können dann in vollem Umfang rechtswirksam abgeschlossen werden.
2. **Beschränkte Geschäftsfähigkeit bei Minderjährigen.** Diese besteht unter folgenden Voraussetzungen mit folgenden Besonderheiten:
2.1 Es geht um Minderjährige im Alter von sieben bis 17 (also: unter 18) Jahren (§ 106).
2.2 Diese bedürfen zur Rechtswirksamkeit einer Willenserklärung grundsätzlich der Zustimmung ihres gesetzlichen Vertreters (§§ 107 bis 109).
2.3 Ausnahmen: In einigen Fällen besteht gleichsam eine „Teilrechtsfähigkeit" von Minderjährigen, und zwar:
    2.3.1 bei Rechtsgeschäften im Rahmen des so genannten „Taschengeldparagrafen" (§ 110),
    2.3.2 bei einseitigen Rechtsgeschäften (§ 111),
    2.3.3 bei Betrieb eines Erwerbsgeschäfts (§ 112) oder
    2.3.4 bei Rechtsgeschäften im Rahmen von Dienst- oder Arbeitsverhältnissen (§ 113).
3. **Geschäftsunfähigkeit.** Diese hat die Konsequenz, dass alle Willenserklärungen nichtig (= vollständig rechtsunwirksam) sind (§ 105). Geschäftsunfähig sind:
3.1 Kinder im Alter unter sieben Jahren (§ 104 Nr. 1);
3.2 dauerhaft Geisteskranke (vgl. § 104 Nr. 2).

4.2.4 Deliktsfähigkeit

Ähnliches gilt auch für die so genannte Deliktsfähigkeit, also die Fähigkeit, für bestimmtes Handeln verantwortlich gemacht werden zu können und ggf. Schadensersatz leisten zu müssen. Auch hier sind die wesentlichen Altersstufen Geburt, sieben Jahre sowie 18 Jahre. Näheres dazu wird im Zusammenhang mit den §§ 823 ff. BGB (unerlaubte Handlungen) in Kapitel 6 ausgeführt.

4.2.5 Altersstufen im Recht

Neben den drei wichtigsten Altersstufen: Geburt, sieben Jahre und 18 Jahre kennen das BGB und andere Gesetze noch zahlreiche andere Altersstufen (vgl. die Paragrafen in der folgenden Vertiefung):

Vertiefung:

> **Wichtige Altersstufen im deutschen Recht**   *Übersicht 23*
>
> - Erzeugt, aber noch nicht geboren:
>   Erbfähigkeit (§ 1923 Abs. 2 BGB)
> - Vollendung der Geburt:
>   Rechtsfähigkeit (§ 1 BGB)
>   Parteifähigkeit im Zivilprozessrecht (§ 50 Abs. 1 der Zivilprozessordnung – ZPO)
> - Vollendung des 3. Lebensjahres:
>   Rechtsanspruch auf einen Kindergartenplatz (§ 24 Abs. 1 S. 1, ab dem 01.08.2013 Abs. 3 Satz 1 SGB VIII)
> - Vollendung des 6. Lebensjahres (zumeist):
>   Schulpflicht nach Landesrecht
> - Vollendung des 7. Lebensjahres:
>   beschränkte Geschäftsfähigkeit (§§ 106 ff. BGB)
>   beschränkte Deliktsfähigkeit (§ 828 Abs. 2 BGB)
> - Vollendung des 10. Lebensjahres:
>   Anhörung bei Weltanschauungs-, Religionswechsel (§ 2 Abs. 3 des Gesetzes über die religiöse Kindererziehung – RKEG)
> - Vollendung des 12. Lebensjahres:
>   beschränkte Weltanschauungs-, Religionsmündigkeit (§ 5 S. 2 RKEG): Kein Weltanschauungs-/Religionswechsel gegen den Willen des Minderjährigen
> - Vollendung des 14. Lebensjahres:
>   Kind wird „Jugendlicher" (§ 7 Abs. 1 Nr. 2 SGB VIII, § 1 Abs. 1 Nr. 2 Jugendschutzgesetz – JuSchG, § 1 Abs. 2 Jugendgerichtsgesetz – JGG)
>   Weltanschauungs-/Religionsmündigkeit (§ 5 S. 1 RKEG): Minderjähriger kann über Weltanschauung/Religion selbst bestimmen)
>   Bedingte Strafmündigkeit: Bei strafbaren Handlungen und bei Einsichtsfähigkeit des Jugendlichen (§ 3 S. 1 JGG)
>   Erfordernis der Einwilligung des Minderjährigen in die Adoption (§ 1746 Abs. 1 BGB)

- Vollendung des 15. Lebensjahres: Recht, Anträge auf Sozialleistungen zu stellen und zu verfolgen (§ 36 Abs. 1 S. 1 SGB I)
- Vollendung des 16. Lebensjahres:
  beschränkte Testierfähigkeit (§ 2229 Abs. 1 BGB)
  beschränkte Ehefähigkeit (§ 1303 Abs. 2 BGB)
  Eidesfähigkeit (§ 393 ZPO; § 60 Nr. 1 StPO)
- Vollendung des 18. Lebensjahres:
  Volljährigkeit (§ 2 BGB)
  Aktives und passives Wahlrecht (Art. 38 Abs. 2 GG)
  Wehrpflicht für Männer (Art. 12a Abs. 1 GG, § 1 I Wehrpflichtgesetz)
  Strafmündigkeit, ggf. Anwendung von Jugendstrafrecht (§ 19 StGB, § 105 JGG)
- Vollendung des 21. Lebensjahres:
  Strafmündigkeit, uneingeschränkte Anwendung des Erwachsenenstrafrechts (vgl. § 19 StGB)
  Eingeschränktes Adoptionsrecht (§ 1743 BGB)
- Vollendung des 25. Lebensjahres:
  uneingeschränktes Adoptionsrecht (§ 1743 BGB)
- Vollendung des 40. Lebensjahres:
  Passives Wahlrecht zum Bundespräsidenten (Art. 54 Abs. 1 S. 2 GG)
- Vollendung des 45. bzw. 60. Lebensjahres:
  Ende der Wehrpflicht (§ 3 Abs. 3 bis 5 Wehrpflichtgesetz)
- Vollendung des 65. Lebensjahres (oder später):
  Anspruch auf Regelaltersrente (§ 35 SGB VI)
  Eintritt von Beamten in den Ruhestand (§ 25 Abs. 1 Beamtenstatusgesetz, § 41 Abs. 1 Bundesbeamtengesetz)

4.3 Willenserklärungen und Verträge

Im Folgenden wird nun der Frage nachgegangen, wie geschäftsfähige Personen in rechtlich erheblicher Weise handeln können (zum Ganzen: Kropholler 2011, Erläuterungen zu §§ 116 ff. BGB). Das zentrale Instrument dafür ist das „Rechtsgeschäft". Dabei handelt es sich um einen Rechtsakt, der auf eine gewollte Rechtsfolge abzielt. Ein Rechtsgeschäft besteht aus mindestens einer Willenserklärung oder mehreren Willenserklärungen (siehe 4.3.1).

Man unterscheidet zwischen einseitigen und mehrseitigen Rechtsgeschäften. Ein einseitiges Rechtsgeschäft wird durch die Willenserklärung einer einzelnen Person bewirkt, zum Beispiel mit der Kündigung eines Mietverhältnisses. Zweiseitige oder mehrseitige Rechtsgeschäfte – der Hauptfall des Rechtsgeschäftes – entstehen durch übereinstimmende Willenserklärungen mehrerer Personen, in der Regel in Form von Verträgen wie Kaufverträge, Mietverträge, Dienst-, Arbeits- oder Werkverträge (Kap. 5).

Verträge spielen sowohl im Privat- als auch im Berufsleben eine große Rolle. Auch im Bereich der Sozialen Arbeit werden häufig Verträge geschlossen, zum Beispiel im Falle des Kaufs von Büchern, Computern oder Einrichtungsgegenständen, zwecks Anmietung von Geschäftsräumen oder Begründung von Arbeitsverhältnissen. Verträge bilden zudem oft die Rechtsgrundlage für eine Förderung eines freien Trägers mit öffentlichen Haushaltsmitteln, für die Zahlung von Entgelten, für die Regelung der Nutzung oder Inanspruchnahme von Diensten und Einrichtungen. Jede Sozialarbeiterin und jeder Sozialarbeiter sollte deshalb auch über Grundkenntnisse des Vertragsrechts verfügen.

Mit Blick auf den Abschluss und die Gestaltung von Verträgen gilt in unserer Rechtsordnung grundsätzlich das Prinzip der Privatautonomie. Das heißt, grundsätzlich kann sich jeder seine Vertragspartner aussuchen, und die Vertragsparteien sind grundsätzlich frei in der inhaltlichen Ausgestaltung ihrer Verträge.

Allerdings gibt es dabei zahlreiche Grenzen und Beschränkungen: Verträge dürfen nicht gegen gesetzliche Verbote verstoßen (§ 134 BGB), nicht sittenwidrig sein (§ 138 BGB) oder gegen Treu und Glauben (§ 242) verstoßen. Außerdem wird die Privatautonomie durch zahlreiche weitere Gesetze und Rechtsvorschriften eingegrenzt, bereits durch das Grundgesetz (Art 14 Abs. 2 GG: „Eigentum verpflichtet"), durch das Mietrecht (siehe 5.2), das Arbeitsrecht (siehe 5.3), das Wirtschafts- und Wettbewerbsrecht und in weiten Bereichen durch das Sozialrecht (vgl. Kap. 10) – überwiegend zum Schutz der „Schwächeren" und zwecks Begrenzung der „Macht des Stärkeren".

4.3.1 Willenserklärungen

Eine Willenserklärung ist eine private Willensäußerung einer Person, die auf eine bestimmte Rechtsfolge abzielt, z.B. auf den Kauf eines Autos oder die Begründung eines Mietverhältnisses. Keine Willenserklärungen sind reine Gefälligkeitshandlungen, bei denen sich der Handelnde nicht rechtlich binden will, z. B. bei der Zusage, beim Nachbarn während des Urlaubs die Blumen zu gießen.

Willenserklärungen können oft formfrei abgegeben werden, mitunter schreibt das BGB jedoch bestimmte Formen von Willenserklärungen vor (Übersicht 24).

> **Die wichtigsten Formen von Willenserklärungen (WE)** *Übersicht 24*
>
> 1. **Schlüssiges Handeln**
>   z. B. Einsteigen in ein Taxi, Herausnahme eines Getränkes aus einem Getränkeautomaten nach Geldeinwurf
> 2. **Mündliche Erklärung** (als häufigster „Alltagsfall")
> 3. **Schriftform,**
>   wenn ausdrücklich vorgeschrieben (vgl. § 126 BGB), z. B.:
>   3.1 Kündigung eines Mietvertrages (§ 568 Abs. 1 BGB)
>   3.2 Bürgschaftserklärung (§ 766 BGB)
>   3.3 Testament (§ 2247 Abs. 1 BGB)
> 4. **Notarielle Beurkundung (§ 128 BGB)**
>   bei besonders folgenreichen Rechtsgeschäften, z. B.:
>   4.1 Vertrag über Grundstücke (§ 311b Abs. 1 BGB)
>   4.2 Ehevertrag (§ 1410 BGB)
>   4.3 Erbvertrag (§ 2276 Abs. 1 BGB)
>
> Hinweis: Außerdem gibt es die elektronische Form (§ 126a BGB), die Textform (§ 126b BGB) und die öffentliche Beglaubigung (§ 129 BGB).

Verträge können also sehr einfach mündlich oder sogar durch schlüssiges Handeln geschlossen werden, wenn sich die Willenserklärungen der handelnden Personen decken. Auch wenn die Schriftform überwiegend nicht Voraussetzung für die Wirksamkeit von Willenserklärungen bzw. Verträgen ist, empfiehlt sich dennoch aus Beweisgründen, Verträge schriftlich abzuschließen. Ein Rechtsgeschäft, das nicht einer gesetzlich vorgeschriebenen Form genügt, ist gemäß § 125 Satz 1 BGB nichtig, also vollständig unwirksam.

Vertiefung: Ähnlich wie bei der Auslegung von Gesetzen (siehe dazu Kap. 3.2) sind mitunter auch Willenserklärungen auslegungsbedürftig, wenn sie nicht eindeutig sind. Dafür gelten die Auslegungsgrundsätze in Übersicht 25.

Allgemeine Zivilrechtsfragen

> **Auslegungsgrundsätze bei Willenserklärungen** — *Übersicht 25*
>
> 1. Auslegung nach dem Wortlaut
> 2. Auslegung nach dem wirklichen (erkennbaren) Willen (§ 133 BGB)
> 3. Auslegung nach dem Grundsatz von „Treu und Glauben mit Rücksicht auf die Verkehrssitte" (§§ 157, 242 BGB)

Eine einmal abgegebene Willenserklärung ist grundsätzlich wirksam und verpflichtend (lat.: pacta sunt servanda – Verträge sind einzuhalten). Über die eher seltenen Ausnahmen informiert die Übersicht 26.

> **(Un-)Wirksamkeit von Willenserklärungen (WEn) nach dem BGB** — *Übersicht 26*
>
> Grundsätzlich sind abgegebene WEn wirksam und verpflichtend.
> Ausnahmen bestehen im Wesentlichen nur in folgenden Fällen:
>
> **1. Rechtsunwirksame WEn**
> 1.1 WE eines Geschäftsunfähigen (§ 105)
> 1.2 bei Formmangel (§ 125 BGB)
> 1.3 bei Verstoß gegen ein gesetzliches Verbot (§ 134)
> 1.4 bei Sittenwidrigkeit (§ 138 BGB)
>
> **2. Schwebend unwirksame WE**
> = Abhängigkeit von Genehmigung, z. B.:
> 2.1 durch gesetzlichen Vertreter bei Minderjährigen (§ 108 Abs. 1)
> 2.2 durch Gericht (§ 1829 Abs. 1)
>
> **3. Anfechtbare WE**
> = WE wird nach Anfechtung als von Anfang an nichtig angesehen (§ 142), z. B. bei
> 3.1 Irrtum (§ 119)
> 3.2 Arglistiger Täuschung oder Drohung (§ 123 Abs. 1)

4.3.2 Verträge

Das wichtigste Gestaltungsinstrument von Personen im Zivilrecht sind, wie bereits ausgeführt, Verträge (zum Ganzen: Kropholler 2011, Erläuterungen zu §§ 145 ff. BGB). Rechtsvorschriften über Verträge gibt es an zahlreichen Stellen des BGB, so bereits in Buch 1 (Allgemeiner Teil; §§ 145 bis 157). In Buch 2 (Recht der Schuldverhältnisse) sind in den §§ 241 bis 432 allgemeine Regelungen über Verträge sowie in den §§ 433 bis 808 („Einzelne Schuldverhältnisse") sodann detaillierte Regelungen über spezielle Verträge enthalten, z. B. über Kauf, Miete, Pacht, Dienstvertrag, Werkvertrag etc. In Buch 4 (Familienrecht) und Buch 5 (Erbrecht) gibt es weitere Regelungen über familien- und erbrechtliche Verträge. Schließlich findet das Vertragsrecht des BGB auch in anderen Bereichen des Zivilrechts sowie im öffentlichen Recht (vgl. Kap. 11.2) unmittelbare oder entsprechende Anwendung.

Der Vertrag als der Hauptfall des Rechtsgeschäftes besteht, wie bereits ausgeführt, im Kern aus zwei (oder mehreren) übereinstimmenden Willenserklärungen im Hinblick auf ein bestimmtes Rechtsgeschäft (siehe Schaubild).

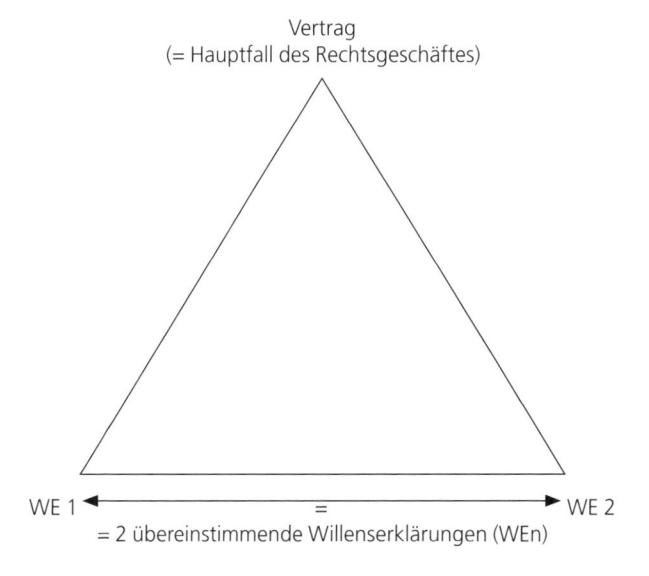

Vertrag
(= Hauptfall des Rechtsgeschäftes)

WE 1 ←———— = ————→ WE 2
= 2 übereinstimmende Willenserklärungen (WEn)

78 Allgemeine Zivilrechtsfragen

Vertiefung: Nach dem Schaubild haben sich zwei (natürliche oder juristische) Personen im Wege der von ihnen abgegebenen Willenserklärungen rechtsverbindlich geäußert. Die beiden Willenserklärungen werden auch als Angebot und Annahme bezeichnet. Stimmen sie in allen Punkten überein, ist ein entsprechender Vertrag rechtswirksam zustande gekommen. Damit gilt – sowohl für das Zivilrecht als auch für das öffentliche Recht – der aus dem römischen Recht übernommene Grundsatz: „pacta sunt servanda": Dies bedeutet: Verträge sind einzuhalten – mit Blick auf alle Verpflichtungen, die sich aus dem Vertrag und ergänzend aus einem Gesetz, insbesondere aus dem BGB, ergeben.

Die Übersicht 27 verdeutlicht zusammenfassend die Wirksamkeitsvoraussetzungen eines auf zwei übereinstimmenden Willenserklärungen basierenden Vertrages.

Wirksamkeitsvoraussetzungen eines (zweiseitigen) Vertrages aufgrund von zwei Willenserklärungen (WE 1 und WE 2) nach dem BGB

Übersicht 27

1. **Angebot = WE 1**
   1.1 Willenserklärung (§§ 116 bis 118)
   1.2 Geschäftsfähigkeit (§§ 104 bis 114)
   1.3 Abgabe der WE (§§ 130 bis 132, 145 bis 156)
   1.4 Zugang der WE (§§ 130 bis 132, 145 bis 156)
   1.5 keine Anfechtung (§§ 119 bis 124, 142 bis 144)

2. **Annahme = WE 2**
   2.1 Willenserklärung (§§ 116 bis 118)
   2.2 Geschäftsfähigkeit (§§ 104 bis 114)
   2.3 Abgabe der WE (§§ 130 bis 132, 145 bis 156)
   2.4 Zugang der WE (§§ 130 bis 132, 145 bis 156)
   2.5 keine Anfechtung (§§ 119 bis 124, 142 bis 144)

3. **Beide WEn stehen in Bezug zueinander und stimmen in allen Punkten überein.**

4. **Kein Verstoß gegen Form- und Inhaltsvorschriften,** z. B.:
   4.1 bei Formmangel (§ 125 S. 1)
   4.2 bei gesetzlichem Verbot (§ 134)
   4.3 bei Sittenwidrigkeit (§ 138)

4.4 Rechtsgeschäftliche und gesetzliche Vertretung

Nicht in jedem Fall will oder kann eine Person, um eine Willenserklärung abzugeben, selbst handeln. Deshalb kann z.B. die Studentin A die Studentin B bevollmächtigen, (auch) für sie eine Ferienreise in einem Reisebüro zu buchen; dies ist ein Fall der rechtsgeschäftlichen Vertretung (aufgrund einer Vollmacht von A). Außerdem gibt es den Fall der gesetzlichen Vertretung (Vertretung aufgrund einer gesetzlichen Regelung), insbesondere im Falle der gesetzlichen Vertretung eines minderjährigen, geschäftsunfähigen oder beschränkt geschäftsfähigen Kindes (siehe oben 4.2) durch seinen gesetzlichen Vertreter. Das Wesen der Vertretung besteht in beiden Fällen in einem rechtsgeschäftlichen Handeln einer Person (des Vertreters) für eine andere Person (den Vertretenen), wobei die Rechtsfolgen des Handelns unmittelbar in der Person des Vertretenen eintreten (zum Ganzen: Kropholler 2011, Erläuterungen zu §§ 164 ff. BGB).

4.4.1 Rechtsgeschäftliche Vertretung

Vertiefung: Die rechtsgeschäftliche Vertretung (oder: gewillkürte Vertretung) beruht auf einer Vollmacht (der „durch Rechtsgeschäft erteilten Vertretungsmacht"; § 166 Abs. 2 Satz 1 BGB). Der Vollmachtgeber verleiht dabei dem Vollmachtnehmer die Vertretungsbefugnis, für ihn rechtsgeschäftlich zu handeln. Näheres ist dazu in den §§ 164 ff. BGB geregelt.

Eine im Bereich der sozialen Arbeit wichtige, auf einer solchen Vollmacht beruhende Form der rechtsgeschäftlichen Vertretung ist z.B. die Vorsorgevollmacht nach § 1896 Abs. 2 Satz 2 BGB. Als vorrangige Alternative zur Rechtlichen Betreuung eines Volljährigen kann dieser eine andere Person bevollmächtigen, bestimmte Angelegenheiten für ihn zu besorgen, etwa im gesundheitlichen und finanziellen Bereich.

4.4.2 Gesetzliche Vertretung

Im Bereich der Sozialen Arbeit noch wichtiger als die rechtsgeschäftliche (oder gewillkürte) Vertretung aufgrund einer Vollmacht ist die Vertretung aufgrund gesetzlicher Regelungen, insbesondere des Familienrechts. In einer Reihe von Fällen sieht das BGB zwingend die gesetzliche Vertretung eines zwar rechtsfähigen, aber nicht oder nicht in vollem Umfange geschäftsfähigen anderen Menschen vor und regelt sie insbesondere im Buch 4 BGB (Familienrecht).

Die wichtigste Form der gesetzlichen Vertretung ist die von geschäftsunfähigen oder beschränkt geschäftsfähigen Minderjährigen im Rahmen der elterlichen Sorge nach den §§ 1626, 1629 BGB. Danach haben die Eltern kraft Gesetzes im Rahmen der Personensorge und der Vermögenssorge auch die gesetzliche Vertretungsmacht für ihr Kind und handeln in diesem Rahmen als gesetzlicher Vertreter für dieses. Der Themenkreis „elterliche Sorge" (einschließlich der gesetzlichen Vertretung) stellt einen Schwerpunkt der Ausführungen in meinem Buch „Grundkurs Familienrecht für die Soziale Arbeit" dar (Wabnitz 2012a, dort insbesondere Kap. 7 und 8).

Vertiefung: Sind keine Eltern vorhanden oder existiert kein vertretungsberechtigter Elternteil, weil dieser z. B. selbst minderjährig ist, bedarf es als (vollständigen) Ersatz für die elterliche Sorge der Bestellung eines Vormundes durch das Familiengericht aufgrund der §§ 1773, 1774 ff. BGB. Sind Eltern oder der Vormund in bestimmten Fällen nicht dazu befugt, den Minderjährigen gesetzlich zu vertreten, wird zusätzlich ein Pfleger als gesetzlicher Vertreter für einzelne Angelegenheiten bestellt (Pflegschaft nach §§ 1909 ff. BGB). Die Pflegschaft ist insoweit „Teilersatz" für die elterliche Sorge oder Vormundschaft.

Schließlich kann bei kranken oder behinderten Volljährigen, sofern nicht eine Vorsorgevollmacht nach § 1896 Abs. 2 Satz 2 BGB ausreicht (siehe soeben), nach den §§ 1896 ff. ein Rechtlicher Betreuer gerichtlich bestellt werden. Dieser vertritt sodann den Betreuten (in einem exakt festzulegenden Umfang) gerichtlich und außergerichtlich. Näheres zu den Themenkreisen Vormundschaft, Pflegschaft, Vorsorgevollmacht und Rechtliche Betreuung ist ebenfalls in meinem „Grundkurs Familienrecht für die Soziale Arbeit" dargestellt (Wabnitz 2012a, dort Kap. 12 und 13).

5 Einzelne zivilrechtliche Verträge

Aufgrund eines (zustande gekommenen) Vertrages (siehe 4.3.2) entstehen so genannte „Schuldverhältnisse" zwischen den Vertragspartnern. Allgemeine Regelungen über Schuldverhältnisse sind in den §§ 241 bis 432 BGB in dessen Buch 2 (Recht der Schuldverhältnisse) enthalten (dazu: Kropholler 2011, Erläuterungen zu §§ 241 ff. BGB). Diese gelten grundsätzlich für alle vertraglichen Schuldverhältnisse, z. B. auch für den Kaufvertrag (siehe 5.1) sowie über den Mietvertrag (siehe 5.2) und andere Vertragstypen sowie auch für die so genannten gesetzlichen Schuldverhältnisse, die nicht aufgrund eines Vertrages, sondern z. B. aufgrund einer unerlaubten Handlung nach den §§ 823 ff. BGB entstehen (dazu Kapitel 6). Die §§ 241 ff. BGB enthalten u.a. allgemeine Vorschriften über Leistungsverpflichtungen, den Verzug eines Vertragspartners oder den Rücktritt von Verträgen.

Im Anschluss an die §§ 241 bis 432 BGB sind in Buch 2 (Recht der Schuldverhältnisse) in den §§ 433 bis 808 BGB spezielle Regelungen über einzelne Schuldverhältnisse enthalten, die zusätzlich zu den allgemeinen Regelungen der §§ 241 ff. BGB oder abweichend von diesen – und dann vorrangig (!) – gelten, wiederum z. B. betreffend den Kaufvertrag (§§ 433 ff. BGB) oder den Mietvertrag (§§ 535 ff. BGB). Zur Vertiefung wird verwiesen auf Kievel et al. 2013, Kap. 7.

Im Folgenden wird nur auf die wichtigsten speziellen Regelungen der §§ 433 ff. (Kaufvertrag), 535 ff. (Mietvertrag), 611 ff. (Dienst- und Arbeitsvertrag) sowie 635 ff. BGB (Werkvertrag) eingegangen.

5.1 Kaufvertrag

Der Kaufvertrag ist der wohl häufigste zivilrechtliche Vertrag (dazu: Kievel et al. 2013, Kap. 7.1; Kropholler 2011, Erläuterungen zu §§ 433 ff. BGB). Dies gilt auch für den Bereich der Sozialarbeit, wo es gleichsam „Alltagsgeschäft" darstellt, aufgrund von Kaufverträgen z. B. einzelne Einrichtungsgegenstände, Computer, sonstigen Bürobedarf, Spielgeräte für Kindertageseinrichtungen, Kraftfahrzeuge etc. anzuschaffen. Und wie im Privatleben können auch hier vielfältige rechtliche Probleme auftreten, wenn z. b. nicht oder verspätet geliefert wird oder wenn die gekauften Gegenstände Mängel aufweisen etc.

Das BGB regelt den Kaufvertrag in den §§ 433 bis 479. Die „Grundnorm" des Kaufvertragsrechts ist § 433 BGB mit den wichtigsten vertragstypischen Rechten und Pflichten von Verkäufer und Käufer (Übersicht 28).

Kaufvertrag (§ 433 BGB) *Übersicht 28*

1. Es muss ein **„Kaufvertrag"** zustande gekommen sein. Dies ist der Fall, wenn zwei übereinstimmende Willenserklärungen von Verkäufer und Käufer vorliegen.

2. **Hauptpflichten** (und damit korrespondierende Ansprüche!)
2.1 des Verkäufers sind: Übergabe der Kaufsache und Eigentumsverschaffung daran (§ 433 Abs. 1);
2.2 des Käufers sind: Kaufpreiszahlung und Abnahme der Kaufsache (§ 433 Abs. 2).

3. Außerdem bestehen **Nebenpflichten**.

4. Des Weiteren gelten die allgemeinen Regelungen nach Buch 1 und 2 (§§ 133 ff., §§ 241 ff.) des BGB.

Wegen weiterer Einzelheiten wird auf die Fälle 1 und 2 zum Kaufrecht verwiesen.

5.2 Mietvertrag

Ein weiterer wichtiger, im BGB im Einzelnen geregelter Vertragstyp ist der Mietvertrag (§ 535 ff. BGB; dazu: Kievel et al. 2013, Kap. 7.2; Kropholler 2011, Erläuterungen zu §§ 535 ff. BGB). Die Mehrzahl der Menschen in Deutschland lebt in einer gemieteten Wohnung oder in einem gemieteten Haus. Und auch im Bereich der Sozialen Arbeit ist die Mehrzahl der Gebäude und Büros gemietet. Ein Mietvertrag zwischen einem Mieter und einem Vermieter kommt aufgrund von übereinstimmenden Willenserklärungen zustande und wird zumeist in Schriftform abgeschlossen (vgl. § 550 BGB).

Bei Mietverhältnissen kommt es leider nicht selten zu Streit, wenn es z. B. um Fragen der Kündigung des Mietverhältnisses oder einer Mieterhöhung geht. Das BGB enthält mit Blick darauf und auf andere Fragen zahlreiche gesetzliche Bestimmungen, zumeist zum Schutz des Mieters. Der Gesetzgeber ist dabei i.d.R. davon ausgegangen, dass es sich bei dem Mieter um die „schwächere" und deshalb schutzwürdige Partei handelt. Dies war in den Zeiten, als in (West-)Deutschland ein Mangel an (preiswertem) Wohnraum bestand, auch in der Tat zutreffend, hat sich allerdings in den letzten Jahren geändert, seit vielerorts ein Überangebot an Wohnungen besteht.

Wie beim Kaufvertrag handelt es sich auch beim Mietvertrag um einen so genannten gegenseitigen Vertrag, weil die Pflichten und Rechte von Mieter und Vermieter in einem Gegenseitigkeitsverhältnis (Abhängigkeitsverhältnis; juristisch: „Synallagma") zueinander stehen.

Mietvertrag nach dem BGB

Übersicht 29

1. **Voraussetzungen für den Mietvertrag**
1.1 zwei übereinstimmende Willenserklärungen
 (§ 535 Abs. 1 und Abs. 2)
1.2 grundsätzlich Schriftform (vgl. § 550)
2. **Hauptpflichten**
2.1 Hauptpflichten des Vermieters (V) sind:
   2.1.1 Gebrauchsüberlassung der Mietsache auf Zeit
    (§ 535 Abs. 1 Satz 1),
   2.1.2 Überlassung/Erhaltung in gebrauchsfähigem Zustand
    (§ 535 Abs. 1 Satz 2),
   2.1.3 Tragen der Lasten (§ 535 Abs. 1 Satz 3).
2.2 Hauptpflicht des Mieters (M) ist:
 Entrichtung der vereinbarten Miete (§ 535 Abs. 2)
3. **Daneben bestehen Nebenpflichten, etwa zur ordnungsgemäßen Behandlung der Mietsache.**

Einzelne zivilrechtliche Verträge

Auch beim Mietvertrag gelten die allgemeinen Vorschriften des BGB, nämlich die des Buches 1 über Willenserklärungen und Verträge (§§ 133 ff.) sowie des Buches 2 über Schuldverhältnisse (§§ 241 ff.). Die speziellen Regelungen über den Mietvertrag in den §§ 535 ff. BGB sind nun nochmals unterteilt in Vorschriften für alle Mietverhältnisse (§§ 535 ff.) sowie in weitere Vorschriften betreffend Mietverhältnisse über Wohnraum (§§ 549 ff.) sowie über andere Sachen (§§ 578 ff.). In der Übersicht 30 wird versucht, dieses komplizierte Nebeneinander zu verdeutlichen.

Rechtsvorschriften über den Mietvertrag nach dem BGB

Übersicht 30

1. Vorschriften für (alle) Mietverhältnisse, z. B. über
1.1 Hauptpflichten (§ 535)
1.2 Mietminderung bei Sach- und Rechtsmängeln (§ 536)
1.3 Weitere Ansprüche bei Mängeln (§ 536a)
1.4 Außerordentliche fristlose Kündigung (§ 543)

2. Vorschriften für Mietverhältnisse über Wohnraum
2.1 Vorschriften z. B. über die Vertragsform (§ 550)
2.2 Vorschriften über die Miete
   2.2.1 Vereinbarungen über die Miete (§§ 556 ff.)
   2.2.2 Regelungen über die Miethöhe (§§ 557 ff.)
2.3 Pfandrecht des Vermieters (§§ 562 ff.)
2.4 Wechsel der Vertragsparteien (§§ 563 ff.)
2.5 Beendigung des Mietverhältnisses
   2.5.1 Allgemeine Vorschriften (§§ 568 ff.)
   2.5.2 bei Mietverhältnissen auf unbestimmte Zeit (§§ 573 ff.)
   2.5.3 bei Mietverhältnissen auf bestimmte Zeit (§ 575 f.)
   2.5.4 bei Werkwohnungen (§§ 576 ff.)

3. Vorschriften für Mietverhältnisse über andere Sachen, z. B. über Grundstücke, Räume, Schiffe (§§ 578 ff.)

Vertiefung: Für Mietverhältnisse über Wohnraum gelten außerdem die Regelungen in Übersicht 31.

Mietvertrag 85

Die wichtigsten Regelungen des BGB betreffend Mietverhältnisse über Wohnraum

Übersicht 31

1. **Dauer des Mietverhältnisses**
1.1 im Grundsatz: unbefristet
1.2 ausnahmsweise: befristeter Zeitmietvertrag (§ 575) im Wesentlichen nur noch bei beabsichtigter Eigennutzung („Eigenbedarf") und wenn dies dem Mieter bereits bei Vertragsabschluss schriftlich mitgeteilt ist.

2. **Mieterhöhung; eine solche ist nur (noch) möglich bei:**
2.1 Vereinbarung einer Staffelmiete (§ 557a),
2.2 Vereinbarung einer Indexmiete (§ 557b),
2.3 Mieterhöhung bis zur ortsüblichen Vergleichsmiete, jedoch um nicht mehr als 20% innerhalb von drei Jahren (§§ 558 ff.),
2.4 Modernisierungen (§§ 559 ff.) unter bestimmten Voraussetzungen.

3. **Pflicht zu fairer Betriebskostenabrechnung (Nebenkosten)**
spätestens 12 Monate nach Ende der Abrechnungsperiode (§ 556 Abs. 3)

4. **Kündigung unbefristeter Mietverhältnisse (in Schriftform, § 568)**
4.1 Kündigung aus wichtigem Grund (außerordentliche, fristlose Kündigung) bei Unzumutbarkeit (§ 569 i. V. m. § 543)
4.2 Ordentliche Kündigung des Mieters mit Frist von 3 Monaten ohne Begründung möglich (§ 573c Abs. 1 Satz 1)
4.3 Eine ordentliche Kündigung des Vermieters ist nur möglich bei berechtigtem Interesse (§ 573 Abs. 2), und zwar:
   4.3.1 bei erheblicher schuldhafter Vertragsverletzung durch den Mieter (Nr. 1),
   4.3.2 bei Eigenbedarf des Vermieters (Nr. 2) oder
   4.3.3 bei beabsichtigter wirtschaftlicher Verwertung des Grundstücks und sonst erheblichen Nachteilen für den Vermieter (Nr. 3).
   4.3.4 Kündigungsfristen: 3, 6 oder 9 Monate (§ 573c Abs. 1 Satz 2)
   4.3.5 Widerspruch des Mieters möglich in Härtefällen (§ 574)
   4.3.6 Bei Nichteinigung: gerichtliche Bestimmung möglich (§ 574a Abs. 2)
   4.3.7 Urteil, ob, unter welchen Bedingungen und für welche Dauer das Mietverhältnis fortgesetzt wird (§ 574a Abs. 2)

86 Einzelne zivilrechtliche Verträge

Während in anderen Regelungsbereichen des BGB gesetzliche Bestimmungen oft durch vertragliche Vereinbarungen ersetzt („abgedungen") werden können, ist dies im Mietrecht betreffend Wohnraum weitgehend nicht so. In den §§ 549 ff. findet sich sehr häufig die folgende gesetzliche Formulierung: „Eine zum Nachteil des Mieters abweichende Vereinbarung ist unwirksam." Dies bedeutet, dass die Regelungen der §§ 549 bis 577a BGB „automatisch" für Mietverträge gelten, die deshalb auch relativ kurz abgefasst sein können. Vertraglich geregelt werden müssen jedoch in jedem Falle die genaue Bezeichnung der Vereinbarungspartner (Mieter und Vermieter), die genaue Bezeichnung des Wohnraumes, Beginn des Mietverhältnisses, Miethöhe, ggf. Untermietverhältnisse, Schönheitsreparaturen und sonstige Verpflichtungen.

Im Übrigen wird auf die Fälle 3 und 4 zum Mietrecht verwiesen.

5.3 Dienstvertrag, Arbeitsvertrag, Werkvertrag

Für die Soziale Arbeit ebenfalls von großer Bedeutung sind auch die Vertragstypen Dienstvertrag, Arbeitsvertrag sowie Werkvertrag, die in den §§ 611 bis 651 BGB sowie in weiteren Gesetzen außerhalb des BGB geregelt sind. Rechtsgrundlage für die meisten Arbeitsverhältnisse im Bereich der Sozialen Arbeit ist der Arbeitsvertrag, für die Erfüllung bestimmter, abgegrenzter sozialer Aufgaben der Werkvertrag. Dienst-, Arbeits- und Werkvertrag haben Gemeinsamkeiten, weisen jedoch auch erhebliche Unterschiede auf; die Abgrenzung der drei Vertragstypen kann im Einzelfall schwierig sein. Im Folgenden werden nur die wichtigsten Grundbegriffe erläutert (vgl. dazu auch Kropholler 2011, Erläuterungen vor § 611 BGB; Kievel et al. 2013, Kap. 7.3 bis 7.6).

5.3.1 Dienstvertrag

Vertiefung: Das Dienstvertragsrecht ist im BGB in den §§ 611 bis 630 BGB geregelt. Gemäß § 611 Abs. 1 BGB wird durch den Dienstvertrag „derjenige, welcher Dienste zusagt, zur Leistung der versprochenen Dienste, der andere Teil zur Gewährung der vereinbarten Vergütung verpflichtet". Auch der Dienstvertrag ist ein gegenseitiger Vertrag, durch den sich der eine Teil (Dienstverpflichteter) zur Leistung der versprochenen Dienste und der andere Teil (Dienstberechtigter) zur Zahlung der vereinbarten Vergütung verpflichtet. Anders als beim Werkvertrag (siehe dazu sogleich 5.3.3) wird hier nicht ein bestimmtes (Arbeits-)Ergebnis geschuldet, sondern die Tätigkeit als solche, und zwar grundsätzlich unabhängig davon, ob sie erfolgreich war oder nicht. Typische Dienstleistungen erbringt z. B. ein niedergelassener Arzt oder eine Psychologin, die Psychotherapiesitzungen durchführt, und Ähnliches.

5.3.2 Arbeitsvertrag

Vertiefung: Aus dem Dienstvertragsrecht der §§ 611 ff. BGB hat sich als heute weitgehend selbstständiges Rechtsgebiet das Arbeitsrecht als ein Sonderrecht für Arbeitnehmer/innen entwickelt. Der Arbeitsvertrag ist ein Dienstvertrag, bei dem der Verpflichtete (Arbeitnehmer) für den Berechtigten (Arbeitgeber) eine fremdbestimmte, unselbstständige und sozial abhängige Tätigkeit ausübt. Für die Abgrenzung zum Dienstvertrag ist entscheidend, ob der Arbeitnehmer hinsichtlich Zeit, Ort und Inhalt seiner Tätigkeit einem Weisungsrecht des Arbeitgebers unterliegt und ggf. in dessen Betriebsorganisation eingegliedert ist. Dies dürfte für die meisten Arbeitnehmer/innen so zutreffen – wie auch für die meisten Fachkräfte bei öffentlichen und freien Trägern im Bereich des Sozial- und Gesundheitswesens.

Der Arbeitsvertrag ist also ein besonderer Dienstvertrag für weisungsabhängige Arbeitnehmer, für die zunächst das Dienstvertragsrecht des BGB (§§ 611 ff. BGB) gilt. Sonderregelungen sind dort u. a. in § 622 (Kündigungsfristen bei Arbeitsverhältnissen) enthalten. Für Arbeitsverhältnisse gilt jedoch nicht nur das BGB, sondern gelten zahlreiche weitere arbeitsrechtliche Spezialgesetze, die die Regelungen des BGB modifizieren, überlagern und erweitern. Zusätzlich zum Arbeitsvertragsrecht des BGB gilt z. B. das Kündigungsschutzgesetz.

Außerdem gibt es eine ganze Reihe weiterer Gesetze, die dem Arbeitsschutzrecht zugerechnet werden: z. B. das Mutterschutzgesetz, das Jugendschutzgesetz, die Gewerbeordnung, das Heimarbeitsgesetz oder das Arbeitnehmerüberlassungsgesetz. Neben den bereits genannten Gesetzen betreffend einzelne Arbeitsverhältnisse („Individualarbeitsrecht") gibt es das sog. kollektive

5.3.3 Werkvertrag

Vertiefung: Vom Dienstvertrag und Arbeitsvertrag abzugrenzen ist der Werkvertrag. Gemäß § 631 Abs. 1 BGB wird durch den Werkvertrag „der Unternehmer zur Herstellung des versprochenen Werkes, der Besteller zur Entrichtung der vereinbarten Vergütung verpflichtet". Der Werkvertrag ist demzufolge, anders als der auf eine Dienstleistung abzielende Dienstvertrag, auf ein bestimmtes Ergebnis, einen bestimmten Erfolg gerichtet (z. B.: bei einer Schuhreparatur, einem Architektenvertrag, einem Personenbeförderungsvertrag), während der Dienstvertrag (siehe 5.3.1) tätigkeitsbezogen ist. In Zweifelsfällen ist für die Abgrenzung zwischen Dienst- und Werkvertrag der im Vertrag zum Ausdruck kommende Wille der Parteien maßgebend.

In der Sozialen Arbeit zielen Werkverträge typischerweise auf die Bearbeitung eines bestimmten Projektes, die Herstellung eines Gutachtens, einer wissenschaftlichen Expertise oder eines Handbuches etc. ab. Gegenstand eines Werkvertrages kann z. B. auch die Übernahme der Buchführung für den Träger einer sozialen Einrichtung sein, die Gebäudereinigung oder die Wartung der Telefon- oder Datenverarbeitungsanlagen.

5.4 Fälle

Fall 1: Der preisgünstige MP3-Player

Verkäufer V. bietet in seinem Geschäft elektrische Geräte, Computer und Produkte der Unterhaltungsindustrie an. In seinem Schaufenster hat er einen MP3-Player zum Preis von 200 € ausgestellt. Der Käufer K. sieht dies von der Straße aus mit Freude, da er das gleiche Gerät in anderen Geschäften zum Preis von 300 € gesehen hat. Er betritt deshalb das Geschäft von V. und lässt sich ein solches Gerät vorführen, das V. jedoch nicht aus dem Schaufenster, sondern (noch verpackt) aus dem Regal im Geschäft nimmt. Auf dem dort aufgeklebten Preisschild ist nun auch ein Preis von 300 € ausgewiesen. Daraufhin erklärt K. gegenüber V., er wolle den MP3-Player für 200 € aus dem Schaufenster kaufen. Dies verweigert V., weil es sich dabei wohl um einen „Irrtum" handele, den er alsbald korrigieren werde. K. verlangt dennoch von V. den MP3-Player aus dem Schaufenster gegen Zahlung von 200 €. Zu Recht?

Fall 2: Der unbrauchbare Laptop

Die Studentin des Sozialen Arbeit K. befindet sich in der Endphase ihres BA-Studiums. Da nunmehr die Anfertigung der Abschlussarbeit bevorsteht, kauft sie sich von dem ihr von den Eltern dafür zur Verfügung gestellten Geld bei dem Inhaber des kleinen Computergeschäfts V. zum Kaufpreis von 700 € den Laptop „Quick-Fox". Nach wenigen Tagen stellt sich jedoch heraus, dass das Gerät funktionsunfähig ist, weil ein wichtiges PC-Teil defekt war. Welche Rechte hat K. gegenüber V.?

Fall 3: Der Student und die Mietwohnung

Der Vermieter V., der in München arbeitet, ist Eigentümer einer Zweizimmerwohnung in Wiesbaden. Diese hat er seit drei Jahren an den Studenten der Sozialen Arbeit S. für 400 € Monatsmiete vermietet. Nunmehr erfährt V. davon, dass S. seit einiger Zeit eines der beiden Zimmer an dessen Kommilitonen K., Student der Wirtschaftswissenschaften, gegen Zahlung von monatlich 200 € untervermietet hat.

1. Muss V. diese Untervermietung dulden?
2. V. hat eine neue Arbeitsstelle in Wiesbaden angenommen und möchte nunmehr seine Eigentumswohnung selbst nutzen. Kann er, und ggf. wie, dem S. kündigen?

3. S. erklärt sich nach kurzer Zeit dazu bereit, die Wohnung zu räumen und in eine Wohngemeinschaft zu ziehen. Allerdings ist er dem V. seit mehreren Monaten die Miete schuldig geblieben. Während des Auszugs von S. dringt V., als dieser gerade nicht in der Wohnung anwesend ist, in diese ein und nimmt, um sich Sicherheiten zu verschaffen, in der Abwesenheit von S. dessen „Wörterbuch Soziale Arbeit" von Kreft/Mielenz (2013) und das „Handbuch Sozialarbeit/Sozialpädagogik" von Otto/Thiersch (2011), die S. für die Examensvorbereitung benötigt, sowie dessen DVD-Player mit. Kann S. von V. diese Gegenstände zurückverlangen?

Fall 4: Die Mieterhöhung

Der Mieter M. hat eine Wohnung gemietet, die im Eigentum des Vermieters V. steht. Vor drei Jahren haben M. und V. einen unbefristeten Mietvertrag abgeschlossen. Die Monatsmiete beträgt 600 €. Ende Juni fordert nunmehr V. den M. mit eingeschriebenem Brief dazu auf, ab September eine um 100 € erhöhte Monatsmiete von 700 € zu zahlen. Zur Begründung verweist er auf die beigefügten Zeitungsberichte, wonach die Mieten in den letzten drei Jahren um 20% gestiegen seien. M. hält eine solche Mieterhöhung für unzulässig, zumal die Miete bereits vor drei Jahren beim Einzug in die Wohnung von zuvor 500 € auf 600 € erhöht worden war. Kann V. – und ggf. wie – die Mieterhöhung auf 700 € durchsetzen bzw. kann sich M. dagegen wehren? (Gehen Sie dabei davon aus, dass die ortsübliche Vergleichsmiete tatsächlich bei 700 € liegt).

6 Zivilrechtliche Haftungsfragen (Deliktsrecht)

Haftung im Zivilrecht heißt, Verantwortung für einen Schaden übernehmen zu müssen, den man entweder selbst oder den ggf. ein anderer verursacht hat. Es haftet grundsätzlich, wer als Radfahrer oder Fahrer eines Kraftfahrzeugs einen Verkehrsunfall verursacht hat. Ein Handwerker haftet für mangelhafte Reparaturen. Ein Arbeitgeber haftet, wenn er Arbeitsschutzvorschriften nicht einhält. Eltern haften bei Aufsichtspflichtverletzungen für ihre Kinder. In der Sozialen Arbeit können ebenfalls vielfältige Haftungsfragen entstehen, z.b. bei Unfällen während einer Maßnahme der Jugendarbeit, im Kindergarten und in sonstigen Einrichtungen. Haftungsfragen stellen sich dabei mit Blick auf das Handeln oder Nichthandeln sowohl von Sozialarbeiterinnen/Sozialarbeitern als auch von Trägern von Diensten und Einrichtungen.

Unbeschadet dessen können Haftungsfragen auch auf anderen rechtlichen Ebenen außerhalb des Zivilrechts, oft sogar nebeneinander, auftreten, und zwar insbesondere auch im Bereich des Arbeitsrechts und des Strafrechts (dazu Kap. 13 und 14). Diese verschiedenen rechtlichen Ebenen sind bei Haftungsfragen sorgfältig voneinander zu trennen, obwohl eine einzige Handlung mehrere haftungsrechtliche Konsequenzen haben kann. Ein verschuldeter Verkehrsunfall oder eine Schlägerei mit Verursachung eines Gesundheitsschadens beim Verletzten hat zivilrechtliche Haftungsfolgen (Schadensersatz und Schmerzensgeld), regelmäßig strafrechtliche Konsequenzen (Verurteilung wegen einer Straftat) und darüber hinaus ggf. zusätzlich noch arbeitsrechtliche Folgen (bis hin zu einer eventuellen Kündigung). Im Folgenden wird nur auf zivilrechtliche Haftungsfragen eingegangen. Zum Ganzen kann verwiesen werden auf Trenczek et al. 2011, Kap. IV.1.; Kievel et al. 2013, Kap. 10 sowie Kropholler 2011, Erläuterungen zu §§ 823 ff. BGB)

6.1 Das System der unerlaubten Handlungen nach dem BGB

Das Haftungsrecht des BGB ist im Wesentlichen in dessen §§ 823 bis 853 geregelt und wird, terminologisch uneinheitlich, als Schadenersatzrecht, Recht der unerlaubten Handlungen oder „Deliktsrecht" (von lateinisch: delictum = Straftat) bezeichnet. Die zivilrechtliche Folge von unerlaubten Handlungen nach den §§ 823 ff. BGB ist zumeist die Verpflichtung zum Schadensersatz, ggf. auch zur Zahlung von Schmerzensgeld. Daneben bestehen mitunter auch Ansprüche aufgrund zivilrechtlicher Verträge (siehe dazu auch Kap. 4.3 und 5).

Unerlaubte Handlungen nach den §§ 823 ff. BGB begründen ein sog. gesetzliches (also bereits kraft der Vorschriften des BGB bestehendes) Schuldverhältnis zwischen der schädigenden und der geschädigten Person. Das Schaubild verdeutlicht, um welche Fälle es sich bei den §§ 823 ff. BGB handelt (Übersicht 32).

Das System der Haftung für unerlaubte Handlungen (Deliktsrecht) nach dem BGB

Übersicht 32

1. § 823 Abs. 1: Haftung bei Verletzung von Rechten anderer
2. § 823 Abs. 2: Haftung bei Verstoß gegen „Schutzgesetze"
3. § 824: Haftung bei Kreditgefährdung
4. § 825: Haftung bei Bestimmung zu sexuellen Handlungen
5. § 826: Haftung bei sittenwidriger Schädigung
6. § 829: Haftung aus Billigkeitsgründen
7. § 831: Haftung für den Verrichtungsgehilfen
8. § 832: Haftung des Aufsichtspflichtigen
9. § 833: Haftung des Tierhalters
10. § 834: Haftung des Tieraufsehers
11. § 836: Haftung des Grundstückbesitzers
12. § 837: Haftung des Gebäudebesitzers
13. § 838: Haftung des Gebäudeunterhaltspflichtigen
14. § 839: Haftung bei Amtspflichtverletzung

Für die Soziale Arbeit sind in erster Linie die Regelungen des Grundtatbestandes des § 823 Abs. 1 BGB (siehe 6.3) sowie die Regelungen der §§ 831 und 832 BGB über die Haftung für das Handeln anderer (siehe 6.4) von Bedeutung.

6.2 Deliktsfähigkeit

Voraussetzung für eine Haftung nach den §§ 823 ff. BGB ist zunächst die so genannte Deliktsfähigkeit als zivilrechtliche Verantwortlichkeit für die Begehung unerlaubter Handlungen. Die Deliktsfähigkeit weist Ähnlichkeiten mit der Geschäftsfähigkeit (vgl. 4.2.3) im Bereich der Willenserklärungen und Verträge auf. Geschäftsfähigkeit und Deliktsfähigkeit stellen zugleich die beiden wesentlichen Elemente der Handlungsfähigkeit des Menschen dar (siehe oben 4.2.2).

Ganz ähnlich wie im Falle der Geschäftsunfähigkeit nach §§ 104, 105 BGB sind auch im Bereich der unerlaubten Handlungen nicht deliktsfähig (dazu: Kropholler 2011, Erläuterungen zu §§ 827 ff. BGB):

- Minderjährige, die noch nicht das siebente Lebensjahr vollendet haben (§ 828 Abs. 1 BGB),
- Personen mit krankhafter Störung der Geistestätigkeit (§ 827 Satz 1 BGB),
- Bewusstlose (§ 827 Satz 1 BGB)
- Personen mit vorübergehender Störung der Geistestätigkeit; hat sich eine solche Person allerdings durch geistige Getränke (insbesondere alkoholische) oder ähnliche Mittel in einen vorübergehenden Zustand dieser Art versetzt, so ist sie gemäß § 827 Satz 2 BGB für einen Schaden, den sie in diesem Zustand widerrechtlich verursacht, in gleicher Weise verantwortlich, wie wenn ihr Fahrlässigkeit zur Last fiele, es sei denn, dass sie ohne Verschulden in diesen Zustand geraten wäre.

Wiederum ähnlich der beschränkten Geschäftsfähigkeit Minderjähriger (§§ 106 ff. BGB) kennt das Recht der unerlaubten Handlungen eine gleichsam beschränkte, nämlich nach Altersstufen differenzierte deliktische Verantwortlichkeit von Minderjährigen im Alter zwischen sieben und 17 Jahren:

- Gemäß § 828 Abs. 2 Satz 1 BGB ist ein Kind, das das siebente, aber noch nicht das zehnte Lebensjahr vollendet hat, für den Schaden, den es bei einem Unfall mit einem Kraftfahrzeug, einer Schienenbahn oder einer Schwebebahn einem anderen zufügt, nicht verantwortlich, es sei denn, es hat die Verletzung vorsätzlich herbeigeführt (§ 828 Abs. 2 Satz 2 BGB).
- Gemäß § 828 Abs. 3 BGB sind Minderjährige, die das 18. Le-

bensjahr noch nicht vollendet haben, sofern ihre Verantwortlichkeit nicht bereits nach § 828 Abs. 1 oder 2 ausgeschlossen ist, für einen Schaden nicht verantwortlich, wenn sie bei Begehung der schädigenden Handlung nicht die zur Erkenntnis der Verantwortlichkeit erforderliche „Einsicht" hatten.

Allerdings kann trotz Vorliegens eines der Ausnahmetatbestände nach §§ 827, 828 BGB unter Umständen gemäß § 829 BGB eine Ersatzpflicht aus Billigkeitsgründen Platz greifen, wenn dies aufgrund einer umfassenden Interessenabwägung erforderlich erscheint und der Ersatz des Schadens nicht von einem aufsichtspflichtigen Dritten erlangt werden kann.

6.3 Der Grundtatbestand des § 823 Abs. 1 BGB

§ 823 Abs. 1 BGB ist die Grundnorm des zivilrechtlichen Schadenersatzrechts und betrifft die Haftung für eigenes Handeln. § 823 Abs. 1 BGB ist eine klassische „Wenn-dann-Norm":

- Wenn alle im folgenden Schaubild aufgelisteten Tatbestandsvoraussetzungen erfüllt sind,
- so tritt die Rechtsfolge ein (Verpflichtung zum Ersatz des entstandenen Schadens) (Übersicht 33).

Tatbestandsvoraussetzungen für eine Haftung nach § 823 Abs. 1 BGB (Schadenersatzpflicht) *Übersicht 33*

1. **Handlung** (bewusstes Tun oder Unterlassen)
2. **Verletzung eines der Rechte/Rechtsgüter**, die gemäß § 823 Abs. 1 geschützt sind.
3. **Schaden**
4. **Kausalität** (Ursächlichkeit) in zweifacher Hinsicht:
   4.1 die Handlung hat eine Verletzung des Rechts/ Rechtsguts zur Folge (so genannte „haftungsbegründende Kausalität");
   4.2 aufgrund der Rechtsgutverletzung ist der Schaden entstanden (so genannte „haftungsausfüllende Kausalität").
5. **Rechtswidrigkeit:** Die Handlung ist nicht ausnahmsweise gerechtfertigt, z. B. durch Notwehr, Notstand, Selbsthilferecht.

6. Schuld, und zwar:
6.1 Deliktsfähigkeit,
6.2 Vorsatz (Absicht; sicheres Wissen um „Erfolg" oder billigende Inkaufnahme desselben) oder
6.3 Fahrlässigkeit (grobe oder leichte Fahrlässigkeit).

Als Handlung kommt jedes bewusste Tun oder Unterlassen in Betracht. Dabei muss eines der in § 823 Abs. 1 BGB genannten Rechte oder Rechtsgüter eines anderen verletzt worden sein, also das Leben, der Körper, die Gesundheit, die Freiheit, das Eigentum oder ein sonstiges Recht. Solche sonstigen Rechte sind z. B. Rechte an Grundstücken (wie Hypotheken oder Grundschulden), Patentrechte, der Besitz an Gegenständen oder die elterliche Sorge im Familienrecht. Darüber hinaus sind in der Rechtsprechung zahlreiche weitere Rechtsgüter als schützenswerte Rechte anerkannt worden, z. B. das Recht am eingerichteten und ausgeübten Gewerbebetrieb.

Sodann muss einem anderen ein Schaden entstanden sein und Kausalität (Ursächlichkeit) in zweifacher Hinsicht vorliegen. Zum einen muss die Handlung eine Verletzung des geschützten Rechtsgutes zur Folge haben (so genannte haftungsbegründende Kausalität); dies ist z. B. nicht der Fall, wenn die Rechtsgutsverletzung nicht durch den Handelnden, sondern durch einen zufällig herabfallenden Dachziegel verursacht wurde. Des Weiteren muss aufgrund der Rechtsgutsverletzung der Schaden entstanden sein (so genannte „haftungsausfüllende Kausalität") – und nicht aufgrund einer anderen Ursache.

Es muss „widerrechtlich" ein geschütztes Recht im Sinne von § 823 Abs. 1 BGB verletzt worden sein. Widerrechtlich bzw. rechtswidrig ist grundsätzlich jede einen Schaden eines anderen verursachende Handlung, soweit sie nicht ausnahmsweise durch die Rechtsordnung gerechtfertigt ist. Anerkannte Rechtfertigungsgründe sind z. B. die Notwehr (§ 227 BGB), der Notstand (§ 228 sowie § 904 BGB), die Selbsthilfe (§ 229 BGB), das bereits aus dem Mietrecht bekannte Selbsthilferecht des Vermieters nach § 562b BGB oder ganz allgemein die Einwilligung des Verletzten (typischerweise etwa die Einwilligung des Patienten in eine ärztliche Operation).

Schließlich muss schuldhaft („vorsätzlich oder fahrlässig") gehandelt worden sein. Dieser Grundsatz der Verschuldenshaftung bedeutet, dass dem Handelnden im Falle der Haftung nach § 823 Abs. 1 BGB die Rechtsgutverletzung persönlich vorzuwerfen ist. Von daher muss der Handelnde zunächst deliktsfähig sein (siehe dazu 6.2). Des Weiteren muss Verschulden in Form des Vorsatzes oder der Fahrlässigkeit (vgl. § 823 Abs. 1 BGB) vorliegen. Der Handelnde muss im Falle des Vorsatzes den Schaden entweder gewollt oder vorausgesehen haben (unbedingter Vorsatz: Absicht oder sicheres Wissen um den „Erfolg" der Handlung) oder zumindest als möglich erkannt und billigend in Kauf genommen haben (bedingter Vorsatz). Fahrlässig handelt, wer die im Verkehr erforderliche Sorgfalt außer Acht lässt (§ 276 Abs. 2 BGB). Dabei wird zwischen grober oder leichter Fahrlässigkeit unterschieden, je nachdem, ob die objektiv erforderliche Sorgfalt und nahe liegende Vorsichtsmaßnahmen außer Acht gelassen worden sind – oder ob der Handelnde zwar eine gewisse Sorgfalt, jedoch nicht die erforderliche angewendet hat.

Ist der Tatbestand von § 823 Abs. 1 BGB in allen genannten Merkmalen (ausnahmslos!) erfüllt, so tritt die Rechtsfolge ein: Der Handelnde „ist dem anderen zum Ersatz des daraus entstehenden Schadens verpflichtet." Als Schaden ist jeder Nachteil denkbar, den jemand an seinem Vermögen oder an seinen sonstigen rechtlich geschützten Gütern erleidet. Für Art und Umfang des Schadensersatzes gelten die Regelungen der §§ 249 bis 253 sowie der §§ 840 ff. BGB.

Vertiefung: Gemäß § 249 Abs. 1 BGB ist „der Zustand herzustellen, der bestehen würde, wenn der zum Ersatz verpflichtende Umstand nicht eingetreten wäre." In der Regel ist jedoch Schadensersatz in Geld nach den §§ 249 Abs. 2, 250 und 251 BGB zu leisten. Gemäß § 252 BGB umfasst der zu ersetzende Schaden auch den entgangenen Gewinn, und gemäß § 253 BGB kann ggf. auch eine Entschädigung in Geld wegen eines Schadens verlangt werden, der nicht Vermögensschaden ist. Dabei geht es um immaterielle Schäden, etwa aufgrund von Einschränkungen des körperlichen oder des seelischen Wohlbefindens durch Schmerzen, Kummer, Ängste oder Einschränkungen des Lebensgefühls. Gemäß § 253 Abs. 2 fällt darunter auch der Schmerzensgeldanspruch.

Gemäß § 842 BGB erstreckt sich die Verpflichtung zum Schadensersatz auch auf Nachteile, welche die Handlung für den Erwerb oder das Fortkommen des Verletzten herbeiführt. Ggf. ist gemäß § 843 BGB eine Geldrente oder Kapitalabfindung zu leisten, wenn in Folge einer Verletzung des Körpers oder der Gesundheit die Erwerbsfähigkeit des Verletzten aufgehoben oder gemindert ist oder eine Vermehrung seiner Bedürfnisse eintritt. Weitere Schadensersatzansprüche sind vorgesehen in § 844 (Ersatzansprüche Dritter bei Tötung) sowie in § 845 BGB (Ersatzansprüche wegen entgangener Dienste).

6.4 Haftung für das Handeln oder Unterlassen anderer

§ 823 Abs. 1 BGB betrifft die Haftung für eigenes rechtswidriges und schuldhaftes Handeln (Tun oder Unterlassen). Daneben kennt das BGB aber auch Haftungstatbestände betreffend das Handeln oder Unterlassen anderer, u. a. gemäß § 831 BGB (Haftung für den sog. Verrichtungsgehilfen), § 832 BGB (Haftung des Aufsichtspflichtigen) sowie § 31 BGB (Haftung des Vereins für dessen Organe). Auf diese Tatbestände der Haftung für fremdes Handeln soll im Folgenden eingegangen werden (Näheres bei: Trenczek et al. 2011, Kap. IV.1.; Kropholler 2011, Erläuterungen zu §§ 831 und 832 BGB).

6.4.1 Haftung für den Verrichtungsgehilfen

Gemäß § 831 Abs. 1 Satz 1 BGB haftet (ggf. zusätzlich zum Schädiger gemäß § 823 Abs. 1 BGB) auch ein „Geschäftsherr" für den Schaden, den einer seiner Mitarbeiter/innen („Verrichtungsgehilfe") in „Ausführung der Verrichtung" einem Dritten widerrechtlich zugefügt hat.

> **Beispiel:**
>
> Träger eines Jugendfreizeitzentrums ist ein Träger der freien Jugendhilfe. Dort ist ein Hausmeister beschäftigt, zu dessen Aufgaben es auch gehört, die Tischtennisplatten und sonstigen Spielgeräte in Ordnung zu halten. Unterlässt dies der Hausmeister, und ein Jugendlicher verletzt sich an einem solchen defekten Gerät schwer, haftet u. U. nicht nur der Hausmeister selbst, sondern auch der „Geschäftsherr", der Träger der Einrichtung. Allerdings tritt die zuletzt genannte Ersatzpflicht nicht in jedem Fall

98 Zivilrechtliche Haftungsfragen (Deliktsrecht)

ein; vielmehr kann sich der „Geschäftsherr" unter bestimmten Voraussetzungen „exkulpieren". Dementsprechend tritt gemäß § 831 Abs. 1 Satz 2 BGB die Ersatzpflicht nicht ein:

- Wenn der „Geschäftsherr" bei der Auswahl der bestellten Person, bei der Beschaffung von Gerätschaften oder der Leitung (der Einrichtung) die im Verkehr erforderliche Sorgfalt beobachtet hat (insbesondere die Tätigkeit des Hausmeisters in regelmäßigen Abständen überwacht hat)
- oder wenn der Schaden auch bei Anwendung der erforderlichen Sorgfalt, also „sowieso" entstanden sein würde.

Hat der Träger des Jugendfreizeitzentrums den Hausmeister also sorgfältig ausgewählt, angeleitet und seine Tätigkeit regelmäßig überwacht sowie ordnungsgemäße Spielgeräte beschafft, tritt die Ersatzpflicht des Trägers als „Geschäftsherr" nicht ein.

6.4.2 Haftung des Aufsichtspflichtigen

Ebenfalls haftet (unter Umständen zusätzlich zur schädigenden Person selbst; § 823 Abs. 1 BGB) jemand für fremdes Verschulden, wenn er zur Aufsicht über diese Person verpflichtet war. § 832 BGB beinhaltet also einen Haftungstatbestand für vermutetes Aufsichtsverschulden, wobei auch hier – wie bei § 831 BGB – diese Vermutung widerlegt werden kann.

Die Aufsichtspflicht kann kraft Gesetzes bestehen (insbesondere die Aufsichtspflicht von Eltern gegenüber ihren Kindern gemäß § 1631 Abs. 1 BGB) oder aufgrund eines Vertrages gemäß § 832 Abs. 2 BGB begründet worden sein, wie dies üblicherweise gerade in der sozialen Arbeit häufig der Fall ist. Aufgrund eines Kindergartenaufnahmevertrages zwischen den Personensorgeberechtigten und dem Träger einer Einrichtung können Aufsichtspflichten des Trägers dieser Einrichtung begründet werden, ähnlich im Falle eines Vertrages zwischen Personensorgeberechtigten und dem Träger eines Heimes etc.

Leider ist nirgendwo exakt definiert, was den Inhalt dieser Aufsichtspflichten im Einzelnen darstellt. Mit Blick auf Kinder und Jugendliche wird man allgemein davon ausgehen können, dass die Aufsichtspflicht um so engmaschiger und intensiver wahrzunehmen ist, je jünger und unerfahrener die/der Minderjährige und je größer die Gefahrensituation ist. Zu Umfang und Inhalt der Aufsichtspflicht existiert eine detaillierte Rechtsprechung (vgl. dazu u.a. Trenczek et al. 2011, Kap. IV. 1.1 bis 1.3; Kievel et al. 2013, Kap. 10.1.3 ff.).

Besteht eine solche Aufsichtspflicht im Hinblick auf eine Person, die wegen Minderjährigkeit oder wegen ihres geistigen oder körperlichen Zustandes der Beaufsichtigung bedarf, ist der Aufsichtspflichtige – ggf. neben dem, der den Schaden verursacht hat – ebenfalls zum Ersatz des Schadens verpflichtet, den diese Person einem Dritten widerrechtlich zugefügt hat (§ 832 Abs. 1 Satz 1 BGB). Gemäß § 832 Abs. 1 Satz 2 BGB tritt diese Aufsichtspflicht jedoch dann wiederum nicht ein,

- wenn der zur Aufsicht Verpflichtete seiner Aufsichtspflicht genügt hat oder
- wenn der Schaden auch „bei gehöriger Aufsichtsführung", also „sowieso" entstanden sein würde.

6.4.3 Haftung von Vereinen, Dienstleistungsunternehmen und sonstigen Gesellschaften

Vertiefung: Gemäß § 31 BGB besteht eine Haftung von Vereinen für ihre Organe. Nach dieser Bestimmung ist ein Verein für den Schaden verantwortlich, den der Vorstand, ein Mitglied des Vorstandes oder ein anderer verfassungsmäßig „berufener" Vertreter durch eine „in Ausführung der ihm zustehenden Verrichtungen" begangene, zum Schadensersatz verpflichtende Handlung einem Dritten zufügt. Mit anderen Worten: Der Verein haftet für den Schaden, den insbesondere seine Vorstandsmitglieder einem Dritten zufügen. Dieser Haftungsgrundsatz gilt nicht nur für Vereine, sondern generell für alle juristischen Personen, auch für die des öffentlichen Rechts (vgl. § 89 BGB).

Für die Soziale Arbeit ist dies von erheblicher Bedeutung, da die Träger von sozialen Diensten und Einrichtungen überwiegend in der Rechtsform des rechtsfähigen Vereins, aber auch in anderen Rechtsformen des Zivilrechts als juristische Personen organisiert sind. Vereine und andere juristische Personen haften also in weitem Umfang für ihre Organe bzw. leitenden Mitarbeiter/innen.

6.5 Rangverhältnis

Weitere Vertiefung: Es soll an dieser Stelle nur angedeutet werden, dass es vielfach ein Nebeneinander oder ein Rangverhältnis in Bezug auf die ggf. zur Haftung Verpflichteten gibt: z. B. Minderjährige sowie Eltern nach § 832 BGB, Mitarbeiter/innen sowie Träger von Diensten und Einrichtungen nach § 831 oder § 31 BGB, mehrere Personen gemäß § 840 BGB, u. U. auch Träger der Sozialversicherung aufgrund des Sozialrechts, insbesondere der gesetzlichen Unfallversicherung nach dem SGB VII.

Da fahrlässiges Handeln selten vollständig auszuschließen ist und da andererseits oft nicht von vorne herein klar ist, wer ggf. vorrangig haftet, empfiehlt sich der Abschluss von Haftpflichtversicherungen. Träger der Sozialen Arbeit haben solche vielfach für ihre Mitarbeiterinnen und Mitarbeiter abgeschlossen. Daneben gibt es im kommunalen Bereich kommunale Haftpflichtversicherer. Eltern ist der Abschluss einer privaten Haftpflichtversicherung für unerlaubte Handlungen im privaten Bereich (insbesondere betreffend die Haftpflicht ihrer Kinder), Berufstätigen der Abschluss einer Berufshaftpflichtversicherung zu empfehlen.

6.6 Fälle

Fall 5: Der schwer verletzte Student

Geschäftsführer G. befindet sich auf einer Fahrt mit seinem Auto von einer anstrengenden Dienstreise auf dem Weg nach Hause. Völlig überraschend erleidet er dabei einen Herzinfarkt und sinkt im Auto bewusstlos zusammen, so dass das Fahrzeug unkontrolliert von der Fahrbahn auf den Fußgängerweg gerät. Dort streift es den Studenten S., der sich auf dem Weg zur Hochschule befindet, so dass dieser schwere Verletzungen erleidet. Ist G. nach den §§ 823 ff. BGB zum Schadenersatz verpflichtet?

Fall 6: Das werdende Kind

Die Schwangere S. wurde von dem Autofahrer A. angefahren und verletzt. Bei der ärztlichen Untersuchung ergab sich, dass wahrscheinlich auch der Embryo (juristisch: die „Leibesfrucht") geschädigt worden sein könnte. Als das Kind K. der S. später zur Welt kam, zeigen sich in der Tat spastische Lähmungen, die auf einen in Folge des Unfalls erlittenen Hirnschaden zurückzuführen sind. Steht dem Kind K. (neben seiner Mutter) ein Schadensersatzanspruch gegenüber A. zu?

Fall 7: Das allgemeine Persönlichkeitsrecht

Die Studentin S. ist eine preisgekrönte Schönheitskönigin und hat zwecks Aufbesserung ihres studentischen Budgets gelegentlich als Modell für Modezeitschriften gearbeitet. Die dabei publizierten Fotos nutzt nun Herr U. für die Werbung für von ihm herausgegebene pornographische Magazine, wobei S. nach einer Fotomontage nackt abgebildet wurde. Als dies an der Hochschule bekannt wird, erleidet S. größere private Unannehmlichkeiten. Steht ihr wegen des erlittenen immateriellen Schadens ein Ausgleichsanspruch gegenüber U. in Geld zu?

Fall 8: Haftung für den Verrichtungsgehilfen

Der Unternehmer U. betreibt im Landkreis L. einen Transportdienst für behinderte Menschen. Dabei geht es insbesondere um deren Transport zu den Werkstätten für Behinderte und zurück. U. hat dafür geeignete Transportfahrzeuge beschafft und mehrere Fahrer eingestellt, unter anderem den Fahrer F. Dieser legt Wert darauf, pünktlich Feierabend und viel Freizeit zu haben. F. möchte deshalb die Transportwege verkürzen und fährt seit mehreren Tagen über die Wiesen und Weiden des Bauern B., die er dabei erheblich beschädigt. B. verlangt nun von U. Schadensersatz. U. erwidert, dass er bedauerlicherweise wegen beruflicher Überlastung in letzter Zeit nicht mehr dazu gekommen sei, die Fahrtätigkeit von F. zu kontrollieren, den er aber zuvor angewiesen hatte, nur die dem öffentlichen Verkehr gewidmeten Straßen zu benutzen. B. möge sich deshalb an F. halten. Hat B. Schadensersatzansprüche gegenüber F. und U.?

Fall 9: Mit neun Jahren im Straßenverkehr

Der neunjährige, in seiner geistigen Entwicklung zurückgebliebene Förderschüler S. fährt regelmäßig mit dem Fahrrad zur Schule. Eines Tages wechselte er jedoch ohne erkennbaren Anlass auf die linke Fahrbahnseite über. Dort kam ihm der Radfahrer R. mit dem Fahrrad entgegen, so dass es zu einem Zusammenstoß kam, bei dem R. schwer verletzt wurde. Kann R. von S. Schadensersatz verlangen, wenn festgestellt wird, dass S.

zwar geistig schon in der Lage war, das Rechtsfahrgebot zu erfassen und seine Konsequenzen zu erkennen, aber noch nicht die persönliche Reife besaß, sich entsprechend zu verhalten?

Fall 10: Der fliegende Blumentopf

Die beiden sechsjährigen Jungen A. und B. besuchen sich häufig wechselseitig im Einverständnis ihrer Eltern in deren Wohnungen, um dort gemeinsam zu spielen. Eines Tages spielten sie wieder einmal in der Wohnung von B. Dabei warf auf einmal unverhofft A. einen Blumentopf aus dem offenen Fenster, der den Passanten P. getroffen und schwer verletzt hat. Gegen wen kann P. Schadenersatzansprüche geltend machen?

7 Gerichtliche und außergerichtliche Rechtsverwirklichung

In den vorangegangenen Kapiteln 4 bis 6 sind materiell-rechtliche Fragen des Zivilrechts behandelt worden. Das materielle Zivilrecht regelt (Entsprechendes gilt für das öffentliche Recht), wer „Recht hat" oder „was rechtens ist." In § 433 BGB ist z. B. geregelt, welche Rechte und Pflichten Käufer und Verkäufer haben. Und in § 823 Abs. 1 BGB ist normiert, wer unter welchen Voraussetzungen Schadensersatz beanspruchen kann.

Recht haben ist oft aber nur die „eine Seite der Medaille" – die andere, mitunter genauso wichtige, ist: „Recht durchsetzen". Wie man Recht durchsetzt bzw. erhält, ist Regelungsgegenstand des formellen Rechts oder Verfahrensrechts, ist „Rechtsverwirklichung". In Kapitel 7 erfolgen deshalb Ausführungen über die wichtigste Form der Rechtsverwirklichung: nämlich die der gerichtlichen Rechtsverwirklichung (7.1); dazu: Papenheim et al. 2013, Kap. N; Kievel et al. 2013, Kap. 22. Zudem wird auch auf Möglichkeiten der außergerichtlichen Rechtsverwirklichung eingegangen, insbesondere auf die Beratungshilfe (7.2) und die Streitschlichtung. Abschließend werden einige auch für die Soziale Arbeit wichtige Fragen der Prozesskostenhilfe erörtert (7.3).

7.1 Gerichtsaufbau und richterliche Unabhängigkeit

Die Bundesrepublik Deutschland ist nicht nur ein Bundesstaat und ein Sozialstaat, sondern gemäß Art. 20 Abs. 3 GG auch ein Rechtsstaat (Näheres dazu in Kapitel 8.1). Das Rechtsstaatsprinzip prägt Staat und Verwaltung in Deutschland in besonderer Weise und hat nicht nur seit den Reformen in Preußen im 18. und 19. Jahrhundert eine lange Tradition. Gerade auch vor dem Hintergrund der Erfahrungen während der nationalsozialistischen Diktatur sind Staats-, Gerichts- und Verwaltungspraxis in Deutschland tiefgreifend durch rechtsstaatliche Grundsätze geprägt. Wird jemand „durch die öffentliche Gewalt" in seinen Rechten verletzt, „so steht ihm der Rechtsweg offen" (Art. 19 Abs. 4 Satz 1 GG). Mit anderen Worten: Gegen nahezu alle Formen hoheitlichen Handelns kann sich der Bürger, soweit er in seinen Rechten betroffen ist, zur Wehr setzen, indem er ein Gericht anruft.

Vertiefung: Soweit eine andere Zuständigkeit nicht begründet ist, ist dafür gemäß Art. 19 Abs. 4 Satz 2 GG „der ordentliche Rechtsweg" gegeben. Die „ordentliche Gerichtsbarkeit" bilden in Deutschland traditionell die Zivilgerichtsbarkeit und die Strafgerichtsbarkeit, auch wenn diese inhaltlich nicht sehr viel miteinander zu tun haben. Aber diese beiden Arten der Gerichtsbarkeit waren in Deutschland als erste diejenigen, in denen unabhängige Richter tätig waren, während die anderen Gerichtsbarkeiten in früheren Zeiten gleichsam „besondere Organisationseinheiten der Exekutive" darstellten. Spätestens seit 1949 gilt jedoch für alle Gerichtsbarkeiten in Deutschland der Grundsatz der richterlichen Unabhängigkeit: Richter sind unabhängig und nur dem Gesetz unterworfen (Art. 97 Abs. 1 GG) und können grundsätzlich nicht gegen ihren Willen ihres Amtes enthoben oder versetzt werden (vgl. Art. 97 Abs. 2 GG).

7.1.1 Gerichtsaufbau in Deutschland

In Deutschland gibt es derzeit sieben Gerichtsbarkeiten (Näheres dazu unter 7.1.2), und zwar zwei auf dem Gebiet des Zivilrechts (die Zivilgerichtsbarkeit und die Arbeitsgerichtsbarkeit) und fünf im Bereich des öffentlichen Rechts (die Verfassungsgerichtsbarkeit, die Verwaltungsgerichtsbarkeit, die Sozialgerichtsbarkeit, die Finanzgerichtsbarkeit und die Strafgerichtsbarkeit.) Die Arbeitsgerichtsbarkeit ist eine organisatorisch verselbstständigte spezielle Zivilgerichtsbarkeit, und die Sozial- und die Finanzgerichtsbarkeiten stellen besondere Verwaltungsgerichtsbarkeiten neben der allgemeinen Verwaltungsgerichtsbarkeit dar.

„Über" allen anderen Gerichtsbarkeiten steht die Verfassungsgerichtsbarkeit. Dabei handelt es sich auf Bundesebene um das Bundesverfassungsgericht mit Sitz in Karlsruhe, das u.a. über Fragen des Grundgesetzes, der Vereinbarkeit von Bundesrecht mit dem Grundgesetz, über Verfassungsbeschwerden von Bürgern und anderes entscheidet. Daneben gibt es in jedem der 16 Bundesländer

Landesverfassungsgerichte mit unterschiedlichen Bezeichnungen (Landesverfassungsgericht, Staatsgerichtshof), die über Fragen des Landesverfassungsrechts, insbesondere über Fragen der Vereinbarkeit von Landesgesetzen mit der Landesverfassung, entscheiden.

Die beiden Übersichten 34 und 35 geben einen Überblick über den Gerichtsaufbau in der Bundesrepublik Deutschland in vereinfachter Form, aus Platzgründen aufgeteilt in die Gerichte der ordentlichen Gerichtsbarkeit (Teil 1) und die der anderen Gerichtsbarkeiten (Teil 2).

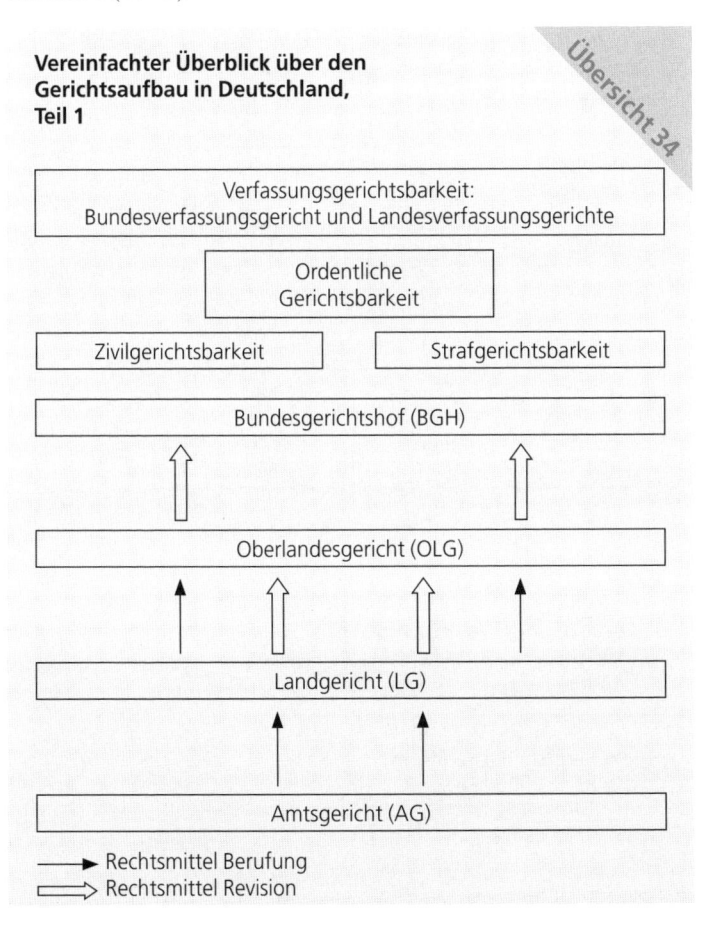

Vereinfachter Überblick über den Gerichtsaufbau in Deutschland, Teil 1

Übersicht 34

Verfassungsgerichtsbarkeit: Bundesverfassungsgericht und Landesverfassungsgerichte

Ordentliche Gerichtsbarkeit

Zivilgerichtsbarkeit — Strafgerichtsbarkeit

Bundesgerichtshof (BGH)

Oberlandesgericht (OLG)

Landgericht (LG)

Amtsgericht (AG)

→ Rechtsmittel Berufung
⇒ Rechtsmittel Revision

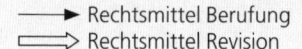

Vereinfachter Überblick über den Gerichtsaufbau in Deutschland, Teil 2

Übersicht 35

Verfassungsgerichtsbarkeit:
Bundesverfassungsgericht und Landesverfassungsgerichte

Arbeits-gerichts-barkeit	Verwaltungs-gerichts-barkeit	Sozial-gerichts-barkeit	Finanz-gerichts-barkeit
Bundes-arbeits-gericht (BAG)	Bundes-verwaltungs-gericht (BVerwG)	Bundes-sozial-gericht (BSG)	Bundes-finanzhof (BFH)
⇑	⇑	⇑	⇑
Landes-arbeits-gericht (LAG)	Ober-verwaltungs-gericht (OVG)	Landes-sozial-gericht (LSG)	Finanz-gericht (FG)
↑	↑	↑	
Arbeits-gericht (ArbG)	Verwaltungs-gericht (VG)	Sozial-gericht (SG)	

⟶ Rechtsmittel Berufung
⇒ Rechtsmittel Revision

In beiden Übersichten wird deutlich, dass es (mit Ausnahme der Verfassungsgerichtsbarkeit) so genannte (mehrstufige) „Instanzenzüge" gibt. Das heißt, der Gerichtsprozess beginnt in der jeweiligen Eingangsinstanz, in der alle Tatsachen umfassend ermittelt und festgestellt werden (einschließlich der Anhörung von Zeugen etc.) und in der alle einschlägigen Rechtsfragen umfassend geprüft und entschieden werden. In den meisten Instanzenzügen folgt als nächsthöhere Instanz die so genannte „Berufungsinstanz", in der der gesamte Prozess noch einmal umfassend neu „aufgerollt" wird, also alle relevanten Tatsachen erneut festgestellt und alle relevanten Rechtsfragen noch einmal erörtert und entschieden werden.

Die (zumeist dritte und) letzte Instanz ist die so genannte „Revisionsinstanz", in der der zuvor festgestellte Sachverhalt nicht noch einmal überprüft wird und nur noch Rechtsfragen erörtert und entschieden werden. Revisionsinstanz sind zumeist die obersten Bundesgerichte, in der ordentlichen Gerichtsbarkeit mitunter auch die Oberlandesgerichte, die in ihren Entscheidungen ganz maßgeblich zur richterlichen Rechtsfortbildung beitragen. Neben der Berufung und der Revision gibt es mitunter auch die so genannte „Sprungrevision" von der ersten sogleich zur letzten Instanz sowie weitere Rechtsbehelfe wie die Beschwerde (z. B. in reinen Verfahrensfragen), auf die hier nicht näher eingegangen wird.

Diese durchgängige „Dreistufigkeit" des Gerichtsaufbaus findet sich insbesondere in den folgenden Gerichtsbarkeiten:

- Arbeitsgerichtsbarkeit (Arbeitsgericht, Landesarbeitsgericht, Bundesarbeitsgericht)
- Verwaltungsgerichtsbarkeit (Verwaltungsgericht, Oberverwaltungsgericht – in einigen Bundesländern mit der dort traditionellen Bezeichnung: Verwaltungsgerichtshof, Bundesverwaltungsgericht)
- Sozialgerichtsbarkeit (Sozialgericht, Landessozialgericht, Bundessozialgericht).

In der Finanzgerichtsbarkeit gibt es hingegen nur einen zweistufigen Gerichtsaufbau (Finanzgericht und Bundesfinanzhof als Revisionsinstanz).

Die Zivilgerichtsbarkeit und die Strafgerichtsbarkeit sind zumeist ebenfalls dreistufig organisiert; in einigen Fällen gibt es jedoch auch nur zwei Instanzen (insbesondere bei einigen besonders gravierenden Straftaten wie bei Mord oder bei Staatsschutzdelikten.) In der Zivil- und Strafgerichtsbarkeit ist beim Gerichtsaufbau des Weiteren danach differenziert worden, ob es sich um „kleinere" oder „größere" Angelegenheiten handelt. Bei ersteren ist der Instanzenzug: Amtsgericht, Landgericht, Oberlandesgericht; bei den größeren Angelegenheiten mit höheren Streitwerten im Zivilprozess bzw. bei schwereren Straftaten: Landgericht, Oberlandesgericht, Bundesgerichtshof.

Die Gerichte als Spruchkörper sind personell sehr unterschiedlich besetzt. Beim Amtsgericht ist überwiegend ein Berufsrichter als Einzelrichter tätig. Die meisten anderen Gerichte sind mit mehreren Berufsrichtern und/oder mit ehrenamtlichen (Laien-)Richtern besetzt, die in der Strafgerichtsbarkeit „Schöffen" genannt werden.

Fast alle Gerichtsbarkeiten sind auch für den Bereich der Sozialen Arbeit von Bedeutung. Die wichtigste Gerichtsbarkeit für Aufgaben im Bereich der Sozialen Arbeit ist die Sozialgerichtsbarkeit als besondere Verwaltungsgerichtsbarkeit, die über fast alle Angelegenheiten nach dem Sozialgesetzbuch (siehe dazu Kap. 10) entscheidet. Die (allgemeine) Verwaltungsgerichtsbarkeit ist für Fragen des Verwaltungsrechts, aber auch für das Kinder- und Jugendhilferecht nach dem SGB VIII, das Aufenthaltsgesetz (Ausländerrecht), Asylverfahrensrecht, das Bundesausbildungsförderungsgesetz und einige weitere Rechtsgebiete der Sozialen Arbeit zuständig.

Über zivilrechtliche Streitigkeiten (siehe dazu Kap. 4, 5 und 6) entscheiden die Zivilgerichte. In der Arbeitsgerichtsbarkeit wird über Streitigkeiten betreffend des Bestehens oder Nichtbestehens von Arbeitsverhältnissen, Kündigungsschutzklagen und anderes entschieden (siehe dazu oben 5.3.2). In der Strafgerichtsbarkeit wird über strafbares Verhalten vom Menschen und die Verhängung u.a. von Geld- und Freiheitsstrafen entschieden (siehe dazu Kap. 13 und 14). Die Finanzgerichtsbarkeit schließlich entscheidet als weitere besondere Verwaltungsgerichtsbarkeit über Streitigkeiten mit den Finanzbehörden über Fragen des Steuerrechts.

Gleichsam „oberhalb" der übrigen Gerichtsbarkeiten entscheidet die Verfassungsgerichtsbarkeit, insbesondere über die Vereinbarkeit von Bundes- oder Landesrecht mit dem Grundgesetz bzw. der Landesverfassung, über Streitigkeiten zwischen Bund und Ländern, über die Verfassungswidrigkeit von politischen Parteien oder über Verfassungsbeschwerden von Bürgerinnen und Bürgern. Das Bundesverfassungsgericht kann allerdings in der Regel erst dann angerufen werden, wenn der jeweils zuständige Rechtsweg „ausgeschöpft", also im Instanzenzug erfolglos durchlaufen worden ist.

7.1.2 Gerichtliches Verfahrensrecht

Die verschiedenen gerichtlichen Verfahren dienen zum Teil ähnlichen, zum Teil jedoch auch unterschiedlichen Zwecken entsprechend dem jeweiligen materiellen Recht, wie sich aus der Übersicht 36 ergibt.

> **Ziel und Zweck von Gerichtsverfahren** *Übersicht 36*
>
> 1. Durchsetzung und Schutz subjektiver Rechte
>   – in allen Gerichtsverfahren außer Strafprozess
> 2. Erhaltung des Rechtsfriedens durch friedliche Konfliktaustragung
>   – in allen Gerichtsverfahren
> 3. Verwirklichung des staatlichen „Strafanspruchs" und des „Strafrechts"
>   – im Strafprozess
> 4. Verhinderung von Machtmissbrauch durch Kontrolle der Exekutive
>   – im Verfassungs-, Verwaltungs-, Sozial- und Finanzgerichtsprozess

Vertiefung: Die Einzelheiten über Aufgaben und Organisation der unterschiedlichen Gerichte bzw. Gerichtsbarkeiten sind detailliert in den zahlreichen Gerichtsverfahrens- oder Prozessgesetzen geregelt; die wichtigsten sind in der Übersicht 37 aufgeführt.

> **Gerichtsverfahrens- oder Prozessgesetze** *Übersicht 37*
>
> 1. **Allgemein: Gerichtsverfassungsgesetz (GVG) für Organisation der Zivil- und Strafgerichtsbarkeit**
> 2. **Zivilrecht**
>   2.1 Zivilprozessordnung (ZPO)

2.2 Gesetz über das Verfahren in Familiensachen und in den Angelegenheiten der freiwilligen Gerichtsbarkeit (FamG)
2.3 Arbeitsgerichtsgesetz (ArbGG)

3. Öffentliches Recht:
3.1 Verwaltungsgerichtsordnung (VwGO)
3.2 Sozialgerichtsgesetz (SGG)
3.3 Finanzgerichtsordnung (FGO)
3.4 Bundesverfassungsgerichtsgesetz (BVerfGG)

4. Strafrecht:
4.1 Strafprozessordnung (StPO)
4.2 Jugendgerichtsgesetz (JGG)

Weitere Vertiefung: In der Übersicht 38 werden einige wichtige gerichtliche Verfahrensgrundsätze („Prozessmaximen") dargestellt.

Wichtige gerichtliche Verfahrensgrundsätze („Prozessmaximen")

Übersicht 38

1. Allgemein
1.1 Richterliche Unabhängigkeit (Art. 97 GG)
1.2 Grundsatz des „gesetzlichen Richters" (Art. 101 GG)
1.3 Geltung von Grundrechten (auch) vor Gericht

2. Einleitung eines Gerichtsverfahrens
2.1 Dispositionsmaxime: Die Einleitung des gerichtlichen Verfahrens durch Erhebung einer Klage liegt „in den Händen" der Parteien im
 2.1.1 Zivil- und Arbeitsgerichtsprozess,
 2.1.2 Verwaltungs-, Sozial-, Finanz-, Verfassungsgerichtsprozess
2.2 Offizialmaxime im Strafprozess
 (Staatsanwaltschaft leitet Verfahren ein)
2.3 Amtsverfahren (Gericht wird von sich aus tätig)
 in Angelegenheiten der freiwilligen Gerichtsbarkeit, u. a. in Kindschaftssachen

3. Durchführung des Gerichtsverfahrens
3.1 Verhandlungsmaxime („Parteien bringen Tatsachen bei", deren Vollständigkeit das Gericht nicht überprüft!), im Zivil- und Arbeitsgerichtsprozess
3.2 Amtsermittlungs- oder Untersuchungsgrundsatz in allen übrigen Gerichtsverfahren

7.2 Beratungshilfe und Streitschlichtung

7.2.1 Beratungshilfe

Die Erhebung einer gerichtlichen Klage und die Durchführung eines Gerichtsverfahrens sind oft mit erheblichen Kosten und deshalb Kostenrisiken verbunden. Dies gilt insbesondere in Verfahren der Zivilgerichtsbarkeit. Lediglich in Verfahren vor den Sozialgerichten und bei sozialrechtlichen Streitigkeiten (z.B.: Kinder- und Jugendhilferecht), die von den Verwaltungsgerichten entschieden werden, besteht Gerichtskostenfreiheit (siehe Kap. 12.3). In allen Verfahrensarten kann es zudem zur Hinzuziehung von Rechtsanwälten kommen – mitunter besteht sogar Anwaltszwang; dies ist in jedem Fall mit erheblichen (zusätzlichen) Kostenrisiken verbunden.

Von daher ist es angezeigt, sich vor einer eventuellen Prozessführung über die möglichen Erfolgsaussichten eines gerichtlichen Klageverfahrens und damit auch über die Kostenfolgen bzw. -risiken zu informieren. Eine wichtige Hilfestellung gibt dabei das Gesetz über Rechtsberatung und Vertretung für Bürger mit geringem Einkommen (Beratungshilfegesetz – BerHG) vom 18.06.1980 (BGBl. I S. 689), mit späteren Änderungen vom 20.05.2011 (BGBl. I S. 898), dessen wichtigste Regelungen bei der Beratung von Klienten bekannt sein sollten (siehe Übersicht 39); Näheres bei: Trenczek et al. 2011, Kap. I. 4.2; Kievel et al. 2013, Kap. 22.1.3.

Beratungshilfe nach dem Beratungshilfegesetz (BerHG)

Übersicht 39

1. **ist auf Antrag möglich in allen rechtlichen Angelegenheiten (vgl. § 2 Abs. 2)**

2. **bei Bedürftigkeit**
   = wenn Prozesskostenhilfe zu gewähren wäre (vgl. 7.3) und wenn die Wahrnehmung der Rechte nicht „mutwillig" ist (vgl. insgesamt § 1)

3. **durch Beratung und Vertretung durch einen Rechtsanwalt, Rechtsbeistand oder durch bestimmte Beratungsstellen.**

4. **Dabei bestehen zwei Verfahrensmöglichkeiten:**

   4.1 Antrag beim Eingangsgericht (vgl. §§ 3, 4, 5) oder
   4.2 „Direktzugang" zum Rechtsanwalt (§ 7).

7.2.2 Streitschlichtung

Vertiefung: In einigen Bundesländern, z. B. in Hessen, ist in bestimmten Angelegenheiten durch Landesgesetz vorgeschrieben, dass zunächst eine außergerichtliche Einigung anzustreben ist, bevor man das zuständige Gericht anrufen darf.

Im Übrigen enthält die Zivilprozessordnung in den §§ 1025 ff. ZPO umfangreiche Vorschriften über (freiwillig angestrebte) schiedsrichterliche Verfahren.

7.3 Prozesskostenhilfe

Die Erfolgsaussichten eines Gerichtsprozesses sind, wie bereits ausgeführt, oft schwer abzuschätzen. (Der Volksmund sagt dazu: „Vor den Gerichten ist es wie auf hoher See: man befindet sich allein in Gottes Hand.") Die Gerichts- und Rechtsanwaltskosten hat grundsätzlich die unterlegene Partei zu tragen. Bei einem vor den Zivilgerichten geführten und verlorenen Prozess über mehrere Instanzen hinweg kann es vorkommen, dass die Gerichts- und Anwaltskosten die Höhe des Streitwertes erreichen oder gar überschreiten.

Auf der anderen Seite soll grundsätzlich aus finanziellen Gründen niemand davon abgehalten werden, vor Gericht sein Recht zu suchen und durchzusetzen. Deshalb gibt es die Möglichkeit, Prozesskostenhilfe (PKH) nach den §§ 114 ff. ZPO zu beantragen (siehe Übersicht 40; Näheres bei: Trenczek et al. 2011, Kap. I. 5.3.3; Kievel et al. 2013, Kap. 22.1.4).

Prozesskostenhilfe – PKH (§§ 114 ff. ZPO)   *Übersicht 40*

1. PKH ist möglich in folgenden Gerichtsverfahren:
1.1 Zivilprozess (§§ 114 ff. ZPO)
1.2 Arbeits-, Sozial- und Verwaltungsgerichtsprozess

2. Materielle Voraussetzungen (§ 114 ZPO):
2.1 Es besteht hinreichende Aufsicht auf Erfolg.
2.2 Die Rechtsverfolgung erscheint nicht „mutwillig".
2.3 Die Kosten können nicht selbst aufgebracht werden.

3. Verfahren:
3.1 Antragstellung beim Eingangsgericht (§ 117 Abs. 1 ZPO) unter Angabe der Beweismittel sowie
3.2 Beifügung einer Erklärung über die persönlichen und wirtschaftlichen Verhältnisse mit Belegen (§ 117 Abs. 2 ZPO).

4. Mögliche Gegenstände der PKH (vgl. § 122 ZPO) sind:
4.1 Gerichtskosten und Gerichtsvollzieherkosten
4.2 Kosten des eigenen Anwalts
4.3 eventuell Beiordnung eines Anwalts (§ 121 ZPO)
4.4 nicht: Kosten des Gegners, insbesondere des gegnerischen Anwalts!

Vertiefung: Wie das Beispiel (siehe Übersicht 41) zeigt, können in den Genuss von Prozesskostenhilfe nicht nur „arme" Menschen kommen, sondern ggf. auch solche mit durchschnittlichem oder sogar überdurchschnittlichem Einkommen, wie das folgende Beispiel über das einzusetzende Einkommen nach § 115 ZPO verdeutlicht.

Beispiel für das einzusetzende Einkommen (§ 115 ZPO)

Übersicht 41

1. Bruttoeinkommen abzüglich:	**3200 €**
1.1 Beträge nach § 82 Abs. 2 SGB XII (Steuern, Sozialversicherung, Werbungskosten u. a.)	1000 €
1.2 weitere Abzugsbeträge für Partei, Ehegatten sowie zwei Kinder:	gerundet 1100 €
1.3 Wohnkosten („warm"), angemessener Umfang	755 €
1.4 Eventuell weitere Beträge wegen besonderer Belastungen (z. B. bei Behinderung)	0 €
2. Dies ergibt als einzusetzendes Einkommen:	**345 €**

3. Monatsraten
Von dem einzusetzenden Einkommen sind in der Regel Monatsraten in Höhe der Hälfte des einzusetzenden Einkommens festzusetzen. Bei einem einzusetzenden Einkommen von mehr als

> 600 € beträgt die Monatsrate 300 € zuzüglich des Teils des einzusetzenden Einkommens, der 600 € übersteigt. In jedem Fall sind höchstens 48 Monatsraten aufzubringen.

Im oben genannten Beispiel sind also zwei Monatsraten von je 172,50 € aufzubringen!

8 Verfassungsrecht

8.1 Grundgesetz und Landesverfassungen

Bereits in Kapitel 2 (2.3.1 Rechtsquellen) haben wir das Grundgesetz für die Bundesrepublik Deutschland und die Landesverfassungen als die jeweils ranghöchsten Rechtsnormen im Bereich des Bundes bzw. der Länder kennengelernt. Das Grundgesetz für die Bundesrepublik Deutschland wurde im Jahre 1949 geschaffen (Gesetz vom 23.05.1949, BGBl. I S. 1), ist jedoch seitdem vielfach geändert und ergänzt worden.

Vertiefung: Zuvor hatte es in Deutschland die Verfassung des Deutschen Reichs vom 16.04.1871 (RGBl. S. 64) – sog. „Bismarck'sche Reichsverfassung" – sowie die Verfassung des Deutschen Reichs vom 11.08.1919 (RGBl. S. 1383) – „Weimarer Verfassung" – gegeben (zum Ganzen: Kimminich 1987). In der ehemaligen DDR bestand von 1949 bis 1990 die Verfassung der Deutschen Demokratischen Republik, zuletzt in der Fassung von 06.04.1968 (GBl. I S. 199). Die Landesverfassungen der sechzehn deutschen Bundesländer sind etwas älter als das Grundgesetz und datieren zumeist aus den Jahren 1946 und 1947; bereits früher hatte es seit der ersten Hälfte des 19. Jahrhunderts in den meisten damaligen deutschen Fürstenstaaten die ersten Landesverfassungen gegeben.

Im Folgenden werden die wichtigsten Strukturprinzipien des Grundgesetzes dargestellt, das aus zwei Teilen besteht: dem so genannten Staatsorganisationsrecht (Art. 20 bis 146; siehe 8.2) sowie den Grundrechten (Art. 1 bis 19; siehe 8.3.1).

8.2 Staatsprinzipien des Grundgesetzes

Gemäß Art. 20 Abs. 1 GG ist die Bundesrepublik Deutschland „ein demokratischer und sozialer Bundesstaat", und gemäß Art. 20 Abs. 3 GG ist die Gesetzgebung an die verfassungsmäßige Ordnung und sind die vollziehende Gewalt und die Rechtsprechung an Gesetz und Recht gebunden. Auch in den Ländern muss gemäß Art. 28 Abs. 1 Satz 1 GG die verfassungsmäßige Ordnung den „Grundsätzen des republikanischen, demokratischen und sozialen Rechtsstaates im Sinne dieses Grundgesetzes entsprechen". Aus diesen wenigen Verfassungsnormen ergeben sich fünf Staatsprinzipien des Grundgesetzes (GG) (siehe Übersicht 42 sowie Näheres bei: Hömig/Antoni 2010, Erläuterungen zu Art. 20; Kievel et al. 2013, Kap. 2.1; Trenczek et al., Kap. I.2.1).

Die Staatsprinzipien des Grundgesetzes (GG):

1. Republik
2. Demokratie
3. Bundesstaat
4. Rechtsstaat
5. Sozialstaat

Übersicht 42

8.2.1 Republikanisches Prinzip

Das republikanische Prinzip (dazu: Hömig/Antoni 2010, Art. 20, Rz. 2) wird in Art. 28 Abs. 1 Satz 1 GG sowie dadurch zum Ausdruck gebracht, dass an mehreren Stellen im Grundgesetz von „Bundesrepublik" Deutschland die Rede ist. Dies bedeutet, dass es in Deutschland mit dem Bundespräsidenten ein gewähltes Staatsoberhaupt gibt – im Gegensatz zu Monarchien mit Fürsten, Königen oder Kaisern und Thronfolgeregelungen kraft Vererbung.

Vertiefung: Art. 1 Satz 1 der Verfassung des Deutschen Reichs (Weimarer Verfassung) vom 11.08.1919 (RGBl. S. 1383) hatte noch folgenden Wortlaut: „Das Deutsche Reich ist eine Republik." Nach dem Untergang des Deutschen Kaiserreichs im November 1918 schien es dem damaligen deutschen Verfassungsgeber bzw. der damaligen „Nationalversammlung" wichtig zu sein, dies bereits im ersten Satz der Weimarer Verfassung ausdrücklich zu unterstreichen.

8.2.2 Demokratieprinzip

Das Wort „Demokratie" kommt aus dem Griechischen und bedeutet Herrschaft des Volkes. Die Demokratie nach der Konzeption des Grundgesetzes ist eine mittelbare parlamentarische Demokratie (dazu: Hömig/Antoni 2010, Art. 20, Rz. 3). Das Prinzip der mittelbaren, parlamentarischen Demokratie nach dem Grundgesetz ergibt sich im Wesentlichen aus Art. 20 Abs. 2 Satz 1 und 2 GG (siehe Übersicht 43).

Demokratieprinzip

Übersicht 43

1. „Alle Staatsgewalt geht vom Volke aus" (Art. 20 Abs. 2 Satz 1 GG).
2. Die Ausübung der Staatsgewalt durch das Volk wird gemäß Art. 20 Abs. 2 Satz 2 GG ausgeübt durch:
2.1 direkte Wahlen zum Deutschen Bundestag und
2.2 durch Abstimmungen; Letzteres im Wesentlichen jedoch nur im Falle der Neugliederung des Bundesgebietes gemäß Art. 29 GG.
3. Das demokratische Prinzip des Grundgesetzes ist danach das der mittelbaren, parlamentarischen Demokratie, weil die Staatsgewalt im Übrigen gemäß Art. 20 Abs. 2 Satz 2 GG „durch besondere Organe der Gesetzgebung, der vollziehenden Gewalt und der Rechtsprechung ausgeübt wird", deren Entscheidungen auf Grund der folgenden Ableitungskette „demokratisch legitimiert" sind:
3.1 Der vom Volk gewählte Deutsche Bundestag wählt den Bundeskanzler (Art. 63 GG).
3.2 Auf dessen Vorschlag werden die Bundesminister vom Bundespräsidenten ernannt und entlassen (Art. 64 GG).
3.3 Den Bundesministern obliegt die Leitung der Bundesministerien als den obersten Bundesbehörden.
Diesen nachgeordnet sind die übrigen Bundesbehörden.
4. Entsprechendes gilt in den Bundesländern nach den jeweiligen Landesverfassungen:
4.1 Das Volk des jeweiligen Bundeslandes wählt den Landtag.
4.2 Der Landtag wählt den Ministerpräsidenten.
4.3 Dieser ernennt und entlässt die Landesminister; in einigen Ländern bedarf es dazu auch der Zustimmung des Landtags.
4.4 Die Landesminister leiten die Landesministerien (oberste Landesbehörden), denen die übrigen Landesbehörden nachgeordnet sind.

Vertiefung: Anders als in Deutschland gibt es in nicht wenigen Staaten der Welt, wie zum Beispiel in den USA, in Frankreich, in Asien oder Lateinamerika, Präsidialdemokratien, bei denen der jeweilige Staatspräsident eine außerordentlich starke Stellung innehat. U.a. Großbritannien, die Niederlande, mehrere skandinavische Länder oder Spanien sind demokratische Monarchien. In der Schweiz gibt es in erheblichem Umfange Elemente unmittelbarer demokratischer Herrschaft in Form von Volksabstimmungen auch über Gesetze. Und in den früheren Volksrepubliken während der Zeit des Kommunismus wurden die dort bestehenden Diktaturen ebenfalls zumeist als Demokratien („demokratischer Zentralismus") bezeichnet; auch die ehemalige sozialistische DDR nannte sich „Deutsche Demokratische Republik". Man muss also, wenn man über „Demokratie" spricht, sehr genau unterscheiden, von welcher Art von Demokratie die Rede ist.

8.2.3 Bundesstaatsprinzip

Die Bundesrepublik Deutschland ist, ähnlich wie die Republik Österreich, ein Bundesstaat (dazu: Hömig/Antoni 2010, Art. 20, Rz. 6). In Übersicht 44 wird dargestellt, was das Bundesstaatsprinzip bedeutet.

Bundesstaatsprinzip (nach dem GG)

Übersicht 44

1. **Begriff:** Ein Bundesstaat ist ein Gesamtstaat, bei dem die Ausübung der Staatsgewalt auf einen Zentralstaat (Bund) und mehrere Gliedstaaten (16 Länder) aufgeteilt ist.
2. **Regelung der Aufgabenverteilung**
   2.1 Grundprinzip (Art. 30 GG): Grundsätzlich sind die Länder für die Erfüllung der staatlichen Aufgaben zuständig, soweit das GG keine andere Regelung trifft oder zulässt.
   2.2 Zuständigkeitszuweisungen im Einzelnen erfolgen im GG:
      2.2.1 durch Spezialregelungen, z. B. Art. 32 GG (Auswärtige Beziehungen) oder Art. 104a ff. GG (Finanzwesen),
      2.2.2 oder nach Funktionen:
         – Art. 70 ff. GG: Gesetzgebung (überwiegend Bund)
         – Art. 83 ff. GG: Verwaltung (überwiegend Länder)
         – Art. 92 ff. GG: Rechtsprechung (überwiegend Länder).

Das Bundesstaatsprinzip ist für die Staatspraxis der Bundesrepublik Deutschland von herausragender Bedeutung, da alle Staatsgewalten bzw. Zuständigkeiten entweder auf den Gesamtstaat Bundesrepublik Deutschland oder auf die 16 Bundesländer als Gliedstaaten aufgeteilt sind. Sowohl die Bundesrepublik Deutschland als auch die Bundesländer sind Staaten im Sinne des Völkerrechtes, verfügen also über ein Staatsgebiet, ein Staatsvolk, die Staatsgewalt und über unabhängige Organe der Legislative (Gesetzgebung), der Exekutive (ausführende Gewalt: Regierung und Verwaltung) und der Judikative (Rechtsprechung). Dies entspricht den historisch gewachsenen Strukturen in Deutschland, als in früheren Jahrhunderten gleichsam auf Landesebene machtvolle Fürstentümer oder Königreiche bestanden, während die Reichsgewalt zunächst relativ schwach ausgebildet war und erst im späten 19. Jahrhundert in den Mittelpunkt staatlichen Handelns getreten ist.

Vertiefung: Die bundesstaatliche Konzeption des Grundgesetzes ist auch im Zusammenhang mit den Erfahrungen während der Zeit des Nationalsozialismus zu verstehen, als die deutschen Länder „gleichgeschaltet" wurden und damit bedeutungslos geworden waren. Mit der Wiedereinführung von Bundesländern nach dem Zweiten Weltkrieg ist explizit das Ziel verfolgt worden, zu einer „horizontalen Gewaltenteilung" zwischen Bund und Ländern zu gelangen. Zugleich ist mit Art. 79 Abs. 3 GG gewissermaßen eine „Ewigkeitsklausel" in das Grundgesetz eingefügt worden, wonach die zentralen Strukturprinzipien des Grundgesetzes keiner (friedlichen) Veränderung zugänglich sind. Dies gilt mit Blick auf die Gliederung der Bundesrepublik Deutschland in Bund und Länder, die grundsätzliche Mitwirkung der Länder bei der Bundesgesetzgebung, für das Prinzip der Menschenwürde gemäß Art. 1 Abs. 1 GG sowie auf die in Art. 20, 28 GG genannten fünf Staatsprinzipien (siehe oben). Mit anderen Worten: Diese könnten nur durch eine „Revolution" eingeschränkt oder abgeschafft werden!

8.2.4 Rechtsstaatsprinzip

Neben dem Bundesstaatsprinzip ist das Rechtsstaatsprinzip das älteste Staatsprinzip in Deutschland (dazu: Hömig/Antoni 2010, Art. 20, Rz. 10 ff.). Bereits zur Zeit der Aufklärung, etwa in Preußen, aber auch in anderen damaligen deutschen Staaten, kam es zur Entwicklung rechtsstaatlicher Grundsätze, die bis heute Bedeutung haben. Die leidvollen Erfahrungen während der nationalsozialistischen Diktatur haben ebenfalls dazu beigetragen, dass das Rechtsstaatsprinzip auch nach dem zweiten Weltkrieg im Grundgesetz eine besonders starke Ausprägung gefunden hat.

> **Rechtsstaatsprinzip bedeutet:**   *Übersicht 45*
>
> 1. **Machtdekonzentration durch Gewaltenteilung (Dreiteilung) (Art. 20 Abs. 2 Satz 2 und Abs. 3 GG) wie folgt:**
> 1.1 **Legislative** = Gesetzgebung
> 1.2 **Exekutive** = Regierung und Verwaltung: Bindung an Recht und Gesetz; Gesetzmäßigkeit der Verwaltung durch
>   1.2.1 Vorrang des Gesetzes („Kein Handeln gegen das Gesetz") und
>   1.2.2 Vorbehalt des Gesetzes („Handeln nur mit Gesetz").
> 1.3 **Judikative** = Rechtsprechung: Kontrolle der übrigen Gewalten anhand von Recht und Gesetz; ebenfalls Bindung daran durch (siehe bereits 1.2)
>   1.3.1 Vorrang des Gesetzes und
>   1.3.2 Vorbehalt des Gesetzes.
>
> 2. **Sicherung des Rechtsstaates durch**
> 2.1 allgemein geltende Grundrechte (Art. 1 bis 19 GG),
> 2.2 justizielle Grundrechte (Art. 101, 103, 104 GG),
> 2.3 Unabhängigkeit der Gerichte und Richter (Art. 97 GG) und
> 2.4 Rechtsweggarantie (Art. 19 IV GG).
>
> 3. **Geltung des Verhältnismäßigkeitsgrundsatzes wie folgt:**
> 3.1 **Geeignetheit** der Maßnahme, um Zweck zu erreichen?
> 3.2 **Erforderlichkeit** der Maßnahme, um Zweck zu erreichen? (Oder gibt es ein milderes Mittel, um in gleicher Weise den Zweck zu erreichen?)
> 3.3 **Angemessenheit** der Nachteile zum erstrebten Vorteil? (Abwägung unter Gewichtung von Nachteilen und Vorteilen)

Vertiefung: Das Prinzip des Rechtsstaates bedeutet zunächst Gewaltenteilung. Seit der Zeit der Aufklärung im 18. Jahrhundert hat sich die Überzeugung durchgesetzt, dass die Staatsgewalten wie folgt dreigeteilt werden sollten: nämlich in eine Legislative (Gesetzgebung), eine Exekutive (Regierung und Verwaltung) und eine Judikative (Rechtsprechung durch unabhängige Gerichte). Die konkrete Ausformung des Gewaltenteilungsgrundsatzes ist in den verschiedenen modernen Verfassungsstaaten allerdings unterschiedlich erfolgt; in einigen Staaten konsequenter, in anderen Staaten weniger durchgängig. Nach dem Grundgesetz gibt es zum Beispiel durchaus eine Verbindung zwischen Legislative (bzw. Parlamentsmehrheit) und Exekutive insoweit, als dass Bundeskanzler und Bundesminister zumeist auch Abgeordnete des Deutschen Bundestages sind. Zielsetzung des Gewaltenteilungsprinzips ist gleichwohl die gegenseitige Hemmung und Kontrolle der Gewalten bei der Ausübung der Staatsfunktionen.

Während das Gewaltenteilungsprinzip im Wesentlichen in Art. 20 GG formuliert worden ist, sind speziellere Regelungen etwa über die Unabhängigkeit der Richter und Gerichte in den Art. 97 ff. GG enthalten. Praktisch besonders wichtig ist die Rechtsweggarantie des Art. 19 Abs. 4 Satz 1 GG. Danach steht jedem Bürger der Rechtsweg zu einem unabhängigen Gericht offen, wenn er durch die öffentliche Gewalt in seinen Rechten verletzt worden ist.

Für die gesamte Staatspraxis einschließlich der Anwendung des Sozialrechts und damit auch für das Handeln der Behörden im Bereich der Sozialen Arbeit wichtig ist schließlich der Grundsatz der Verhältnismäßigkeit. Danach muss eine hoheitliche Maßnahme von ihrer Struktur und Zielsetzung her zunächst einmal geeignet sein, den damit verfolgten Zweck zu erreichen; Gegenbeispiel: Erziehungsberatung bei fortgesetzter schwerer körperlicher Misshandlung eines Jugendlichen. Das jeweils eingesetzte staatliche Mittel muss darüber hinaus auch erforderlich sein, um den angestrebten Zweck zu erreichen. Das heißt, ein bestimmtes Mittel ist dann nicht erforderlich, wenn auch der Einsatz eines weniger gravierenden Eingriffs als ausreichend zur Zweckerreichung anzusehen ist; Beispiel: ggf. Sozialpädagogische Familienhilfe statt Sorgerechtsentzug bei den Eltern und Heimunterbringung ihres Kindes. Schließlich muss das jeweilige Mittel angemessen sein bei einer Abwägung der damit verbundenen Nachteile im Verhältnis zum angestrebten Zweck der jeweiligen Maßnahme.

8.2.5 Sozialstaatsprinzip

Eines der jüngeren Staatsprinzipien des Grundgesetzes ist das Sozialstaatsprinzip, das in Art. 20 Abs. 1 sowie 28 Abs. 1 Satz 1 GG seinen Ausdruck gefunden hat (ausführlich dazu: Hömig/Antoni 2010, Art. 20, Rz. 4 sowie Trenczek et al. 2011, Kap. I. 2.1.3). Es ist jedoch nicht sehr konkret im Grundgesetz entfaltet worden und kommt in den genannten Artikeln nur in jeweils einem einzigen Wort zum Ausdruck: „sozialer" (Bundesstaat) bzw. „sozialen" (Rechtsstaates). Das Sozialstaatsprinzip bedarf also der konkreten Ausformung durch die verschiedenen Gesetze und durch die verschiedenen Felder der staatlichen Sozialpolitik.

> **Sozialstaatsprinzip (Art. 20 Abs. 1, Art. 28 Abs. 1 Satz 1 GG)**
>
> *Übersicht 46*
>
> **1.** Der Staat ist zur Herstellung und Erhaltung sozialer Gerechtigkeit und sozialer Sicherheit verpflichtet, und zwar u. a. wie folgt:
> 1.1 Legislative:
>   1.1.1 Schaffung eines sozialen Mindeststandards
>   1.1.2 Gewährleistung des Existenzminimums
> 1.2 Exekutive:
>   1.2.1 bei Ermessen Wahl der sozial gerechteren Maßnahme
>   1.2.2. Legitimation für Leistungen in Notfällen
> 1.3 Judikative:
>   Wahl der sozial gerechteren Alternative
>
> **2.** Das Prinzip stellt eine Generalklausel dar, die durch den Gesetzgeber konkretisiert werden muss (Ansätze bereits im GG: Art. 6 Abs. 4, 9 Abs. 3, 14 Abs. 2, 15 GG).
>
> **3.** Das Sozialstaatsprinzip wird konkretisiert in verschiedenen Politikbereichen, z. B. in der:
>   1. Sozialpolitik,
>   2. Arbeitsmarktpolitik,
>   3. Gesundheitspolitik,
>   4. Wohnungspolitik,
>   5. Familienpolitik,
>   6. und insbesondere im Sozialgesetzbuch (SGB) sowie in weiteren Sozial(leistungs-)gesetzen.

Die wichtigste Konkretisierung des Sozialstaatsprinzips ist durch das Sozialgesetzbuch erfolgt. Gemäß § 1 Abs. 1 Satz 1 SGB I soll das Recht des Sozialgesetzbuches „zur Verwirklichung sozialer Gerechtigkeit und sozialer Sicherheit" Sozialleistungen einschließlich sozialer und erzieherischer Hilfen gestalten. Die beiden zentralen Ziele von Sozialrecht und Sozialpolitik sind mithin die Verwirklichung von sozialer Gerechtigkeit und sozialer Sicherheit. Wegen näherer Einzelheiten zum Sozialgesetzbuch und den übrigen Sozialgesetzen wird verwiesen auf Kapitel 10. Es versteht sich von selbst, dass das Sozialstaatsprinzip und die darauf aufbauenden Sozialgesetze, insbesondere das Sozialgesetzbuch, für die praktische Soziale Arbeit von herausragender Bedeutung sind. Zum Sozialstaatsprinzip existiert eine umfangreiche Rechtsprechung des Bundesverfassungsgerichts (z.B. BVerfGE 1, 105; 5, 10, 370; 198; 22, 204; 35, 235 f.; 52, 346; 82, 85; 94, 263; 100, 284; 110, 445; 123, 363).

8.3 Grundrechte

8.3.1 Überblick

Die Bundesrepublik Deutschland ist nicht zuletzt deshalb ein Rechtsstaat (siehe bereits oben 8.2.4), weil sie ihren Bürgerinnen und Bürgern Grundrechte gewährleistet. Die Grundrechte nach den Art. 1 bis 19 GG beinhalten subjektive Rechte gegenüber dem Staat. Sie sind weitgehend Abwehrrechte, zum Teil aber auch auf Teilhabe und auf Leistungen des Staates gerichtet (im Einzelnen dazu: Hömig/Antoni 2010, Vorbemerkungen zu den Grundrechten vor Art. 1 GG; Kievel et al. 2013, Kap. 2.2).

Die Übersicht 47 vermittelt einen Überblick über die einzelnen Grundrechte.

Einzelne Grundrechte nach den Art. 1 bis 19 GG

Übersicht 47

1. Art 1 Abs. 1 und 2: Menschenwürde, Menschenrechte

2. Freiheitsgrundrechte
2.1 Art. 2 Abs. 1 – Freie Entfaltung der Persönlichkeit

2.2 Art. 2 Abs. 2 Satz 1 – Leben, körperliche Unversehrtheit
2.3 Art. 2 Abs. 2 Satz 2 – Freiheit der Person
2.4 Art. 4 – Glaubens-, Gewissens- und Religionsfreiheit, Kriegsdienstverweigerung
2.5 Art. 5 – Meinungs- und Pressefreiheit, Rundfunk, Film, Kunst, Wissenschaft, Forschung und Lehre
2.6 Art. 6 – Ehe, Familie, Kinder
2.7 Art. 7 – Schulwesen
2.8 Art. 8 – Versammlungsfreiheit
2.9 Art. 9 – Vereinigungs- und Koalitionsfreiheit
2.10 Art. 10 – Brief- ,Post- und Fernmeldegeheimnis
2.11 Art. 11 – Freizügigkeit
2.12 Art. 12 – Beruf
2.13 Art. 13 – Wohnung
2.14 Art. 14 – Eigentum, Erbrecht (Art. 15 Sozialisierung)
2.15 Art. 16 – Staatsbürgerschaft, Auslieferung
2.16 Art. 16a – Asyl
2.17 Art. 17 – Petition

3. Gleichheitsrechte
3.1 Art. 3 Abs. 1 – Allgemeiner Gleichheitssatz
3.2 Art. 3 Abs. 2 – Gleichberechtigung von Männern und Frauen
3.2 Art. 3 Abs. 3 – Differenzierungsverbote

Vertiefung: Das älteste Grundrechtsdokument der Welt ist die englische „Magna Charta Libertatum" aus dem Jahre 1215, die unter anderem den Schutz vor willkürlicher Verhaftung, Enteignung, Ächtung und Verbannung garantierte (Kimminich 1987, 157). Während der Zeit der Auseinandersetzung mit dem absolutistischen Staat im 18. Jahrhundert bzw. im Zeitalter der Aufklärung gewann die Idee von Grundrechten als unveräußerlichen Freiheitsrechten des Einzelnen immer stärker an Boden. Meilensteine dieser Entwicklung waren unter anderem die „Declaration of Rights" (1689) und die Unabhängigkeitserklärung von 1776 in den Vereinigten Staaten von Amerika und in Europa die „Déclaration des Droits de l'Homme et du Citoyen" der Französischen Revolution von 1789 (Ploetz 2008, 1039, 1008).

In einigen älteren deutschen Verfassungen wurden zu Beginn des 19. Jahrhunderts ebenfalls Grundrechte auf Landesebene verankert. Die Verfassung des Deutschen Reichs vom 16.04.1871 (RGBl. S. 64) kannte allerdings noch keine Grundrechte. Und die im Zweiten Hauptteil der Weimarer Verfassung vom 11.08.1919 (RGBl. S. 1383) enthaltenen Grundrechte waren weitgehend nur Programmvorschriften und nicht unmittelbar geltendes Recht, und es gab auch kein Verfassungsgericht, vor dem Grundrechte hätten „eingeklagt" werden können. Während der Zeit des Nationalsozialismus gab es ohnehin keine individuellen Grundrechte gegenüber dem Staat. Diese wurden als unmittelbar geltendes Recht erst im Grundgesetz von 1949 verankert, und zwar gleich am Anfang der Verfassungsurkunde in den Art. 1 bis 19 GG.

Nicht zufällig entsprechen die drei „Hauptgrundrechte" der Art. 1, 2 und 3 GG weitgehend den Idealen der Aufklärung und der bürgerlichen Revolutionen in den USA und in Frankreich gegen Ende des 18. Jahrhunderts („Freiheit, Gleichheit, Brüderlichkeit"), den wesentlichen Zielen und Funktionen von Recht (Gewährleistung von Freiheit, Gleichheit und Gerechtigkeit; siehe 1.3.2 bis 1.3.4) sowie den Grundrechtskatalogen anderer demokratischer Verfassungsstaaten.

8.3.2 Einzelne Grundrechte

Aufgrund der Erfahrungen mit der nationalsozialistischen Diktatur stehen an der Spitze der Grundrechtsartikel des Grundgesetzes (Art. 1 Abs. 1 Satz 1 und 2 GG) die beiden folgenden Sätze: „Die Würde des Menschen ist unantastbar. Sie zu achten und zu schützen ist Verpflichtung aller staatlichen Gewalt". Das Deutsche Volk bekennt sich darum gemäß Art. 1 Abs. 2 GG „zu unverletzlichen und unveräußerlichen Menschenrechten als Grundlage jeder menschlichen Gemeinschaft, des Friedens und der Gerechtigkeit in der Welt". Das Grundgesetz sieht mithin die Menschenwürde und zudem die freie Entfaltung der Persönlichkeit als oberste Rechtswerte und tragende Konstitutionsprinzipien des GG an (BVerfGE 6, 36; 12, 53; 109, 149).

Art. 1 Abs. 1 und 2 GG ist von der Rechtsprechung insbesondere als Auslegungsmaßstab für die folgenden Grundrechtsbestimmungen und für Regelungen in Gesetzen zur Anwendung gebracht worden. In diesem Zusammenhang hat das Bundesverfassungsgericht zum Beispiel auf die Bedrohung der Menschenwürde durch moderne Entwicklungen in Wissenschaft und Technik (etwa durch Abhörgeräte, Gentechnologie, Datenspeicherung und -übermittlung) reagiert oder festgestellt, dass auch Gefangene im Strafvollzug Anspruch auf menschenwürdige Behandlung haben (BVerfGE 33, 1). Nach der Rechtsprechung des Bundesverfassungsgerichts besteht aufgrund von Art. 1. Abs. 1 GG auch ein Grundrecht auf Gewährleistung eines menschenwürdigen Existenzminimums (Urteil vom 09.02.2010, 1 BvL 1/09, 3/09, 4/09, Neue Zeitschrift für Sozialrecht 2010, 270).

Das „klassische" Freiheitsgrundrecht ist in Art. 2 Abs. 1 GG verankert: „Jeder hat das Recht auf die freie Entfaltung seiner Persönlichkeit, soweit er nicht die Rechte anderer verletzt und nicht gegen die verfassungsmäßige Ordnung oder das Sittengesetz verstößt." Die Rechtsprechung hat auf der Grundlage von Art. 2 Abs. 1 sowie Art. 1 Abs. 1 GG u.a. ein allgemeines Persönlichkeitsrecht entwickelt oder ein Grundrecht des Einzelnen auf informationelle Selbstbestimmung im Bereich des Datenschutzes (BVerfGE 65, 1).

In Art. 2 Abs. 2 sind mehrere spezielle Freiheitsrechte verankert: das Recht auf Leben, körperliche Unversehrtheit sowie auf Freiheit der Person. Das Recht auf Leben und auf körperliche Unversehrtheit ist auch auf das sich im Mutterleib entwickelnde Leben ausgedehnt worden (BVerfGE 39, S.1). Eine Ergänzung findet das Recht auf Leben auch durch das Verbot der Todesstrafe (Art. 102 GG).

Der dritte fundamentale Verfassungsgrundsatz ist der der Gleichheit vor dem Gesetz gemäß Art. 3 Abs. 1 GG: „Alle Menschen sind vor dem Gesetz gleich." Der Gleichheitsgrundsatz hat große praktische Bedeutung u.a. in der Leistungsverwaltung, insbesondere im Sozialrecht, im Wahlrecht oder im Steuerrecht. Auf der Grundlage von Art. 3 Abs. 1 GG sind durch das Bundesverfassungsgericht wiederholt Regelungen einzelner Gesetze wegen Verstoßes gegen das Gleichheitsgebot für verfassungswidrig erklärt und aufgehoben worden (vgl. BVerfGE 3, 58; 18, 38; 71, 39; 81, 1; 82, 126; 84, 239; 93, 121, 165; 93, 335, 408).

Art. 3 Abs. 2 und 3 GG enthalten spezielle Gleichheitsrechte betreffend Männer und Frauen (Abs. 2) sowie Diskriminierungsverbote wegen des Geschlechtes, der Abstammung, der Rasse, der Sprache, der Heimat und Herkunft, des Glaubens, der religiösen oder politischen Anschauungen (Abs. 3). Seit Inkrafttreten des Grundgesetzes hat das Bundesverfassungsgericht zahlreiche gesetzliche Bestimmungen wegen Verstoßes insbesondere gegen den Grundsatz der Gleichberechtigung von Männern und Frauen

(Art. 3 Abs. 2 Satz 1 GG) für verfassungswidrig erklärt (z. B. BVerfGE 43, 213; 84, 9; 89, 276).

Vertiefung: Art. 4 schützt die Freiheit des Glaubens, des Gewissens und des religiösen oder weltanschaulichen Bekenntnisses (dazu: BVerfGE 12, 1; 19, 207; 52, 223) sowie die ungestörte Religionsausübung (dazu: BVerfGE 24, 236) und statuiert ein Recht auf Kriegsdienstverweigerung (dazu: BVerfGE 12, 56; 48, 127). Allerdings wird durch Letzteres (Art. 4 Abs. 3 GG) nicht die Pflicht zur Ableistung eines Ersatzdienstes ausgeschlossen (vgl. Art. 12a Abs. 2 GG).

Auch in Artikel 5 GG sind mehrere Grundrechte enthalten: das Recht der freien Äußerung und Verbreitung der Meinung (dazu: BVerfGE 7, 61, 198; 12, 113), die Pressefreiheit (dazu: BVerfGE 10, 118; 12, 205; 52, 283; 66, 116) und die Freiheit der Berichterstattung durch Rundfunk und Film (dazu: BVerfGE 12, 205; 31, 314; 57, 295; 73, 118; 87, 181; 90, 60; 95, 220; 97, 228, 298). Allerdings finden diese Grundrechte ihre Schranken in den Vorschriften der allgemeinen Gesetze, den gesetzlichen Bestimmungen zum Schutze der Jugend (dazu BVerfGE 90, 1) und im Recht der persönlichen Ehre (Art. 5 Abs. 2 GG; dazu BVerfGE 54, 217; 61, 1; 95, 173). Durch Art. 5 Abs. 3 GG sind Kunst und Wissenschaft, Forschung und Lehre als „frei" grundrechtlich geschützt. Allerdings entbindet die Freiheit der Lehre nicht von der Treue zur Verfassung (Art. 5 Abs. 3 Satz 2 GG).

Für den Bereich der Sozialen Arbeit von besonderer Bedeutung ist Art. 6 GG. Gemäß Art. 6 Abs. 1 GG stehen Ehe und Familie unter dem besonderen Schutz der staatlichen Ordnung. Dies beinhaltet ein „Abwehrrecht" gegenüber ungerechtfertigten Eingriffen des Staates in die Privatsphäre von Ehe und Familie, aber auch eine grundsätzliche Verpflichtung des Staates, Ehe und Familie zu fördern, etwa im Steuerrecht und im Sozialrecht.

Gemäß Art. 6 Abs. 2 Satz 1 GG sind Pflege und Erziehung der Kinder das natürliche Recht der Eltern und die „zuvörderst" ihnen obliegende Pflicht (dazu: BVerfGE 6, 55; 24, 119; 56, 363; 72, 122; 75, 201). Der Staat darf sich also grundsätzlich nicht in die Kindererziehung „einmischen" – es sei denn, es droht eine Gefährdung des Wohls des Kindes. Dann ist der Staat – konkret: das Familiengericht und ggf. das Jugendamt – berechtigt und ggf. sogar verpflichtet, in Ausübung des so genannten „staatlichen Wächteramtes" gemäß Art. 6 Abs. 2 Satz 2 GG mit dem Ziel des Schutzes des Kindes ggf. auch in Elternrechte einzugreifen. Abgesehen von der aus Art. 7 Abs. 1 GG abgeleiteten Schulpflicht gibt es jedoch kein allgemeines Erziehungsrecht des Staates im Bereich der Familie.

Vertiefung: Art. 8 GG schützt die Versammlungsfreiheit, das Demonstrationsrecht und das Recht, sich ohne Anmeldung oder Erlaubnis friedlich und ohne Waffen zu versammeln. Für Versammlungen unter freiem Himmel, wo besondere Gefahren für die öffentliche Sicherheit entstehen können, kann das Versammlungsrecht allerdings durch Gesetz oder aufgrund eines Gesetzes beschränkt werden (Art. 8 Abs. 2 GG).

Alle Deutschen haben gemäß Art. 9 Abs. 1 GG das Recht, Vereine und Gesellschaften zu bilden. Von großer Bedeutung ist das Recht der Koalitionsfreiheit gemäß Art. 9 Abs. 3 GG, also das Recht, zur Wahrung und Förderung der Arbeits- und Wirtschaftsbedingungen Vereinigungen zu bilden. Unter Koalitionen versteht man Vereinigungen, die Arbeitnehmer/innen (Gewerkschaften) oder Arbeitgeber (Arbeitgeberverbände) als Mitglieder haben. Der Schutz des Art. 9 Abs. 3 GG umfasst auch das Recht zu Arbeitskampfmaßnahmen, z.B. zu Streik und Aussperrung (dazu BVerfGE 84, 212; 88, 103; 92, 365).

Art. 10 GG gewährleistet das Brief-, Post- und Fernmeldegeheimnis, Art. 13 GG das Grundrecht auf Unverletzlichkeit der Wohnung; Letzteres ist allerdings einer ganzen Reihe von Einschränkungen unterworfen (vgl. Art. 13 Abs. 3ff. GG). Alle Deutschen genießen Freizügigkeit im ganzen Bundesgebiet (Art. 11 GG). Ihnen darf gemäß Art. 16 Abs. 1 GG die deutsche Staatsangehörigkeit nicht entzogen werden (Art. 16 Abs. 1 GG). Kein Deutscher darf an das Ausland ausgeliefert werden (Art. 16 Abs. 2 Satz 1 GG; vgl. allerdings auch Satz 2).

Politisch Verfolgte genießen gemäß Art. 16a Abs. 1 GG Asylrecht (dazu BVerfGE 80, 315; 83, 216). Dieses auch vor dem Hintergrund der nationalsozialistischen Diktatur zunächst sehr weit und nahezu einschränkungslos formulierte Asylrecht ist allerdings seit 1993 in einem nicht unerheblichen Umfange eingeschränkt worden. Danach kann sich auf dieses Grundrecht nicht berufen, wer aus einem Mitgliedsstaat der Europäischen Gemeinschaft, aus einem „sicheren Drittstaat" (Art. 16a Abs. 2 GG) oder aus einem „sicheren

Herkunftsstaat" (Art. 16a Abs. 3 GG; dazu BVerfGE 94, 115) einreist. Nicht unter den Schutz des Art. 16a GG fallen Menschen, die nicht wegen politischer Verfolgung, sondern aus wirtschaftlichen, sozialen oder sonstigen Gründen in die Bundesrepublik Deutschland eingereist sind. Nur ein sehr kleiner Teil der Asylbewerber/innen hat deshalb in den vergangenen Jahren die Anerkennung als „politisch Verfolgte(r)" erreichen können.

Von großer Bedeutung ist Art. 12 GG (Freiheit der Berufswahl und -ausübung). Danach haben alle Deutschen das Recht, Beruf und Arbeitsplatz sowie Ausbildungsstätte frei zu wählen (dazu: BVerfGE 7, 377; 78, 179). Allerdings unterliegt auch dieses Grundrecht Einschränkungen durch Gesetz oder aufgrund eines Gesetzes, auch etwa im Falle von Zulassungsbeschränkungen an den Hochschulen (dazu: BVerfGE 33, 303; siehe dazu auch Fall 12).

Art. 14 Abs. 1 GG gewährleistet Eigentum und Erbrecht. Allerdings hat das Eigentumsrecht mit Art. 14 Abs. 2 GG eine wichtige Ergänzung erfahren: „Eigentum verpflichtet. Sein Gebrauch soll zugleich dem Wohle der Allgemeinheit dienen." Wie sich im Zusammenhang gerade mit Wirtschaftskrisen gezeigt hat, ist diese „Sozialpflichtigkeit" des Eigentums etwa bei manchen Banken und Unternehmen offenbar in Vergessenheit geraten. Sogar eine Enteignung kann zulässig sein, wenn auch nur unter den Voraussetzungen des Art 14 Abs. 3 GG. Zudem ist es möglich, gemäß Art. 15 GG ggf. Grund und Boden, Naturschätze und Produktionsmittel zum Zwecke der Vergesellschaftung in Gemeineigentum oder in andere Formen der Gemeinwirtschaft zu überführen.

Schließlich hat jedermann gemäß Art. 17 GG das Recht, sich einzeln oder in Gemeinschaft an die zuständigen Stellen und an die Volksvertretung mit Bitten und Beschwerden zu wenden. Dieses Petitionsrecht besteht sowohl auf Bundesebene als auch auf Landesebene.

8.3.3 Das Grundrechtssystem des Grundgesetzes

Anders als die Weimarer Verfassung von 1919 enthält das Grundgesetz auch konkrete Regelungen zur Realisierung von Grundrechten (vgl. Becker 2000, 66 ff.; Trenczek et al. 2011, Kap. I. 2.2; Kievel et al. 2013, Kap. 2.2). Besonders wichtig ist Art. 19 Abs. 4 Satz 1 GG, wonach der Rechtsweg offen steht, wenn „jemand durch die öffentliche Gewalt in seinen Rechten verletzt" (wird). Aufgabe des Bundesverfassungsgerichtes ist es zudem, u.a. über Verfassungsbeschwerden von Bürgerinnen und Bürgern zu entscheiden (Art. 93 Abs. 1 Nr. 4a GG), sofern der Rechtsweg „ausgeschöpft" ist; man muss also in der Regel zuvor erfolglos den Rechtsweg, etwa zu den Zivil-, Sozial- oder Verwaltungsgerichten, beschritten haben.

Vertiefung:

Das Grundrechtssystem des Grundgesetzes (GG) *Übersicht 48*

1. Der Grundrechtskatalog der Art. 1 bis 19
1.1 ist unmittelbar geltendes Recht (Art. 1 Abs. 3),
1.2 enthält subjektive Rechte Einzelner sowie „Einrichtungsgarantien" und
1.3 stellt eine objektive Wertordnung dar.
1.4 Die Grundrechte haben Abwehr-, Teilhabe- und/oder Leistungsfunktionen (vieles ist jedoch strittig).
1.5 Daneben gibt es „Justizgrundrechte" (Art. 101 bis 104).

2. Inhaber von Grundrechten – soweit diese nicht „verwirkt" sind (Art. 18) – können sein:
2.1 Deutsche („Bürgerrechte"): Art. 8, 9 Abs. 1, 11, 12, 16
2.2 teilweise: alle Menschen/"jeder" („Jedermannsrechte"), Art. 1 bis 6, 10, 13, 14, 16a, 17;
2.3 teilweise: inländische juristische Personen (Art. 19 Abs. 3)
2.4 Drittwirkung von Grundrechten im Zivilrecht? (strittig)

3. Grundrechtsbeschränkungen sind möglich aufgrund von:
3.1 Gesetzesvorbehalten (Einschränkungen von Grundrechten durch Gesetz oder aufgrund eines Gesetzes), z.B. Art. 2 Abs. 2 Satz 3, 8 Abs. 2, 10 Abs. 2, 11 Abs. 2, 12 Abs. 1 Satz 2
3.2 Verfassungsvorbehalten (z.B. Art. 9 Abs. 2)
3.3 grundrechtsimmanenten Schranken (Schranken durch andere Verfassungsnormen)

4. Grundrechtsschutz wird gewährleistet durch:
4.1 Verbot individueller Grundrechtsbeschränkungen (Art. 19 Abs. 1 Satz 1)
4.2 Zitiergebot bei grundrechtseinschränkenden Gesetzen (Art. 19 Abs. 1 Satz 2)
4.3 „Wesensgehaltsgarantie" von Grundrechten (Art. 19 Abs. 2)
4.4 Umfassende Rechtsweggarantie (Art. 19 Abs. 4)

Weitere Vertiefung: Gemäß Art. 1 Abs. 3 GG binden „die nachfolgenden Grundrechte... Gesetzgebung, vollziehende Gewalt und Rechtsprechung als unmittelbar geltendes Recht". Dies bedeutet, dass die Grundrechte keiner weiteren „Umsetzung" durch „einfache" Gesetze bedürfen, sondern aus sich heraus gelten. Vielfach enthalten sie auch subjektive, teilweise einklagbare Rechte einzelner Bürgerinnen und Bürger. Darüber hinaus bestehen auf der Grundlage der Grundrechte so genannte Einrichtungsgarantien. Dadurch werden u.a. folgende Institutionen verfassungsrechtlich garantiert, wobei ihre konkrete Ausgestaltung dem Gesetzgeber überlassen bleibt: Ehe und Familie (Art. 6 GG), Presse (Art. 5 GG), Eigentum (Art. 14 GG), die Parteien (Art. 21 GG), die kommunale Selbstverwaltung (Art. 28 GG), das Berufsbeamtentum (Art. 33 Abs. 5 GG) oder die Kirchen (Art. 140 GG).

Das Bundesverfassungsgericht (BVerfGE 6, 55; 7, 198; 9, 237; 35, 179) hat die Grundrechte insgesamt als eine „objektive Wertordnung" beschrieben, die als verfassungsrechtliche Grundentscheidung für alle Bereiche des Rechts gilt und Impulse und Richtlinien für Gesetzgebung, Rechtsprechung und Verwaltung entfaltet.

Daneben haben die Grundrechte mehrere Funktionen. Unstrittig enthalten sie in vielen Fällen Abwehrrechte „gegenüber dem Staat", der nicht ohne Rechtfertigung in die Grundrechte der Bürgerinnen und Bürger eingreifen darf. Umstritten ist, ob Grundrechte auch Teilhaberechte beinhalten, ob etwa das in Art. 12 Abs. 1 GG garantierte Recht auf freie Berufswahl und Berufsausbildung auch die freie Wahl einer Ausbildungsstätte garantiert. Schließlich ist es auch strittig, ob Grundrechte eine Leistungsfunktion beinhalten. In Einzelfällen ist dies von der Rechtsprechung anerkannt worden, etwa mit Blick auf das dem Bürger gegenüber dem Staat zustehende Recht auf materielle Unterstützung in Notlagen (BVerfGE 1, 159). Im Übrigen ist es jedoch Aufgabe des Gesetzgebers, dies insbesondere in Sozialleistungsgesetzen im Einzelnen zu regeln, wobei dem Gesetzgeber ein breiter Ermessens- und Entscheidungsspielraum zuzubilligen ist.

Inhaber von Grundrechten sind entweder Deutsche oder alle Menschen; dies ergibt sich aus der Formulierung der einzelnen Verfassungsartikel. Gemäß Art. 19 Abs. 3 GG können auch Vereinigungen als inländische juristische Personen Träger von Grundrechten sein.

Die Grundrechte gelten (vgl. nochmals Art. 1 Abs. 3 GG!) im

Verhältnis von Bürger und Staat, nach ganz überwiegender Auffassung jedoch grundsätzlich nicht im Verhältnis von Bürgern untereinander, auch wenn hier manches strittig ist. Anerkannt ist die so genannte „Drittwirkung von Grundrechten" allerdings mit Blick auf Art. 9 Abs. 3 Satz 2 GG (dazu BVerfGE 84, 212): Danach sind Abreden, die das Recht auf Bildung von Vereinigungen zur Wahrung und Förderung der Arbeits- und Wirtschaftsbedingungen (also von Arbeitgeberverbänden und Gewerkschaften) einschränken oder zu behindern suchen, nichtig; hierauf gerichtete Maßnahmen sind rechtswidrig.

Auch wenn die Grundrechte ansonsten im Zivilrecht nach überwiegender Auffassung keine unmittelbare Anwendung finden, sind sie dort jedoch nicht bedeutungslos. Nach der Rechtsprechung des Bundesverfassungsgerichts und der obersten Gerichtshöfe des Bundes sind vielmehr die Vorschriften des Bundesrechts häufig „im Lichte der Grundrechte" bzw. im Lichte der Wertentscheidungen des Grundgesetzes auszulegen (dazu: BVerfGE 7, 198; 73, 261; 83, 242; 89, 214; 90, 27). Dies gilt insbesondere bei der Auslegung unbestimmter Rechtsbegriffe und bei der Anwendung von Generalklauseln (z. B. §§ 138, 157, 242 BGB).

Die Grundrechte gelten vielfach nicht unbeschränkt. In nicht wenigen Artikeln heißt es, dass das jeweilige Grundrecht durch Gesetz oder aufgrund eines Gesetzes eingeschränkt werden kann. Außerdem gibt es Einschränkungen durch das Grundgesetz selbst, wenn die Grundrechte nämlich in einem Spannungsverhältnis zueinander stehen und sich teilweise ausschließen können (vgl. z. B. Art. 2 und Art. 3 GG – Freiheit und Gleichheit; dazu bereits Kapitel 1.3). Die verschiedenen Grundrechte sind dabei in ein insgesamt möglichst „stimmiges" Verhältnis zueinander zu setzen, was im Ergebnis bedeuten kann, dass einzelne Grundrechte ggf. gegenüber anderen zurücktreten müssen.

8.4 Fälle

Fall 11: Die Sache mit dem Bundesschulamt

Mehrere internationale Vergleichsstudien haben ergeben (z. B.: „PISA"), dass die Bildungserfolge deutscher Schüler/innen in manchen Bereichen als mittelmäßig bis schlecht einzustufen seien. Die Bundesministerin für

Bildung und Wissenschaft ist darüber gar nicht glücklich und sinnt auf Abhilfe. Zwecks „Effektivitätssteigerung" des deutschen Schulwesens denkt sie deshalb nunmehr an die Einrichtung eines Bundesschulamts auf der Grundlage eines zuvor neu zu schaffenden Bundesschulorganisationsgesetzes.

1. Wie wäre dieses Vorhaben verfassungsrechtlich zu beurteilen?
2. Einmal angenommen, der Deutsche Bundestag würde ein solches „Bundesschulorganisationsgesetz" beschließen, weil es sich hier um eine „nationale" Aufgabe handele, könnte die Landesregierung des Bundeslandes X dagegen etwas unternehmen?

Fall 12: Studienplatz und Numerus Clausus

Die 19-jährige Abiturientin A. (Abiturnotendurchschnitt 2,9) möchte Soziale Arbeit studieren und bewirbt sich form- und fristgemäß an der Hochschule in X für einen Studienplatz im ersten Semester im BA-Studiengang Soziale Arbeit für das nächste Wintersemester. Sie erhält jedoch von der Hochschule einen ablehnenden Bescheid mit der Begründung, dass nach der Kapazitätsverordnung des Landes für Erstsemester in X lediglich 100 Studienplätze Soziale Arbeit für das kommende Wintersemester vorgesehen sind. Bei 200 Bewerber/innen für diese 100 Studienplätze im ersten Semester mussten leider alle diejenigen abgewiesen werden, deren Abiturdurchschnittsnote (bzw. die Note in einem vergleichbaren Abschlusszeugnis) höher als 2,6 betragen habe. Was könnte A dagegen tun?

9 Öffentliche Verwaltung und Verwaltungsbehörden

Die öffentliche Verwaltung erscheint vielen Studierenden der Sozialen Arbeit zunächst als etwas sehr Abstraktes, Fremdes, Entferntes. Dennoch ist sie für die Soziale Arbeit von zentraler Bedeutung, da hier die Gesetze von Bund und Ländern ausgeführt, insbesondere Sozialleistungen gewährt werden. Nahezu alle Sozialarbeiterinnen und Sozialarbeiter werden deshalb mit der öffentlichen Verwaltung „zu tun" bekommen: Indem sie entweder dort arbeiten oder bei freien Trägern oder gar selbstständig tätig sind und von der öffentlichen Verwaltung bei der Erbringung von Leistungen bzw. der Erfüllung sonstiger Aufgaben der sozialen Arbeit „finanziert" werden. Deshalb wird im Folgenden über Grundfragen der Verwaltungsorganisation informiert, werden die Grundzüge der Bundes-, Landes- und Kommunalverwaltung dargestellt und wird auf die Träger der Sozialversicherung eingegangen (dazu Kap. 10).

9.1 Grundfragen der Verwaltungsorganisation

9.1.1 Öffentliche Verwaltung

Was ist „Öffentliche Verwaltung"? Bisher ist es nicht befriedigend gelungen, eine umfassende, allgemeingültige positive Formulierung dafür zu finden, weil sich die Aufgaben der öffentlichen Verwaltung immer wieder verändert haben. Standen in früheren Zeiten Militär- und Polizeiverwaltung im Vordergrund, sind nach und nach völlig neue Verwaltungszweige wie Schulverwaltung, Hochschulverwaltung, Wirtschaftsverwaltung und Sozialverwaltung entstanden. Natur- und Umweltschutz, Datenschutz und viele neue Aufgabenfelder im Bereich des Bildungswesens, der Informations- und Kommunikationstechnologie sind in jüngerer Zeit hinzugekommen.

Von daher begnügt man sich häufig mit einer Art „Negativdefinition" der öffentlichen Verwaltung dergestalt, dass sie umschrieben wird als die Gesamtheit der staatlichen Aktivitäten und Organisationen außerhalb (der übrigen Gewalten) von Gesetzgebung, Regierung (als dem anderen Teil der Exekutive) und Rechtsprechung (Maurer 2011, § 1 I. 1.; Becker 2000, § 14 I.).

Vertiefung: Die öffentliche Verwaltung wird häufig wie in Übersicht 49 untergliedert (vgl. Becker 2000 § 14 II).

Öffentliche Verwaltung (Verw.) = Gesamtheit der staatlichen Aktivitäten und Organisationen außerhalb von Gesetzgebung, Regierung und Rechtsprechung

Übersicht 49

1. **Hoheitliche Verw. (zur Erfüllung öffentlicher Aufgaben, zumeist aufgrund von Gesetzen)**
   1.1 **Eingriffsverwaltung:** z. B. Polizei, Gewerbeaufsicht, Ausländerbehörde; öffentliches Recht
   1.2 **Leistungsverwaltung**
      1.2.1 Gewährung öffentlicher Dienstleistungen, z. B. von Sozialleistungen durch Bescheid (Verwaltungsakt) oder aufgrund eines öffentlich-rechtlichen Vertrages; öffentliches Recht
      1.2.2 Zweistufige Leistungsgewährung, z. B.
         – Gewährung von BaföG durch Bescheid; öffentliches Recht
         – Abwicklung von Darlehen; Privatrecht
      1.2.3 Wirtschaftliche Betätigung: Häuserverkauf durch öffentliche Wohnungsunternehmen; Privatrecht, aber Geltung von Grundrechten

2. **Fiskalische Verw. („Staat handelt wie Bürger"):** Kauf von Büromaterial, Autos etc. = keine öffentlichen Aufgaben; Privatrecht

---

Staatsrechtlich gesehen besteht die Bundesrepublik Deutschland aus zwei Ebenen (siehe bereits oben 8.2.3 sowie die Überschrift vor Art. 20 ff. GG: „Der Bund und die Länder"):

- der Ebene des Gesamtstaats Bundesrepublik Deutschland
- sowie der Ebene der (16) Bundesländer. Den Bundesländern werden auch die kommunalen Gebietskörperschaften als Träger mittelbarer Staatsverwaltung zugeordnet (siehe dazu 9.3).

136 Öffentliche Verwaltung und Verwaltungsbehörden

Wesentliche Aufgabe der öffentlichen Verwaltung ist es, die Gesetze des Bundes und der Länder auszuführen. Während Aufgaben der Gesetzgebung überwiegend auf der Bundesebene wahrgenommen werden, liegt der Schwerpunkt der staatlichen Aktivitäten im Bereich der Exekutive und der Judikative bei den Ländern. Die Ausführung von Bundes- und Landesgesetzen ist im Grundgesetz, den Landesverfassungen sowie in Bundes- und Landesgesetzen geregelt und wird in der Übersicht 50 näher dargestellt.

Ausführung von Gesetzen durch Bund, Länder, Gemeinden und Sozialversicherungsträger

Übersicht 50

1. Ausführung von Bundesgesetzen:
1.1 in der Regel durch die Länder als eigene Angelegenheiten (Art. 83, 84 GG), und zwar je nach Landesrecht
   1.1.1 durch Landesbehörden (unmittelbare Landesverwaltung) oder
   1.1.2 durch Gemeinden oder Sozialversicherungsträger (mittelbare Landesverwaltung);
1.2 in einigen Fällen durch die Länder im Auftrage des Bundes (Bundesauftragsverwaltung, Art. 85 GG), z. B. Bau und Unterhaltung von Bundesautobahnen;
1.3 ausnahmsweise durch Bundesbehörden im Wege der bundeseigenen Verwaltung (Art. 86, 87 ff. GG), z. B. Bundeswehr und Bundeswasserstraßen;
1.4 ausnahmsweise durch bundesweit tätige Sozialversicherungsträger (Art. 87 Abs. 2 GG) im Wege mittelbarer Bundesverwaltung, z. B. Deutsche Rentenversicherung, Bundesagentur für Arbeit.

2. Ausführung von Landesgesetzen (geregelt in der Landesverfassung und in Landesgesetzen):
2.1 durch Landesbehörden (unmittelbare Landesverwaltung) oder
2.2 durch Gemeinden oder Sozialversicherungsträger (mittelbare Landesverwaltung).

Vertiefung:

Staatsverwaltung und Behördenaufsicht

Übersicht 51

1. Unmittelbare und mittelbare Staatsverwaltung
1.1 Unmittelbare Staatsverwaltung:
Bund und Länder (nur diese sind „Staat"!) führen Verwaltungsaufgaben selbst (unmittelbar) durch (eigene) Bundes- bzw. Landesbehörden aus.
1.2 Mittelbare Staatsverwaltung:
Gemeinden, Landkreise, Gemeindeverbände, Hochschulen, Sozialversicherungsträger, die nicht im unmittelbaren Sinne „Staat" sind, führen Verwaltungsaufgaben in Form der sog. mittelbaren Staatsverwaltung durch eigene Behörden aus.

2. Fachaufsicht, Dienstaufsicht und Rechtsaufsicht
2.1 Im Bereich der unmittelbaren Staatsverwaltung (siehe 1.1) haben höhere Behörden gegenüber „ihren" nachgeordneten Behörden umfassende Weisungsrechte in Form der Fachaufsicht und der Dienstaufsicht.
  2.1.1 **Fachaufsicht** bedeutet: sachlich-inhaltliche Kontrolle (auch unter reinen Zweckmäßigkeitsgesichtspunkten) des Verwaltungshandelns einer nachgeordneten Behörde durch Verwaltungsvorschriften oder Einzelweisungen einer höheren Behörde.
  2.1.2 **Dienstaufsicht** bedeutet: Weisungsrecht einer höheren gegenüber einer nachgeordneten Behörde mit Blick auf Personalangelegenheiten und Verwaltungsorganisation.
2.2 Im Bereich der mittelbaren Staatsverwaltung (siehe 1.2) besteht nur eine **Rechtsaufsicht**. Rechtsaufsicht bedeutet: Kontrolle des Verwaltungshandelns allein unter rechtlichen Gesichtspunkten, zumeist durch die sog. Rechtsaufsichts- oder Kommunalaufsichtsbehörde. Die Rechtsaufsicht beschränkt sich dabei auf die Kontrolle eines Trägers mittelbarer Staatsverwaltung, ob dieser Rechtsvorschriften überhaupt bzw. „richtig" angewendet hat.

9.1.2 Träger, Organe und Behörden

Wichtig ist es sodann, auf allen Verwaltungsebenen zwischen den Trägern (oder: Rechtsträgern) der öffentlichen Verwaltung einerseits und ihren Organen und Behörden andererseits zu unterscheiden (eingehend: Maurer 2011, § 21; Papenheim et al. 2013, Kap. B.3).

Die (Rechts-)Träger der öffentlichen Verwaltung sind juristische Personen des öffentlichen Rechts (ähnlich konstruiert wie die juristischen Personen des Zivilrechts (siehe 4.1), die für die Ausführung von Bundes- und Landesgesetzen und damit für die Wahrnehmung der Aufgaben der öffentlichen Verwaltung juristisch verantwortlich sind.

> **(Rechts-) Träger der öffentlichen Verwaltung als juristische Personen des öffentlichen Rechts sind:**
>
> *Übersicht 52*
>
> 1. **Körperschaften des öffentlichen Rechts,** und zwar:
>   1.1 Gebietskörperschaften (Bezugspunkt: die Gesamtheit der Einwohner im jeweiligen Gebiet): Bund, Länder, Gemeinden, Gemeindeverbände, (Land-)Kreise
>   1.2 Personenkörperschaften (Bezugspunkt: die Gesamtheit von Personen mit bestimmter persönlicher oder sachlicher Qualifikation): Sozialleistungsträger (z. B. Gesetzliche Krankenkassen), Hochschulen, Industrie- und Handelskammern, Handwerkskammern, Ärztekammern, Rechtsanwaltskammern
>   1.3 Kirchen (außerstaatliche Sonderstellung)
> 2. **(Selbstständige) Anstalten des öffentlichen Rechts**
>   als organisatorische Zusammenfassung von sächlichen und personellen Ressourcen zu einem bestimmten Verwendungszweck (Bürger sind dabei „Nutzer"), z. B. Rundfunkanstalten (des öffentlichen Rechts), öffentliche Sparkassen
> 3. **Stiftungen des öffentlichen Rechts**
>   mit Zweckbestimmung durch den Stifter im Stiftungsakt, z. B. Stiftung Preußischer Kulturbesitz als Träger von Museen u. a.
> 4. **Beliehene**
>   Diese sind natürliche oder juristische Personen des Zivilrechts, denen hoheitliche Befugnisse übertragen worden sind, z. B. die Technischen Überwachungsvereine (TÜV) oder die Bezirksschornsteinfegermeister.

Alle genannten (Rechts-)Träger der öffentlichen Verwaltung als juristische Personen des öffentlichen Rechts (Maurer 2011, § 21 II.) stellen jedoch gleichsam „juristische Kunstgebilde" dar. Ähnlich wie die juristischen Personen des Zivilrechtes (z.B. beim eingetragenen Verein: Mitgliederversammlung und Vorstand) handeln für sie ihre Organe und Behörden (siehe Übersicht 53).

Organe und Behörden
Juristische Personen des öffentlichen Rechts handeln durch:

Übersicht 53

1. ihre (internen) Organe,
1.1 bei Bund und Ländern: Parlamente und Regierungen,
1.2 bei Gemeinden: Gemeinderat und Bürgermeister,
1.3 bei Trägern der Sozialversicherung: Vertreterversammlung und Vorstand,

2. und ihre Behörden, die nach außen eigenständig in Erscheinung treten, aber rechtlich unselbstständig sind. Dabei ist Behörde „jede Stelle, die Aufgaben der öffentlichen Verwaltung wahrnimmt" (§ 1 Abs. 2 SGB X).

Bürgerinnen und Bürger, aber auch Sozialarbeiter/innen sowie andere im Bereich der Sozialen Arbeit tätige Fachkräfte, haben es fast immer nur mit (Mitarbeiterinnen und Mitarbeitern) von Behörden zu tun (z.B.: Sozialamt, Jugendamt, Gesundheitsamt, Versorgungsamt, Agentur für Arbeit, Gesetzliche Krankenkasse etc.). Sind sie jedoch mit deren Entscheidungen nicht einverstanden bzw. der Auffassung, dass unrechtmäßig gehandelt wurde, müssen sie (nach Durchführung des Widerspruchsverfahrens; siehe 12.2) ggf. den (Rechts-)Träger der jeweiligen Behörde vor Gericht verklagen, da nur dieser – und nicht seine Behörde – als juristische Person des öffentlichen Rechts rechtsfähig ist.

9.2 Bundes- und Landesverwaltung

Übersicht 54

Bundesverwaltung			
	Unmittelbar		mittelbar
1. auf Bundesebene	• Oberste Bundesbehörden: Bundeskanzleramt, Bundesministerien, Bundesrechnungshof • Bundesoberbehörden: z. B. Statistisches Bundesamt, Bundeskriminalamt		z. B. Bundesagentur für Arbeit, Deutsche Rentenversicherung
2. auf Länderebene	Bundesmittelbehörden: z. B. Wehrbereichsverwaltungen		Regionaldirektionen
3. auf regionaler Ebene	untere Bundesbehörden: z. B. Kreiswehrersatzämter		Agenturen für Arbeit

Bundes- und Landesbehörden sind „intern" zumeist etwa wie in Übersicht 55 aufgebaut.

Grobgliederung von Bundes- und Landesbehörden

Übersicht 55

1. **Leitungsebene:** z. B. Minister, Regierungspräsidenten, Präsidenten/Direktoren von Ober- und Mittelbehörden (oft mit Stäben, z. B. Persönliche Referenten, Presse- und Öffentlichkeitsarbeit, Controlling)
2. **Abteilungsebene:** Abteilungen
3. **Zwischenebenen:** Unterabteilungen oder Gruppen
4. **Referats- oder Dezernatsebene:** („Arbeitsebene"), Referate oder Dezernate (mit bis zu ca. 15 Mitarbeiterinnen/ Mitarbeitern)
5. **Servicedienste** (oft zentralisiert)

Die meisten Behörden im Verhältnis von Bundes- und Landesbehörden sind solche der Landesverwaltung einschließlich der Kommunalverwaltung (Näheres dazu: Maurer 2011, § 22; Papenheim et al. 2013, Kap. B.3). Landesbehörden erfüllen Aufgaben in Form der unmittelbaren Landesverwaltung, Kommunalbehörden in Form der mittelbaren Landesverwaltung. Die Kommunalverwaltung ist als „mittelbare Staatsverwaltung" staatsrechtlich also den Ländern zugeordnet. Landes- und Kommunalverwaltung stellt sich in jedem Bundesland etwas anders dar und wird in den jeweiligen Landesverfassungen und Landesgesetzen geregelt. Grob gegliedert kann man sich Landesverwaltungen einschließlich der Kommunalverwaltungen etwa wie in Übersicht 56 vorstellen.

Landes- und Kommunalverwaltung

Übersicht 56

	unmittelbar	mittelbar
1. auf Landesebene	• Oberste Landesbehörden: Landesminister(ien) (abweichende Bezeichnungen in den Stadtstaaten); Landesrechnungshöfe • Landesoberbehörden: z. B. Statistische Landesämter, Landessozialämter, Landesjugendämter	Höhere Kommunalverbände: Landschaftsverbände (Nordrhein-Westfalen), Landeswohlfahrtsverband Hessen

2. auf regionaler Ebene	Landesmittelbehörden: • Allgemeine Verwaltung: Regierungspräsidien • Sonderverwaltungen: z. B. Landesversorgungsämter	Bezirke (Bayern), Bezirksverband Pfalz (Rheinland-Pfalz)
3. auf örtlicher Ebene	Untere Landesbehörden • Allgemeine Verwaltung: Landräte und Oberbürgermeister als Behörden der Landesverwaltung • Sonderverwaltungen: z. B. Gewerbeaufsichtsämter, Versorgungsämter	Kreisangehörige Städte und Gemeinden, Kreisfreie Städte, (Land-) Kreise

9.3 Kommunalverwaltung

Für die Soziale Arbeit von herausragender Bedeutung sind insbesondere die Kommunalverwaltungen auf der Ebene der Landkreise und kreisfreien Städte (dazu 9.3) sowie die Träger der Sozialversicherung auf Landes- oder örtlicher Ebene (dazu 9.4).

9.3.1 Rechte und Aufgaben der Städte, Gemeinden und Landkreise als kommunale Gebietskörperschaften

Die Gemeinden, Städte und (Land-)Kreise leisten u. a. Aufgaben der Kinder- und Jugendhilfe sowie der Sozialhilfe, bauen und vermieten Wohnungen; unterhalten Schulen, Kindergärten, sonstige Einrichtungen der Kinder- und Jugendhilfe, Jugendzentren, Werkstätten für Behinderte, Krankenhäuser, Altenheime, Spielplätze, Sportstätten, Parks und Grünanlagen, ggf. Bibliotheken, Museen und Theater. Viele Sozialarbeiterinnen und Sozialarbeiter sind Bedienstete einer Gemeinde, einer Stadt oder eines (Land-)Kreises. Und viele andere Fachkräfte der Sozialen Arbeit werden von freien Trägern, z. B. der Sozial-, Behinderten- oder der Kinder- und Jugendhilfe, auf Grund von Zuwendungen der Kommunen beschäftigt (vgl. Papenheim et al. 2013, Kap. C).

Die kommunalen Gebietskörperschaften (Gemeinden, Städte und Kreise) haben Selbstverwaltungsrechte (dazu eingehend: Hömig 2010, Art. 28, Rz. 8 ff.). Gemäß Art. 28 Abs. 2 Satz 1 GG muss den Gemeinden das Recht gewährleistet sein, alle Angelegenheiten der örtlichen Gemeinschaft im Rahmen der Gesetze in eigener Verantwortung zu regeln. Die kommunale Selbstverwaltung in Deutschland ist ein wesentliches Ergebnis der Reformen von Stein und Hardenberg in Preußen zu Beginn des 19. Jahrhunderts (Maurer 2011, § 23, I. 1. c). Ähnliche Entwicklungen wie in Preußen hat es auch in anderen deutschen Staaten gegeben.

Aus dem Prinzip der kommunalen Selbstverwaltung folgt, dass die Gemeinden originäre Hoheitsrechte (dazu: Papenheim et al. 2013, Kap. C.2) haben (siehe Übersicht 57).

Übersicht 57

Hoheitsrechte der Städte, Gemeinden und Landkreise

1. **Gebiets- und Verwaltungshoheit**
   Beispiel: Beschlagnahme einer Wohnung zwecks Einweisung von Obdachlosen

2. **Organisationshoheit**
   Beispiel: Bildung eines gemeinsamen Sozial- und Jugendamtes

3. **Finanzhoheit**
   Beispiel: Erhebung von Gewerbe- oder Hundesteuern

4. **Personalhoheit**
   Beispiel: Einstellung von öffentlichen Bediensteten

5. **Planungshoheit**
   Beispiel: planerische Gestaltung des Gemeindegebietes, kommunale Sozialplanung, Jugendhilfeplanung

6. **Rechtsetzungshoheit (Satzungsrecht)**
   Beispiel: Haushaltssatzung, Satzung über den Jugendhilfeausschuss

Vertiefung: Bei den Aufgaben der Städte, Gemeinden und (Land-)Kreise ist zwischen freiwilligen Selbstverwaltungsaufgaben, pflichtigen Selbstverwaltungsaufgaben und Auftragsangelegenheiten zu unterscheiden (eingehend: Papenheim et al. 2013, Kap. C.3; Maurer 2011, § 23 I., 3. ff.). Den „Kern" der kommunalen Selbstverwaltung stellen diejenigen Selbstverwaltungsaufgaben („freiwillige Selbstverwaltungsaufgaben") dar, die nicht bundes- oder landesgesetzlich geregelt sind. Die Mehrzahl der Selbstverwaltungsaufgaben ist allerdings gesetzlich vorgegeben, so dass die kommunalen Gebietskörperschaften hier nicht die Freiheit haben zu entscheiden, „ob" sie eine solche Aufgabe wahrnehmen wollen („pflichtige Selbstverwaltungsangelegenheiten"); im Rahmen der Gesetze können sie allerdings entscheiden, „wie" sie die jeweilige Aufgabe erfüllen.

Schließlich gibt es Aufgaben, die den kommunalen Gebietskörperschaften durch das jeweilige Land als „Auftragsangelegenheiten" auferlegt worden sind. Dabei handelt es sich eigentlich um Landesaufgaben, die der Landesgesetzgeber allerdings wegen der größeren Bürgernähe den kommunalen Gebietskörperschaften durch Landesgesetz „im Auftrag des Landes" übertragen hat. Bei diesen so genannten „Auftragsangelegenheiten" bestehen die geringsten Handlungsspielräume der kommunalen Gebietskörperschaften.

Die Übersicht 58 verdeutlicht das Zusammenspiel zwischen den unterschiedlichen Aufgaben der kommunalen Gebietskörperschaften und den Einflussmöglichkeiten der Länder.

Aufgaben der Städte, Gemeinden und Landkreise — Übersicht 58

Staatliche Hilfe/ Kontrolle	Freiwillige Selbstverwaltungsaufgaben	Pflichtige Selbstverwaltungsaufgaben	Auftragsangelegenheiten
	z. B. Energieversorgung, Verkehrsbetriebe, Sport, Bäder, Museen, Theater, Bürgerhäuser	z. B. Kinder- und Jugendhilfe, Sozialhilfe	Ordnungsaufgaben, Unterbringung von Ausländern/ Aussiedlern

	= keine rechtliche Verpflichtung der Gemeinden zur Aufgabenwahrnehmung	= Selbstverwaltungsaufgaben, die den Gemeinden durch Gesetz auferlegt sind (Freiheit „wie", nicht „ob")	= Aufgaben des Staates (Landes), die den Gemeinden gesetzlich auferlegt sind
Haushaltskontrolle, -genehmigung, Kommunalaufsicht	Ja	Ja	Ja
Staatliche Finanzzuweisungen	Möglich („goldener Zügel")	Häufig	Ja
Staatliche Rechtsaufsicht durch Kommunalaufsichtsbehörden, z. B. Regierungspräsidien (nur bei Gesetzesverstößen)	(Grundsätzlich) Nein	Ja	Ja
Staatliche Fachaufsicht (durch Verwaltungsvorschriften und Einzelweisungen)	Nein	Nein	Ja

9.3.2 Aufbau und Organisation der Kommunalverwaltung

Wie die kommunale Selbstverwaltung im Einzelnen organisiert ist, ist in jedem Bundesland anders geregelt, und zwar in der jeweiligen Gemeindeordnung bzw. in der jeweiligen Landkreisordnung (dazu: Maurer 2011, § 23 I. 2.; Papenheim et al. 2013, Kap. C.5.6). In den Stadtstaaten bestehen insofern Sonderregelungen, als dass dort sowohl Landesaufgaben als auch kommunale Aufgaben von ein und derselben Gebietskörperschaft (Berlin, Bremen und Hamburg) erledigt werden.

Grob dargestellt bestehen in den kommunalen Gebietskörperschaften zwei Organe (siehe oben 9.1.2):

- ein „Vertretungsorgan" mit den von den Einwohnern der jeweiligen Gebietskörperschaft gewählten Vertretern (Gemeindevertretung, Gemeinderat, Stadtverordnetenversammlung oder Kreistag). Diese gewählte kollegiale Vertretung ist zwar kein Parlament im staatsrechtlichen Sinne, weil die gesamte Kommunalverwaltung als mittelbare Staatsverwaltung Teil der Exekutive ist. Gleichwohl sind die Wahlen zu den Gemeindevertretungen und die Arbeit der Gemeindevertretungen ähnlich organisiert und geregelt wie bei den Parlamenten auf Bundes- und Landesebene;
- ein Vollzugsorgan: Bürgermeister, Oberbürgermeister oder Landrat. Diese sind zugleich Leiter der Verwaltung der Gebietskörperschaft und damit verantwortlich für die Erfüllung aller gesetzlichen Aufgaben sowie derjenigen Aufgaben, die dem Leiter der Verwaltung von der Gemeindevertretung zusätzlich übertragen werden. Bürgermeister, Oberbürgermeister oder Landrat sind zugleich Dienstvorgesetzte aller Beamten, Angestellten und Arbeiter der jeweiligen kommunalen Gebietskörperschaft.

Kommunalverwaltungen (Verwaltungen der Städte, Gemeinden und Landkreise) sind häufig wie in Übersicht 59 gegliedert (mit erheblichen Unterschieden von Land zu Land und von Kommune zu Kommune).

Grobgliederung von Kommunalverwaltungen

1. **Leitungsebene:** (Ober-)Bürgermeister, Landrat, Dezernenten (Stadträte), Kreisbeigeordnete (oft mit Stäben)
2. **Ämterebene oder Fachbereichsebene:** z. B. Jugend-, Sozial-, Einwohnermelde-, Ausländer-, Gesundheitsämter
3. **ggf. Zwischenebenen:** Hauptabteilungen
4. **Abteilungsebene:** z. B. Abteilungen Sozialhilfe, Altenhilfe, soziale Dienste, Kinder- und Jugendhilfe, Kinder- und Jugendarbeit, Tageseinrichtungen für Kinder

Übersicht 59

5. **Sachgebiets- oder Referatsebene** („Arbeitsebene"): bis zu ca. 10 Mitarbeiterinnen und Mitarbeiter; z. B. Referate Grundsicherung, Hilfe zum Lebensunterhalt, Wohngeld, Hilfe zur Erziehung, Fachdienst Pflegekinder, Jugendzentren, Förderung offener und verbandlicher Kinder- und Jugendarbeit

9.4 Sozialversicherung

Außer der Kommunalverwaltung (siehe 9.3) gibt es die Sozialversicherung (dazu eingehend: ISS/Kessler 2011, Kap. 3.3) als weitere Form der sog. mittelbaren Staatsverwaltung. Derzeit existieren nach dem Sozialgesetzbuch (SGB) fünf Zweige der Sozialversicherung (dazu im Einzelnen Kap. 10) (siehe Übersicht 60).

Die fünf Zweige der Sozialversicherung

Übersicht 60

1. **Arbeitsförderung und Grundsicherung:** Bundesagentur für Arbeit, Agenturen für Arbeit

2. **Gesetzliche Krankenversicherung:** Allgemeine Ortskrankenkassen, Betriebs-, Innungs-, Ersatzkassen, spezielle Krankenkassen für einzelne Berufsgruppen

3. **Gesetzliche Rentenversicherung:** Deutsche Rentenversicherung

4. **Gesetzliche Unfallversicherung:** Berufsgenossenschaften, Bund, Unfallkassen der Länder, Gemeindeunfallversicherungsverbände

5. **Soziale Pflegeversicherung:** Pflegekassen bei den Krankenkassen

---

Vertiefung: Die Sozialversicherungsträger als Körperschaften des öffentlichen Rechts erfüllen öffentliche Aufgaben nach dem Sozialgesetzbuch in Form mittelbarer Staatsverwaltung, entweder des Bundes oder der Länder, je nachdem ob sie bundesweit oder landesweit bzw. lediglich regional organisiert sind (Näheres bei: Maurer 2011, § 23 II., III.). Ähnlich wie die kommunalen Gebietskörperschaften (Städte, Gemeinden, Landkreise) haben auch die Träger der Sozialversicherung Selbstverwaltungsrechte im Rahmen der Vorschriften des Sozialgesetzbuchs (SGB).

Die dort versicherten Bürgerinnen und Bürger wählen in so genannten „Sozialwahlen" die Mitglieder der Vertreterversammlungen („Sozialparlamente") der Sozialversicherungsträger, zumeist Vertreterinnen und Vertreter von Arbeitgebern und Gewerkschaften. Gleichsam „exekutives" Organ sind die von den Vertreterversammlungen gewählten Vorstände und Geschäftsführungen.

Auch die Sozialversicherungsträger als Träger mittelbarer Staatsverwaltung unterliegen einer Rechtsaufsicht (keiner Fachaufsicht!) entweder durch Bundesbehörden (bei bundesweiter Organisation) oder durch Landesbehörden (bei landesweiter oder regionaler Organisation).

10 Überblick über das Sozialrecht und das Sozialgesetzbuch

10.1 Entwicklung und Prinzipien

10.1.1 Gegenstand und Entwicklung des Sozialrechts in Deutschland

Das für die Soziale Arbeit und das Sozialrecht (dazu: Frings 2011) wichtigste Gesetz ist das Sozialgesetzbuch (SGB). Nachdem viele soziale Aufgaben bereits in früheren Zeiten von der öffentlichen Hand wahrgenommen worden sind, ist es vor allem seit der Zeit nach dem Zweiten Weltkrieg und in besonderer Weise seit den 1970er Jahren zu einem erheblichen Ausbau des Sozialrechts und der sozialstaatlichen Aktivitäten gekommen. 1975 ist das Erste Buch (Allgemeiner Teil) des Sozialgesetzbuchs verabschiedet worden, und das SGB ist bislang auf zwölf Bücher (SGB I bis XII) angewachsen.

Vertiefung: Als „Geburtsstunde" des Sozialstaates, zumindest der Sozialversicherung, in Deutschland gilt vielfach der 17. November 1881, als der frühere Reichskanzler Fürst Otto von Bismarck die in der Nacht zuvor umgearbeitete Thronrede für Kaiser Wilhelm I. als „kaiserliche Botschaft" verkündet hatte. Wilhelm I. und Otto von Bismarck legten damit den Grundstein für einen Schutz der gesamten Bevölkerung vor den wirtschaftlichen Folgen von Krankheit, Unfall, Alter und Tod.
Allerdings waren die Motive dafür nicht nur die Sicherung des inneren Friedens aus humaner Überzeugung, sondern auch die damit intendierte Zurückdrängung der Sozialdemokraten (vgl. u.a. Ploetz 2008, 947; Kokemoor 2004, 9; mit weiteren Nachweisen).

„Schon im Februar dieses Jahres haben wir unsere Überzeugung aussprechen lassen, daß die Heilung der sozialen Schäden nicht ausschließlich im Wege der Repression sozialdemokratischer Ausschreitungen, sondern gleichmäßig auf dem der positiven Förderung des Wohles der Arbeiter zu suchen sein würde". (So hatte sich „Wir, Wilhelm, von Gottes Gnaden Deutscher Kaiser, König von Preußen etc." dabei u.a. ausgedrückt.)

Auf dieser Grundlage kam es im Jahre 1883 zur Begründung der Gesetzlichen Krankenversicherung, 1884 der Unfallversicherung und 1889 der Invaliditäts- und Alterssicherung. Die genannten Gesetzeswerke wurden im Jahre 1911 in der Reichsversicherungsordnung zusammengefasst. Als neue Zweige der Sozialversicherung entstanden 1927 die Arbeitslosenversicherung und – nach weiteren fast 50 Jahren – im Jahre 1994 mit Wirkung ab den Jahren 1995 bzw. 1996 die Soziale Pflegeversicherung.

10.1.2 Strukturprinzipien des Sozialrechts

Ziel des Sozialgesetzbuchs ist gemäß § 1 Abs. 1 Satz 1 SGB I die „Verwirklichung sozialer Gerechtigkeit und sozialer Sicherheit". Zugleich soll das Recht des Sozialgesetzbuchs gemäß § 1 Abs. 2 SGB I dazu beitragen, dass die zur Erfüllung der sozialen Aufgaben erforderlichen sozialen Dienste und Einrichtungen rechtzeitig und ausreichend zur Verfügung stehen.

Nach Inkrafttreten des Ersten Buches – Allgemeiner Teil – des Sozialgesetzbuchs (SGB I) Anfang 1976 folgten weitere Sozialgesetzbücher (SGB II bis XII) in unsystematisch erscheinender Reihenfolge, so dass das Sozialgesetzbuch nicht (wie das BGB mit dessen §§ 1 bis 2385) fortlaufend „durchnummeriert" werden konnte und die Paragrafenzählung in jedem der zwölf Bücher des SGB wieder mit Paragraf 1 beginnt. Zitiert werden muss deshalb immer: „§ X SGB Y".

Das SGB I – Allgemeiner Teil – enthält generelle Regelungen, die – ähnlich wie in Buch 1 des BGB – gleichsam „vor die Klammer gezogen sind" und für alle weiteren besonderen Teile, nämlich die Bücher II bis XII, gleichermaßen gelten, sofern dort nicht speziellere und damit vorgehende Regelungen getroffen worden sind.

Derzeit sind in das Sozialgesetzbuch (SGB) zwölf Bücher (SGB I bis SGB XII) eingeordnet (siehe Übersicht 61).

Entwicklung und Prinzipien 151

Die Bücher des Sozialgesetzbuchs (SGB)

Übersicht 61

Folgende Sozialgesetze sind bereits in das Sozialgesetzbuch (SGB) eingeordnet:

1. **Das Erste Buch (SGB I),** der Allgemeine Teil, das am 01.01.1976 in Kraft getreten ist.

2. **Das Zweite Buch (SGB II),** Grundsicherung für Arbeitsuchende; in Kraft seit 01.01.2005. In diesem Buch wurden im Zusammenhang mit der sog. „Hartz–Gesetzgebung" („Agenda 2010") die früher selbstständige Arbeitslosenhilfe (früher: im SGB III) und wesentliche Teile der Sozialhilfe (früher: Bundessozialhilfegesetz – BSHG) zusammengeführt.

3. **Das Dritte Buch (SGB III),** das das Arbeitsförderungsrecht enthält und am 01.01.1998 an die Stelle des früheren Arbeitsförderungsgesetzes (AFG) getreten ist.

4. **Das Vierte Buch (SGB IV),** das gemeinsame Vorschriften für die Organisation der Sozialversicherung enthält. Es ist am 01.07.1977 in Kraft getreten.

5. **Das Fünfte Buch (SGB V),** das weite Teile der gesetzlichen Krankenversicherung regelt. Es ist am 01.01.1989 an die Stelle der früheren Reichsversicherungsordnung (RVO) getreten.

6. **Das Sechste Buch (SGB VI),** das das früher insbesondere in der Reichsversicherungsordnung (RVO) enthaltene Recht der gesetzlichen Rentenversicherung in einem Gesetz zusammengefasst und neu geordnet hat; in Kraft ist es seit dem 01.01.1992.

7. **Das Siebente Buch (SGB VII),** das Recht der gesetzlichen Unfallversicherung. Es ist (im Wesentlichen) am 01.01.1991 an die Stelle der Reichsversicherungsordnung (RVO) getreten.

8. **Das Achte Buch (SGB VIII),** das die Kinder- und Jugendhilfe regelt. Es hat mit Wirkung vom 03.10.1990 bzw. 01.01.1991 das frühere Gesetz für Jugendwohlfahrt (JWG) abgelöst.

9. **Das Neunte Buch (SGB IX)** – Rehabilitation und Teilhabe behinderter Menschen, das am 01.07.2001 in Kraft getreten ist.

10. **Das Zehnte Buch (SGB X).** Es enthält Vorschriften über das Sozialverwaltungsverfahren, den Schutz der Sozialdaten sowie die Zusammenarbeit der Leistungsträger und ihre Beziehungen zu Dritten. Die ersten beiden Kapitel sind am 01.01.1981, das Dritte Kapitel ist am 01.07.1983 in Kraft getreten.

11. Das Elfte Buch (SGB XI) – Soziale Pflegeversicherung, das ab dem 01.01.1995 in Kraft getreten ist.

12. Das Zwölfte Buch (SGB XII) – Sozialhilfe; in Kraft seit dem 01.01.2005. Dieses hat im Zusammenhang mit der sog. „Hartz-Gesetzgebung" („Agenda 2010") das frühere Bundessozialhilfegesetz (BSHG) abgelöst.

Darüber hinaus gibt es noch weitere Sozialgesetze des Bundes, die noch nicht in das Sozialgesetzbuch eingeordnet worden sind (Näheres dazu: ISS/Wabnitz 2011, Kap. 3.4). Gleichwohl gelten diese gemäß § 68 SGB I bis zu ihrer Einarbeitung in das Sozialgesetzbuch als dessen besondere Teile, so dass auch für diese Gesetze die Vorschriften des SGB I (Allgemeiner Teil) und des SGB X (Verwaltungsverfahren und Sozialdatenschutz) bereits jetzt gelten (siehe Übersicht 62).

Besondere Teile des Sozialgesetzbuches gemäß § 68 SGB I

Übersicht 62

Bei den sozialrechtlichen Gesetzen, die noch nicht in das Sozialgesetzbuch eingestellt sind, gleichwohl aber als dessen besondere Teile gelten, handelt es sich u. a. um:

- das Bundesausbildungsförderungsgesetz (BAföG)
- die Reichsversicherungsordnung (RVO), soweit noch relevant
- das Gesetz über die Alterssicherung der Landwirte
- das Gesetz über die Krankenversicherung der Landwirte
- das Bundesversorgungsgesetz (BVG), auch soweit andere Gesetze, insbesondere
  § 80 des Soldatenversorgungsgesetzes
  § 69 Abs. 1 des Bundesgrenzschutzgesetzes
  § 47 des Zivildienstgesetzes (ZDG)
  § 51 des Bundes-Seuchengesetzes
  §§ 4 und 5 des Häftlingshilfegesetzes
  § 1 des Opferentschädigungsgesetzes
  §§ 21 und 22 des Strafrechtlichen Rehabilitierungsgesetzes, die entsprechende Anwendung der Leistungsvorschriften des Bundesversorgungsgesetzes (BVG) vorsehen
- das Gesetz über das Verwaltungsverfahren der Kriegsopferversorgung

- das Bundeskindergeldgesetz (BKGG)
- das Wohngeldgesetz
- das Adoptionsvermittlungsgesetz (AdVermiG)
- das Unterhaltsvorschussgesetz (UVG)
- das Altersteilzeitgesetz
- das Gesetz zur Hilfe für Frauen bei Schwangerschaftsabbrüchen in besonderen Fällen

Die praktische Relevanz des Sozialgesetzbuches einschließlich der zuletzt genannten Gesetze kann kaum überschätzt werden. Millionen von Menschen beziehen Sozialleistungen auf der Grundlage des SGB. Durch das SGB wird etwa ein Drittel des in Deutschland jährlich erwirtschafteten Sozialprodukts „umverteilt"; die Sozialleistungen betrugen im Jahre 2012 in Deutschland insgesamt 782 Mrd. € (Bundesministerium für Arbeit und Soziales 2012). Die größten Leistungsbereiche des SGB sind die Gesetzliche Rentenversicherung und die Gesetzliche Krankenversicherung.

Den verschiedenen Büchern des SGB und den übrigen Sozialgesetzen liegen teilweise sehr unterschiedliche Systemstrukturen und Regelungsprinzipien zugrunde, die in der folgenden Übersicht dargestellt werden. Dabei wurde herkömmlich zwischen den drei Prinzipien Versicherung, Versorgung und Fürsorge (einschließlich Förderung) unterschieden. In den letzten Jahren wird der zuletzt genannte Bereich allerdings verstärkt ausdifferenziert nach den Prinzipien Fürsorge und Förderung (vgl. z.B. Kievel et al. 2013, Kap. 14.0, aber auch z.B. ISS/Kreft 2011, Kap. 1.3; Falterbaum 2009, Kap. VI.3).

Systemstrukturen und Prinzipien des Sozialleistungsrechts

Übersicht 63

Versicherungsprinzip	Versorgungsprinzip	Fürsorgeprinzip	Förderprinzip
1. Leistungsbereiche			
Sozialversicherung mit fünf Säulen: Arbeitsförderung Krankenversicherung Rentenversicherung Unfallversicherung Pflegeversicherung	Soziale Entschädigung: • Kriegsopferentschädigung • Entschädigung bei Gesundheitsschäden • Entschädigung für Opfer von Gewalttaten • Soldatenversorgung • Versorgung bei Zivildienstschäden	Soziale Hilfe: • Grundsicherung • Sozialhilfe • Kinder- und Jugendhilfe • Wohngeld • Unterhaltsvorschuss • Hilfen für behinderte Menschen	Öffentliche Förderung: • Kinder- und Jugendhilfe • Ausbildungsförderung • Kindergeld • Elterngeld • Steuervergünstigungen • Teilhabe behinderter Menschen
2. Merkmale			
Vorsorge	Entschädigung	Fürsorge	Förderung
3. Zielsetzung, Begründung			
Absicherung gegen typische Lebensrisiken	Aufopferung für die Allgemeinheit	Kompensation von Defiziten	Sozial- und Gesellschaftspolitik
4. Hilfeempfänger			
Mitglieder der Sozialversicherung	bestimmte Bevölkerungsgruppen	einzelne Bedürftige	bestimmte Bevölkerungsgruppen

5. Art der Leistungsgewährung			
nach typisierenden Merkmalen	nach typisierenden Merkmalen	Bedarf im Einzelfall	nach typisierenden Merkmalen
6. Finanzierung durch			
Beiträge zur Sozialversicherung (grundsätzlich)	Steuermittel	Steuermittel	Steuermittel

10.2 Leistungsarten

Teilweise den soeben beschriebenen Systemstrukturen folgend werden in den §§ 2 bis 10 SGB I „Soziale Rechte" umschrieben, die zwar gemäß § 2 Abs. 1 Satz 2 SGB I keine Leistungsansprüche beinhalten, aber „Auslegungsregeln" mit dem Ziel darstellen, dass die sozialen Rechte möglichst weitgehend verwirklicht werden (§ 2 Abs. 2 SGB I). Benannt werden dabei: Bildungs- und Ausbildungsförderung (§ 3 SGB I), Sozialversicherung (§ 4 SGB I), Soziale Entschädigung bei Gesundheitsschäden (§ 5 SGB I), Minderung des Familienaufwands (§ 6 SGB I), Zuschuss für eine angemessene Wohnung (§ 7 SGB I), Kinder- und Jugendhilfe (§ 8 SGB I), Sozialhilfe (§ 9 SGB I) sowie Teilhabe behinderter Menschen (§ 10 SGB I).

Gegenstand dieser sozialen Rechte sind gemäß § 11 SGB I „die in diesem Gesetzbuch vorgesehenen Dienst-, Sach- und Geldleistungen (Sozialleistungen). Die persönliche und erzieherische Hilfe gehört zu den Dienstleistungen."

Sodann werden, gleichsam auf der nächsten „Konkretisierungsebene", in den §§ 18 bis 29 SGB I in sehr instruktiver, „benutzerfreundlicher" Weise die einzelnen Sozialleistungen und die zuständigen Leistungsträger umschrieben. Dies geschieht dergestalt, dass im jeweiligen Absatz 1 der genannten §§ stichwortartig die Leistungen (z. B. der Arbeitsförderung, der gesetzlichen Krankenversicherung etc.) und sodann im jeweiligen Absatz 2 die zuständigen Leistungsträger (vgl. § 12; dazu 10.3) benannt werden. Zum ersten Einstieg in den Inhalt des Sozialgesetzbuchs empfiehlt sich deshalb besonders nachdrücklich die Lektüre der genannten §§ 18 bis 29.

Konkrete Regelungen über einzelne Leistungen und andere Aufgaben nach dem Sozialgesetzbuch sind jedoch nicht im SGB I, sondern in den folgenden Büchern II bis XII enthalten. Insoweit ist in erster Linie auf die einschlägige Spezialliteratur zu verweisen, für den Bereich der Kinder- und Jugendhilfe z. b. auf meinen Grundkurs Kinder- und Jugendhilferecht für die Soziale Arbeit (Wabnitz 2012b). Zum weiteren Einstieg geeignet sind auch die breiter angelegten Einführungen von Trenczeck et al. 2011, Teil III. sowie Kievel et al. 2013, Kap. 14).

Vertiefung: Im Folgenden wird ein geraffter Überblick über die wichtigsten Sozialleistungsbereiche des SGB (Leistungsarten) gegeben:

- **SGB III (Arbeitsförderung):** Die Leistungen der Arbeitsförderung sollen dazu beitragen, dass ein hoher Beschäftigungsstand erreicht und die Beschäftigungsstruktur beständig verbessert wird (§ 1 Abs. 1 Satz 1 SGB III). Dazu dienen insbesondere Leistungen der Beratung und Vermittlung von Arbeitnehmern, der Förderung der Berufsausbildung sowie der beruflichen Weiterbildung, der Förderung der Teilhabe behinderter Menschen am Arbeitsleben und die so genannten Entgeltersatzleistungen wie Arbeitslosengeld, Kurzarbeitergeld, Insolvenzgeld, und anderes. Von besonderer Bedeutung ist auch die Förderung von Arbeitsbeschaffungsmaßnahmen und von Infrastrukturmaßnahmen.
- **SGB V (Gesetzliche Krankenversicherung):** Die Krankenversicherung als Solidargemeinschaft hat gemäß § 1 Satz 1 SGB V die Aufgabe, die Gesundheit der Versicherten zu erhalten, wiederherzustellen oder ihren Gesundheitszustand zu bessern. Leistungen der gesetzlichen Krankenversicherung, in der ca. 90% der Bevölkerung in Deutschland versichert sind, sind solche zur Verhütung und Früherkennung von Krankheiten, Leistungen bei Krankheit, Krankenbehandlung durch niedergelassene Ärzte und Krankenhäuser, Krankengeld, Leistungen der Rehabilitation, Zahnbehandlung und -ersatz und anderes.
- **SGB VI (Gesetzliche Rentenversicherung):** Leistungen der gesetzlichen Rentenversicherung sind Renten wegen Alters, verminderter Erwerbsfähigkeit, wegen Todes u. a. Außerdem sieht das SGB VI Leistungen zur Teilhabe, zur medizinischen Rehabi-

litation und zur Teilhabe am Arbeitsleben („Rehabilitation vor Rente") vor.
- **SGB VII (Gesetzliche Unfallversicherung):** Leistungen der Unfallversicherung sind solche der Prävention, Rehabilitation und Entschädigung mit Blick auf bzw. im Zusammenhang mit Arbeitsunfällen und Berufskrankheiten. Außerdem gibt es Leistungen zu Heilbehandlungen, zur Teilhabe am Leben in der Gemeinschaft, Geldleistungen, Renten, Beihilfen, Abfindungen und Leistungen an Hinterbliebene.
- **SGB VIII (Kinder- und Jugendhilfe):** Leistungen der Kinder- und Jugendhilfe sind Angebote der Jugendarbeit, der Jugendsozialarbeit und des erzieherischen Kinder- und Jugendschutzes; zur Förderung der Erziehung in der Familie; zur Förderung von Kindern in Tageseinrichtungen und Tagespflege sowie Hilfen zur Erziehung und ergänzende und verwandte Leistungen. Daneben gibt es so genannte andere Aufgaben der Kinder- und Jugendhilfe, wie z.B. die Inobhutnahme von Kindern und Jugendlichen und zahlreiche administrative Tätigkeiten bis hin zur Zusammenarbeit mit den Gerichten.
- **SGB IX (Teilhabe und Förderung der Eingliederung behinderter Menschen):** Dieses Gesetz enthält in seinem ersten Teil allgemeine Regelungen, die für alle Rehabilitationsträger und für alle Leistungsbereiche maßgeblich sind. Der zweite Teil des SGB IX enthält das früher im Schwerbehindertengesetz geregelte Schwerbehindertenrecht. Das SGB IX schlüsselt die Leistungen für behinderte Menschen auf in solche der medizinischen Rehabilitation, zur Teilhabe am Arbeitsleben, in unterhaltssichernde und ergänzende Leistungen sowie in Leistungen zur Teilhabe am Leben in der Gemeinschaft.
- **SGB XI (Soziale Pflegeversicherung):** Die Leistungen der Pflegeversicherung umfassen Dienst-, Sach- und Geldleistungen für den Bedarf an Grundpflege und hauswirtschaftlicher Versorgung sowie Kostenerstattung. Art und Umfang der Leistungen richten sich nach der Schwere der Pflegebedürftigkeit und danach, ob häusliche, teilstationäre oder vollstationäre Pflege in Anspruch genommen wird. Dabei gilt das Prinzip des Vorranges der häuslichen Pflege und des Vorranges von Prävention und medizinischer Rehabilitation.
- **SGB II (Grundsicherung für Arbeitsuchende) und SGB XII (Sozialhilfe):** Mit Wirkung im Wesentlichen vom 01.01.2005 sind

diese beiden Gesetze an die Stelle der früheren Arbeitslosenhilfe (SGB III) und der Sozialhilfe nach dem früheren Bundessozialhilfegesetz (BSHG) getreten. Entscheidend für die Zuordnung zu den jeweiligen neuen Systemen sind das Vorliegen von Erwerbsfähigkeit und die Zugehörigkeit zu einer Bedarfsgemeinschaft. Danach sind nach dem SGB II leistungsberechtigt: Hilfebedürftige erwerbsfähige Personen, die das 15., aber noch nicht das 65. Lebensjahr erreicht haben; sie erhalten Arbeitslosengeld II. Personen, die mit einem erwerbsfähigen Hilfebedürftigen in einer Bedarfsgemeinschaft zusammenleben, erhalten, wenn sie nicht erwerbsfähig sind, Sozialgeld.

Leistungsberechtigt nach dem SGB XII (Sozialhilfe) sind bei Hilfebedürftigkeit alle Personen, die nicht unter das SGB II oder das Vierte Kapitel des SGB XII fallen; sie erhalten Hilfe zum Lebensunterhalt. Nach dem Vierten Kapitel des SGB XII erhalten Grundsicherung im Alter und bei verminderter Erwerbsfähigkeit Personen, die das 65. Lebensjahr erreicht haben, und Personen, die das 18. Lebensjahr erreicht haben und dauerhaft voll erwerbsgemindert im Sinne der gesetzlichen Rentenversicherung sind.

Außerdem enthält das SGB XII (Sozialhilfe) Leistungen für Menschen in besonderen Lebenslagen in Form von Hilfe zur Gesundheit, Eingliederungshilfe für behinderte Menschen, Hilfe zur Pflege, Hilfe zur Überwindung besonderer sozialer Schwierigkeiten sowie Hilfe in anderen Lebenslagen. Die Leistungen nach dem SGB XII sind insoweit allerdings nachrangig gegenüber vorrangigen sozialen Sicherungssystemen nach SGB III, V, VI, VII, VIII oder XI. (Näheres zum Verhältnis der einzelnen Bücher des SGB zueinander sowie zu ihren Schnittstellen und Verschränkungen siehe bei ISS/Wabnitz 2011, Kap. 4).

Zum Sozial(leistungs)recht insgesamt sowie zu den einzelnen Büchern des SGB existiert eine kaum übersehbare Lehrbuch-, Handbuch- und Kommentarliteratur. Hingewiesen wird deshalb an dieser Stelle exemplarisch auf Frings (2011) sowie Fasselt/Schellhorn (2012).

10.3 Leistungsträger

Leistungsträger nach dem Sozialgesetzbuch sind gemäß § 12 SGB I die in den §§ 18 bis 29 (dort im jeweiligen Absatz 2!) genannten Körperschaften, Anstalten und Behörden (Maurer 2011, § 23 II. und III.). Der Begriff der Leistungsträger nach den §§ 18 ff. SGB I als sozialrechtlicher Begriff ist gleichsam der Oberbegriff für (Rechts-)Träger und deren Behörden (vgl. 9.1) nach dem SGB. Die Abgrenzung der Zuständigkeiten der Leistungsträger im Einzelnen ergibt sich aus den besonderen Teilen des SGB, konkret aus dessen Büchern II bis XII.

Leistungsträger (§ 12 SGB I)

Übersicht 64

1. Sozialversicherung
(Körperschaften des öffentlichen Rechts in Selbstverwaltung)
1.1 Arbeitsförderung und Grundsicherung: Bundesagentur für Arbeit (Agenturen für Arbeit)
1.2 Krankenversicherung: Träger der gesetzlichen Krankenversicherung (Krankenkassen)
1.3 Rentenversicherung: Träger der gesetzlichen Rentenversicherung (Deutsche Rentenversicherung, Knappschaftliche Rentenversicherung – der Bergleute)
1.4 Unfallversicherung: Unfallversicherungsträger (Berufsgenossenschaften, Bund, Unfallkassen der Länder, Gemeindeunfallversicherungsverbände)
1.5 Pflegeversicherung: Träger der Pflegeversicherung (Pflegekassen bei Krankenkassen)

2. Versorgung und soziale Entschädigung (Länder)
2.1 Kriegsopferversorgung sowie
2.2 Versorgung nach dem Soldatenversorgungs-, Zivildienst-, Opferentschädigungs-, Bundesseuchengesetz etc. (Versorgungsämter, Landesversorgungsämter)

3. Soziale Fürsorge und Förderung (im Wesentlichen kommunale Gebietskörperschaften und Länder)
3.1 Sozialhilfe: kreisfreie Städte/Kreise (Sozialämter), Länder (Landessozialämter)
3.2 Kinder- und Jugendhilfe: kreisfreie Städte/Kreise (Jugendämter), Länder/höhere Kommunalverbände (Landesjugendämter)

3.3 Ausbildungsförderung: Hochschulen, Gemeinden und Länder (BAföG-Ämter)
3.4 Wohngeld: Gemeinden
3.5 Kindergeld: Bundesagentur für Arbeit, Öffentliche Verwaltungen (für deren Bedienstete)

10.4 Leistungserbringer

Die Leistungsträger nach § 12 SGB I, also die verantwortlichen Rechtsträger und ihre Behörden, erbringen die Sozialleistungen gemäß § 11 SGB I (Dienst-, Sach- und Geldleistungen) allerdings zu einem erheblichen Teil nicht selbst. Tatsächlich erbracht werden die Sozialleistungen in Deutschland teilweise sogar überwiegend von privatrechtlich organisierten Wohlfahrtsverbänden, Verbänden und Trägern der Kinder- und Jugendhilfe, der Sozialhilfe oder der Behindertenhilfe, im Gesundheitsbereich von Ärzten, Zahnärzten, Krankenhäusern oder von Trägern von Rehabilitationseinrichtungen (Papenheim et al. 2013, Kap. E).

Dies hat in Deutschland eine lange Tradition, gewährleistet Freiheit, Pluralität und Subsidiarität und führt dazu, dass Bürgerinnen und Bürger zwischen verschiedenen Diensten und Einrichtungen unterschiedlicher Leistungserbringer wählen können. Diese werden entweder von der öffentlichen Hand unmittelbar finanziert oder erhalten für ihre Leistungen Entgelte. Die Leistungserbringer als Träger von Diensten und Einrichtungen sind in privatrechtlicher Form, zumeist in Form des eingetragenen Vereins, organisiert (siehe oben 4.1.2), mitunter auch in der Rechtsform einer Stiftung oder Gesellschaft mit beschränkter Haftung (GmbH), vereinzelt auch in Form der (gemeinnützigen) Aktiengesellschaft (AG).

Juristisch gesehen bilden die anspruchsberechtigten natürlichen Personen, die Leistungsträger im Sinne von § 12 SGB I sowie die Leistungserbringer ein so genanntes (sozialrechtliches) „Dreiecksverhältnis" (Kievel et al. 2013, Kap. 17.4.4; zum kinder- und jugendhilferechtlichen Dreiecksverhältnis: Wabnitz 2012b, Kap. 3.4), das in der nächsten Übersicht dargestellt wird. Dabei bestehen drei unterschiedliche, sorgfältig voneinander zu unterscheidende Rechtsbeziehungen: Solche nach dem öffentlichen Recht zwischen der/dem Anspruchsberechtigten und dem Leistungsträger einerseits (aufgrund von Ansprüchen nach dem SGB), zwischen dem Leistungsträger und dem Leistungserbringer andererseits (zumeist aufgrund öffentlich-rechtlicher Verträge) sowie schließlich eine zivilrechtliche Rechtsbeziehung zwischen der/dem Anspruchsberechtigten und dem Leistungserbringer (zumeist in Form von Verträgen etwa über die Aufnahme in eine Einrichtung).

Das sozialrechtliche Dreiecksverhältnis *Übersicht 65*

```
                    ┌─────────────────────────┐
                    │ Anspruchsberechtigte    │
                    │ Person                  │
                    └─────────────────────────┘
                          /           \
Zivilrecht (z. B. Verträge           Öffentliches Recht
über die Aufnahme in                 (Sozialleistungsrecht,
Heime)                               z. B. nach SGB II, III, V,
                                     VI, VII, VIII, XI, XII)
        /                                         \
┌──────────────────────┐              ┌──────────────────────┐
│ Leistungserbringer   │              │ Leistungsträger      │
│ (Wohlfahrtsverband,  │              │ (Sozialamt,          │
│ Träger einer         │              │ Pflegekasse,         │
│ Einrichtung)         │              │ Jugendamt)           │
└──────────────────────┘              └──────────────────────┘
                    Öffentliches Recht
                    (zumeist öffent-
                    lich-rechtliche
                    Verträge)
```

Vertiefung: Voraussetzung für die Übernahme der Vergütung für die Leistung in einer Einrichtung durch den Leistungsträger ist dabei zumeist, dass zuvor entsprechende öffentlich-rechtliche Verträge zwischen Leistungsträger und Leistungserbringer abgeschlossen worden sind. Gemäß § 75 Abs. 3 Satz 1 SGB XII (Sozialhilfe) sind dies drei Verträge: eine Leistungsvereinbarung, eine Vergütungsvereinbarung und eine Prüfungsvereinbarung. Ähnliche Regelungen enthalten für den Bereich der Kinder- und Jugendhilfe § 78b Abs. 1 Nr. 1 bis 3 SGB VIII, der Grundsicherung für Arbeitsuchende § 17 Abs. 2 Satz 1 SGB II sowie der Sozialen Pflegeversicherung (§§ 72 ff. SGB XI). Bei den genannten Vereinbarungen handelt es sich um öffentlich-rechtliche Verträge im Sinne der §§ 53 ff. SGB X (siehe dazu 11.2).

10.5 Sozialverwaltungsverfahren

Für alle besonderen Teile des SGB (Bücher II bis XII) sowie für weitere Sozialgesetze gemäß § 68 SGB I gilt neben dem Buch I (Allgemeiner Teil) das Buch X (Sozialverwaltungsverfahren und Sozialdatenschutz; dazu eingehend Winkler 2004 und Papenheim et al. 2013, Kap. I), sofern nicht in den „besonderen" Büchern II bis IX, XI und XII wiederum gegenüber dem SGB I und dem SGB X vorrangige Spezialregelungen getroffen worden sind.

10.5.1 Zuständigkeiten

Bevor ein Leistungsträger bzw. eine Behörde (gemäß § 1 Abs. 2 SGB X jede Stelle, die Aufgaben der öffentlichen Verwaltung wahrnimmt) in der Sache tätig wird, wird dort als erstes geprüft, ob und inwieweit man „zuständig" ist. Dies mag auf den ersten Blick zwar sehr förmlich und „typisch bürokratisch" anmuten, hat aber den doppelten Sinn und Vorteil, dass die fachlich kompetente Behörde entscheidet und zugleich nicht ein „Durcheinander" entsteht, wenn zwei Behörden „nebeneinander" handelten – oder wenn „gar nichts passieren würde". Anträge, die bei einem unzuständigen Leistungsträger gestellt werden, sind gemäß § 16 Abs. 2 Satz 1 SGB I unverzüglich an den zuständigen Leistungsträger weiterzuleiten.

Wer zuständig ist, ergibt sich allerdings nicht aus den allgemeinen Vorschriften der Bücher I und X des SGB, sondern aus dessen besonderen Teilen II bis IX, XI und XII. Dort sind Regelungen über verschiedene Arten von Zuständigkeiten getroffen worden, insbesondere über die sachliche und örtliche Zuständigkeit, wie dies in der Übersicht 66 beispielhaft dargestellt ist.

Zuständigkeiten

Übersicht 66

1. **Sachliche Zuständigkeit bedeutet:**
   „Welche Behörde ist für das jeweilige Problem in der Sache („materiell") zuständig?"
   Bespiele:
1.1 Gemäß § 368 Abs. 1 Satz 1 SGB III ist die Bundesagentur für Arbeit sachlich zuständig für die Durchführung aller Aufgaben nach dem SGB III (Arbeitsförderung).
1.2 Gemäß § 85 Abs. 1 und 2 i. V. m. § 69 Abs. 1 und 3 SGB VIII sind die örtlichen oder überörtlichen Träger der öffentlichen Jugendhilfe (bzw. die Jugendämter oder Landesjugendämter) sachlich zuständig für die Wahrnehmung der Aufgaben nach dem SGB VIII (Kinder- und Jugendhilfe).
1.3 Entsprechendes gilt gemäß § 97 SGB XII mit Blick auf die örtlichen und überörtlichen Träger der Sozialhilfe (bzw. die Sozialämter und Landessozialämter).

2. **Örtliche Zuständigkeit bedeutet:**
   „Welche von mehreren sachlich zuständigen Leistungsträgern und Behörden ist ‚geographisch' zuständig?"
   Dies ergibt sich z. B. aus
2.1 §§ 86 ff. SGB VIII für die Kinder- und Jugendhilfe oder
2.2 § 98 SGB XII für die Sozialhilfe.

3. **Funktionale Zuständigkeit bedeutet:**
   „Wer ist innerhalb einer Behörde zuständig?" (z. B. die Verwaltung des Jugendamtes oder der Jugendhilfeausschuss gemäß §§ 70, 71 SGB VIII)

4. **Internationale Zuständigkeit (bei Zuständigkeitsfragen mit** Auslandsbezug)

5. **Bei Unzuständigkeit:** Weiterleitung von Anträgen an die zuständige Behörde (den zuständigen Leistungsträger gemäß § 16 Abs. 2 Satz 1 SGB I)

10.5.2 Verfahrensvorschriften

Regelungen über (Sozial-)Verwaltungsverfahren (dazu eingehend: Winkler 2004, §§ 2–4 und Papenheim et al. 2013, Kap. I.1.2) sind z.T. im SGB I und zum überwiegenden Teil im SGB X enthalten. Das Verwaltungsverfahren ist in § 8 SGB X wie folgt definiert:

„Das Verwaltungsverfahren im Sinne dieses Gesetzbuches ist die nach außen wirkende Tätigkeit der Behörden, die auf die Prüfung der Voraussetzungen, die Vorbereitung und den Erlass eines Verwaltungsaktes oder den Abschluss eines öffentlich-rechtlichen Vertrages gerichtet ist; es schließt den Erlass des Verwaltungsaktes oder den Abschluss des öffentlich-rechtlichen Vertrages ein."

Daraus ergibt sich, dass es zwei „Hauptprodukte" des Sozialverwaltungsverfahrens bzw. im Bereich des Sozialleistungsrechts gibt, auf die ausführlich in Kapitel 11 eingegangen wird:

- den Verwaltungsakt (§§ 31 bis 52 SGB X) sowie
- den öffentlich-rechtlichen Vertrag (§§ 53 bis 61 SGB X).

Ebenfalls Regelungsgegenstand des SGB X sind:

- allgemeine Vorschriften über das Sozialverwaltungsverfahren (§§ 9 bis 30 SGB X),
- Regelungen über den Sozialdatenschutz (§§ 67 bis 85a SGB X) sowie
- allgemeine Vorschriften über die Zusammenarbeit der Leistungsträger und ihre Beziehungen zu Dritten (§§ 86 bis 119 SGB X).

Vertiefung: Die wichtigsten Grundsätze des Verwaltungsverfahrens nach den SGB I und X (Näheres bei: Winkler 2004, §§ 3 und 4 sowie Papenheim et al. 2013, Kap. I.3) sind in der Übersicht 67 dargestellt.

Allgemeine Grundsätze des (Sozial-)Verwaltungsverfahrens (SGB I, X)

Übersicht 67

1. Formlose Antragstellung (§ 16 SGB I), es sei denn: Schriftform ist vorgeschrieben!
2. Beschleunigungsgebot (§ 17 Abs. 1 Nr. 1 SGB I): Jeder Berechtigte soll die ihm zustehenden Sozialleistungen umfassend und schnell erhalten.
3. Nichtförmlichkeit (§ 9 SGB X)
4. Nichtöffentlichkeit

Es steht im Ermessen der Behörde, Nichtbeteiligte zuzulassen. Denn grundsätzlich sind im Verfahren „beteiligt" nur:

5. Beteiligte (12 SGB X), insbesondere Antragsteller, Antragsgegner und Behörden

6. Handlungsfähigkeit (§§ 11 ff. SGB X)
6.1 Die Handlungsfähigkeit entspricht weitgehend der Geschäftsfähigkeit nach dem BGB;

6.2 mit Sonderregelungen für Minderjährige:
    6.2.1 gemäß § 36 SGB I können bereits 15-jährige Anträge auf Sozialleistungen stellen,
    6.2.2 soweit nicht in den besonderen Büchern etwas anderes bestimmt ist, vgl. z. B. § 27 SGB VIII (Kinder- und Jugendhilfe): Antragsrecht (nur) der Personensorgeberechtigten.

7. Keine Beteiligung ausgeschlossener oder befangener Personen/Mitarbeiter der Behörde (§§ 16, 17 SGB X).

8. Deutsch als Amtssprache (§ 19 Abs. 1 SGB X); Ausnahmen/Erleichterungen gemäß § 19 Abs. 2 bis 4 SGB X

9. Untersuchungsgrundsatz (§ 20 SGB X):

Die Behörde ermittelt den Sachverhalt (= die für das beabsichtigte Verwaltungshandeln relevanten Tatsachen) von Amts wegen (also nicht nur auf Antrag). Dabei bestimmt sie Art und Umfang der Ermittlungen nach pflichtgemäßem Ermessen.

10. Anhörung Beteiligter (§ 24 Abs. 1 SGB X; Ausnahmen: § 24 Abs. 2 SGB X)

11. Akteneinsicht durch Beteiligte (§ 25 SGB X)
11.1 Es besteht ein Recht auf Akteneinsicht, soweit diese mit Blick auf rechtliche Interessen erforderlich ist (§ 25 Abs. 1 Satz 1 SGB X).
11.2 Ausnahmen:
    11.2.1 hinsichtlich „vorbereitender Arbeiten" (§ 25 Abs. 1 Satz 2 SGB X)
    11.2.2 bei Geheimhaltungspflicht (§ 25 Abs. 3 SGB X)
    11.2.3 bei Gesundheitsdaten (§ 25 Abs. 2 SGB X)

12. Es bestehen umfassend angelegte Mitwirkungspflichten der Leistungsberechtigten.
12.1 Soweit dies nicht unangemessen oder unzumutbar ist (§ 65 SGB I), bestehen Verpflichtungen
    12.1.1 zur Angabe von Tatsachen (§ 60 SGB I),

> 12.1.2 zum persönlichen Erscheinen (§ 61 SGB I),
> 12.1.3 zur Duldung von Untersuchungen (§ 62 SGB I),
> 12.1.4 zu Heilbehandlungen (§ 63 SGB I) sowie
> 12.1.5 zur Teilhabe an berufsfördernden Maßnahmen (§ 64 SGB I).
> 12.2 Bei fehlender Mitwirkung können ggf. Leistungen ganz oder teilweise versagt oder entzogen werden (§ 66 SGB I).

10.5.3 Sozialdatenschutz

Bestandteil des Sozialgesetzbuchs, insbesondere des SGB X, sind auch Regelungen über den Sozialdatenschutz, die in der Praxis der Sozialen Arbeit erhebliche Bedeutung haben (Winkler 2004, §§ 8 und 9; Papenheim et al. 2013, Kap. G; Kievel et al. 2013, Kap. 19). Da es hier zu Dienstpflichtverletzungen oder gar zu strafbaren Handlungen kommen kann, müssen sich Sozialarbeiterinnen und Sozialarbeiter spätestens in der beruflichen Praxis mit diesem nicht unkomplizierten Themenfeld vertraut machen – und am besten zunächst erfahrene Kolleginnen und Kollegen oder Vorgesetzte um Unterstützung bitten.

Der Schutz von Sozialdaten ist darüber hinaus auch für das Vertrauensverhältnis zwischen Bürger und Staat bzw. zwischen Klientinnen/Klienten und Trägern, Einrichtungen und Diensten im Bereich der Sozialen Arbeit grundlegend wichtig. Bereits im Jahre 1983 hatte das Bundesverfassungsgericht in einer berühmten Entscheidung (BVerfGE 65, 1) aufgrund von Art. 1 Abs. 1 (Menschenwürde) und Art. 2 Abs. 1 GG (freie Entfaltung der Persönlichkeit) das „Grundrecht auf informationelle Selbstbestimmung" entwickelt. Darauf bauen die zahlreichen Datenschutzgesetze von Bund und Ländern auf.

Auch für das Sozialleistungsrecht und die Soziale Arbeit gilt zunächst der Grundsatz des Sozialgeheimnisses (§ 35 Abs. 1 SGB I). Dieses schützt nicht nur „Geheimnisse" im umgangssprachlichen Sinne, sondern alle personenbezogenen Daten wie z. B. Geburtsdatum, Geburtsort, Name, Vorname, Angaben über bestimmte soziale und gesundheitliche Verhältnisse etc. Eine Erhebung, Verarbeitung, Speicherung, Übermittlung oder sonstige Nutzung von Sozialdaten ist deshalb gemäß § 35 Abs. 2 SGB I nur unter den (engen!)

Voraussetzungen der §§ 67 bis 85a SGB X bzw. nach anderen Vorschriften des SGB zulässig und im Übrigen nur dann, wenn der Betroffene eingewilligt hat.

Vertiefung: Die wichtigsten Grundsätze des Sozialdatenschutzrechts sind in sehr komprimierter Form in der Übersicht 68 dargestellt.

Wichtige Grundsätze des Sozialdatenschutzrechtes

Übersicht 68

1. Sozialgeheimnis. Jeder hat Anspruch darauf, dass seine Sozialdaten nicht unbefugt erhoben, verarbeitet oder genutzt werden (§ 35 Abs. 1 Satz 1 SGB I). Deren Erhebung, Verarbeitung und Nutzung ist nur unter den Voraussetzungen der §§ 67 ff. SGB X (§ 35 Abs. 2 SGB I) bzw. anderer Vorschriften des SGB zulässig.

2. Zweckbindungsprinzip. Gemäß § 67a Abs. 1 Satz 1 SGB X ist das Erheben von Sozialdaten nur zulässig, wenn ihre Kenntnis zur Erfüllung der jeweiligen konkreten Aufgabe erforderlich ist (also: keine „Vorratsdatensammlung").

3. Erforderlichkeit und Verhältnismäßigkeit der Datenerhebung

4. Grundsatz der Erhebung von Sozialdaten beim Betroffenen; mit Ausnahmen (vgl. § 67a Abs. 2 SGB X)

5. Verarbeitung und Nutzung, insbesondere Weitergabe von Sozialdaten, sind nur zulässig, wenn entweder
5.1 eine Einwilligung des Betroffenen (§ 67b Abs. 1 Satz 1 SGB X) oder
5.2 eine gesetzliche Übermittlungsbefugnis nach dem SGB, insbesondere nach den §§ 68 bis 77 SGB X, vorliegt, u. a. im Falle
   5.2.1 der Amtshilfe an Polizeibehörden, Staatsanwaltschaften, Gerichte (§ 68 SGB X),
   5.2.2 der Übermittlung an andere Behörden für die Erfüllung sozialer Aufgaben (§ 69 SGB) (ein in der Sozialen Arbeit besonders wichtiger Fall!),
   5.2.3 der Erfüllung besonderer gesetzlicher Pflichten (§ 71 SGB X) und für die Durchführung von Strafverfahren (§ 73 SGB X) oder
   5.2.4 der Übermittlung in familiengerichtlichen Verfahren (§ 74 SGB X).

6. Zusätzlich zu 5. sind ggf. (einengende oder erweiternde) Datenschutzregelungen nach den besonderen Teilen des SGB zu beachten, z. B. §§ 61 bis 68 SGB VIII (Kinder- und Jugendhilfe).
7. Sonderregelungen bei freien Trägern, insbesondere Kirchen.
8. Daneben Strafrecht: unbefugtes Verletzen von Privatgeheimnissen (§ 203 StGB); dazu 14.2.

11 Grundformen des Verwaltungshandelns

Die beiden wichtigsten Handlungsformen und zugleich „Produkte" öffentlichen Verwaltungshandelns sind (vgl. §8 SGB X) der Verwaltungsakt sowie der öffentlich-rechtliche Vertrag. Darauf wird im Folgenden (11.1 und 11.2) ausführlich eingegangen, ergänzt um Hinweise auf die gebundene und die Ermessensverwaltung (11.3).

11.1 Verwaltungsakt

11.1.1 Begriff und Bestandteile des Verwaltungsaktes

In §31 Satz 1 SGB X wird der Verwaltungsakt wie folgt definiert: „Verwaltungsakt ist jede Verfügung, Entscheidung oder andere hoheitliche Maßnahme, die eine Behörde zur Regelung eines Einzelfalles auf dem Gebiet des öffentlichen Rechts trifft und die auf unmittelbare Rechtswirkung nach außen gerichtet ist." Der Begriff des Verwaltungsaktes umfasst also fünf Elemente (siehe Übersicht 69; Näheres bei: Maurer 2011, §§ 9 bis 12; Winkler 2004, § 5; Papenheim et al., Kap. J.1.2.).

> **Definition des Verwaltungsaktes (§31 Satz 1 SGB X)**
>
> Ein Verwaltungsakt (VA) ist:
>
> 1. jede Verfügung, Entscheidung oder andere hoheitliche Maßnahme, die eine Behörde
> 2. auf dem Gebiet des öffentlichen Rechts
> 3. zur Regelung
> 4. eines Einzelfalls trifft und die
> 5. auf unmittelbare Rechtswirkung nach außen gerichtet ist.

Übersicht 69

Die fünf Elemente des Verwaltungsaktes (VA) werden in der Übersicht 70 detaillierter erläutert.

> **Elemente des Verwaltungsaktes (VA) im Einzelnen:**
>
> 1. Hoheitliche Maßnahme (Ausführung eines Gesetzes) einer Behörde (§ 1 Abs. 2 SGB X = jeder Stelle, die Aufgaben der öffentlichen Verwaltung wahrnimmt, z. B. Agentur für Arbeit, gesetzliche Kranken- oder Pflegekasse, Sozial- oder Jugendamt);
> 2. auf dem Gebiet des öffentlichen Rechts (nicht: des Zivilrechts), hier: des Sozialrechts;
> 3. Regelung (im Sinne einer definitiven Entscheidung im VA selbst):
> 3.1 Verbot, Gebot, Rechtsgewährung (insbesondere Bewilligung einer Sozialleistung), Rechtsversagung (insbesondere Ablehnung einer beantragten Sozialleistung), Rechtsgestaltung (z. B. Ernennung von Beamten), Rechtsfeststellung;
> 3.2 keine Regelung: vorbereitendes/nachfolgendes Handeln, Auskunftserteilung, Auszahlung von Geld („schlichtes Verwaltungshandeln");
> 4. eines konkreten Einzelfalles (nicht: Regelung eines Sachverhaltes für einen größeren Personenkreis, etwa in Form einer Rechtsnorm oder Verwaltungsvorschrift)
> 5. mit unmittelbarer Rechtswirkung nach außen: Die Rechtsfolge muss bei einer außerhalb der Verwaltung stehenden Person eintreten. Dies ist nicht der Fall z. B. im Verhältnis zwischen Vorgesetzten und Mitarbeitern einer Behörde; hier hätte die Maßnahme nur Rechtswirkungen „innerhalb der Verwaltung".

Übersicht 70

Um die einzelnen Elemente des Verwaltungsaktes geht es auch im Fall 13. Problematisch kann insbesondere sein, ob es sich um eine „Regelung" handelt. Diese muss durch den Verwaltungsakt selbst erfolgen; dieser muss also eine definitive Entscheidung über eine Rechtsgewährung oder -versagung, ein Verbot, ein Gebot, eine Rechtsfeststellung etc. enthalten. Typischerweise wird im Sozialleistungsrecht durch einen Verwaltungsakt eine bestimmte beantragte Leistung gewährt oder (ganz oder teilweise) abgelehnt. Vorbereitendes Handeln (z. B. Ermittlung des Sachverhaltes, Führen von Gesprächen) oder nachfolgendes Handeln (z. B. Auszahlung der mit dem Verwaltungsakt zuvor bewilligten Geldleistung oder öffentlichen Förderung) fallen nicht unter den Begriff der „Regelung".

11.1.2 Inhalt, Form und Nebenbestimmungen des Verwaltungsaktes

Ein begünstigender Verwaltungsakt, mit dem eine beantragte Leistung bewilligt wird, kann vereinfacht wie folgt aussehen (siehe Übersicht 71).

Beispiel eines begünstigenden Verwaltungsaktes (Bewilligungsbescheid)

Übersicht 71

Agentur für Arbeit
Postfach
PLZ X-Stadt

Aktenzeichen XYZ-10/812
(Bitte immer angeben!)
den 20.09.20XY

Herrn Hermann Mustermann
Musterstr. 10
PLZ Musterstadt

Bescheid über die Bewilligung von Arbeitslosengeld nach §§ 117 ff. SGB III – Ihr Antrag vom 04.09.20XY

Sehr geehrter Herr Mustermann,

aufgrund Ihres Antrages vom 04.09.20XY wird Ihnen hiermit ab dem 01.10.20XY gemäß §§ 117 ff. SGB III Arbeitslosengeld bewilligt. Begründung: (die Voraussetzungen für einen Anspruch auf Arbeitslosengeld haben vorgelegen).

Mit freundlichen Grüßen
(Unterschrift)

Rechtsbehelfsbelehrung: Gegen diesen Bescheid können Sie innerhalb eines Monats ab Zustellung bei der Agentur für Arbeit, Postfach, PLZ Musterstadt, schriftlich oder zur Niederschrift Widerspruch einlegen.

Wie Sie sehen, werden Verwaltungsakte zumeist als „Bescheid" bezeichnet. Ein nicht begünstigender Verwaltungsakt eines Jugendamtes, mit dem eine begehrte Leistung abgelehnt wird, könnte wie folgt aussehen (siehe Übersicht 72).

Beispiel eines nicht begünstigenden Verwaltungsaktes

Übersicht 72

Stadtverwaltung XY
-Jugendamt-
Postfach
PLZ Y-Stadt

Aktenzeichen YZ-312/34
(bitte immer angeben!)
den 01.10.20XY

Herrn Walter Mustermann
Musterstr. 114
PLZ Musterstadt

Bewilligung von Hilfe zur Erziehung gemäß §§ 27, 34 SGB VIII –
hier: ablehnender Bescheid

Sehr geehrter Herr Mustermann,

hiermit wird Ihr Antrag auf Bewilligung von Hilfe zur Erziehung in Form der Heimerziehung für Ihren Sohn A. gemäß §§ 27, 34 SGB VIII abgelehnt.

Begründung: (Die Voraussetzungen für eine Bewilligung von Hilfe für Erziehung haben nicht vorgelegen).

Mit freundlichen Grüßen
(Unterschrift)

Rechtsbehelfsbelehrung:
Gegen diesen Bescheid können Sie innerhalb eines Monats ab Zustellung bei der Stadtverwaltung XY -Jugendamt-, Postfach, PLZ Y-Stadt, schriftlich oder zur Niederschrift Widerspruch einlegen.

Das SGB X enthält zahlreiche Vorschriften über den Inhalt, die Form und die Begründung von Verwaltungsakten (Bescheiden), die in der Übersicht 73 dargestellt sind.

Inhalt und Form des Verwaltungsaktes (VA)

Übersicht 73

1. **Bestimmtheit (§ 33 Abs. 1 SGB X).**
   Der VA muss „inhaltlich hinreichend bestimmt", also klar, verständlich und widerspruchsfrei sein.

2. **Grundsatz der Formfreiheit (§ 33 Abs. 2 SGB X).**
   Häufig ist jedoch Schriftform vorgeschrieben.

3. **Erkennbarkeit der Behörde (§ 33 Abs. 3 SGB X).**
   Bei schriftlichen VAen sind Erkennbarkeit der den VA erfassenden Behörde und Unterschrift oder Namenswiedergabe erforderlich.

4. **Begründung des VA (§ 35 Abs. 1 und 2 SGB X).**
   4.1 Es ist keine Begründung erforderlich, wenn der Rechtsschutz des Bürgers dies nicht erfordert (vgl. Ausnahmefälle des § 35 Abs. 2 Nr. 1 bis 5 SGB X).
   4.2 Grundsätzlich sind VAe jedoch zu begründen (§ 35 Abs. 1 SGB X). Dazu gehören:
       4.2.1 die Mitteilung der für die Entscheidung der Behörde wesentlichen tatsächlichen und rechtlichen Gründe;
       4.2.2 bei Ermessensentscheidungen muss die Begründung die für die Ausübung des Ermessens maßgeblichen Gesichtspunkte erkennen lassen. (Welcher Sachverhalt wurde angenommen? Wie wurden die Alternativen abgewogen?)

5. **Rechtsbehelfsbelehrung.**
   Diese ist erforderlich bei schriftlichen oder schriftlich bestätigten VAen (§ 36 SGB X).

6. **Bekanntgabe an Adressaten/Beteiligte (§ 37 SGB X)**

In der Regel müssen die Beteiligten gemäß § 24 SGB X von Seiten der Behörde mündlich oder schriftlich gehört werden, bevor ein Verwaltungsakt erlassen wird, der in die Rechte eines Beteiligten eingreift.

Vertiefung:

Anhörungspflichtige Verwaltungsakte (VAe)

Übersicht 74

1. Grundsätzlich müssen Beteiligte vor Erlass des VA von der Behörde gehört werden (§ 24 Abs. 1 SGB X: „Gelegenheit zur Äußerung"), wenn VA in deren Rechte eingreift. Dies ist so bei:
1.1 VAen, die bestehende Rechte einschränken
1.2 VAen, die Pflichten auferlegen
1.3 VAen, durch die ein Antrag auf Leistung abgelehnt werden soll
1.4 VAen, durch die eine ungünstige Ermessensentscheidung getroffen werden soll

2. Ausnahmsweise ist eine Anhörung nicht geboten, wenn ein Ausnahmetatbestand gemäß § 24 Abs. 2 SGB X (z. B. Gefahr im Verzug oder „Bagatellfälle") vorliegt.

3. Die Frist für eine Äußerung muss angemessen sein, je nach Umfang, Schwierigkeitsgrad der Angelegenheit sowie der Sachkunde der Beteiligten im Einzelfall.

4. Mitgeteilt werden muss der wesentliche Inhalt des beabsichtigten VA.

5. Form: In der Regel reicht es aus, den Beteiligten Gelegenheit zur schriftlichen Stellungnahme zu geben.

Weitere Vertiefung: Schließlich ist es möglich und vielfach üblich, seitens der Behörde unter den Voraussetzungen des § 32 SGB X einen Verwaltungsakt mit sog. „Nebenbestimmungen" zu versehen – als Bestandteil des eigentlichen Verwaltungsaktes oder (im Falle der Auflage) in Form eines zusätzlichen, selbständig anfechtbaren Verwaltungsakts.

Nebenbestimmungen zum Verwaltungsakt (VA)

Übersicht 75

1. Nebenbestimmungen sind grundsätzlich zulässig; sofern ein Anspruch auf einen VA besteht, jedoch nur, wenn sie durch Rechtsvorschrift zugelassen sind oder sicherstellen sollen, dass die gesetzlichen Voraussetzungen des VA erfüllt werden (§ 32 Abs. 1 SGB X).

2. Mögliche Arten von Nebenbestimmungen, die gemäß §32 Abs. 2 SGB X nach pflichtgemäßem Ermessen erlassen werden können, sind:

2.1 gemäß Nr. 1: Befristung; für die Wirksamkeit des VA wird ein Anfangs- oder Schlusstermin bestimmt;

2.2 gemäß Nr. 2: Bedingung; die Wirksamkeit des VA wird von einem zukünftigen Ereignis abhängig gemacht, z.B. die Zuweisung geförderter Arbeitnehmer an bestimmte Wirtschaftsunternehmen gemäß §262 SGB III;

2.3 gemäß Nr. 3: Widerrufsvorbehalt; durch Widerruf kann die Wirksamkeit des VA nachträglich beseitigt werden;

2.4 gemäß Nr.4: Auflage; diese stellt einen zusätzlichen, belastenden und selbstständig anfechtbaren VA dar, mit dem der Begünstigte zu einem bestimmten Tun/Unterlassen aufgefordert wird; Beispiel: Im Falle der Erlaubnis für den Betrieb einer Einrichtung der Kinder- und Jugendhilfe können gemäß §45 Abs. 2 Satz 5 SGB VIII nachträgliche Auflagen zur Sicherung des Kindeswohls erteilt werden (z.B. eine weitere Fachkraft einzustellen);

2.5 gemäß Nr. 5: Auflagenvorbehalt; die Behörde behält sich für einen späteren Zeitpunkt eine zusätzliche Auflage vor (vgl. Nr. 4)

11.1.3 Bestandskraft und Aufhebung des Verwaltungsaktes

Wichtig: nicht nur rechtmäßige, sondern auch rechtswidrige (!) Verwaltungsakte sind grundsätzlich wirksam und bestandskräftig (Papenheim et al. 2013, Kap. J.6.7; Trenczek et al. 2011, Kap. III. 1.3.1.2). Dies ist anders als z.B. bei zivilrechtlichen Verträgen! Mit Blick auf das Rechtsstaatsprinzip (Art. 20 Abs. 3 GG; siehe oben 8.2.3), an das die öffentliche Verwaltung (anders als Zivilpersonen) gebunden ist, kann allerdings davon ausgegangen werden, dass Verwaltungsakte in der Regel rechtmäßig sind. Davon gibt es jedoch Ausnahmen, und deshalb müssen Sozialarbeiter/innen wissen, was gegen einen Verwaltungsakt unternommen werden kann und ggf. muss (siehe dazu im Folgenden sowie ausführlich Kapitel 12). Zunächst die Übersicht 76.

> **Bestandskraft von Verwaltungsakten (VA'en)** *Übersicht 76*
>
> 1. **Grundsatz:** Bestandskraft von VAen; rechtmäßige und rechtswidrige(!) VA'e sind und bleiben wirksam und verbindlich (§ 39 Abs. 2 SGB X).
>
> Dabei gilt:
> 1.1 Offenbare Unrichtigkeiten (wie Schreib- oder Rechenfehler) können von der Behörde jederzeit berichtigt werden (§ 38 SGB X).
> 1.2 Verfahrens- und Formfehler sind mitunter unbeachtlich oder können geheilt werden (§§ 41, 42 SGB X).
> 1.3 Denkbar ist ggf. auch eine Umdeutung eines fehlerhaften VA (§ 43 SGB X).
>
> 2. **Ausnahmen:** Keine Bestandskraft von VAen nur bei:
> 2.1 Nichtigkeit von VAen, wenn diese an einem besonders schwerwiegenden Fehler leiden (§ 40 SGB X). Dann: Unwirksamkeit des VA (§ 39 Abs. 3 SGB X)
> 2.2 Aufhebung des VA durch die Behörde selbst gemäß §§ 44 bis 48 SGB X
> 2.3 Aufhebung des VA aufgrund von Widerspruch/gerichtlicher Klage des Betroffenen (durch Widerspruchsbehörde bzw. Gericht)

Ein Verwaltungsakt ist also nur dann ausnahmsweise nicht bestandskräftig, wenn einer der drei zuletzt genannten Fälle der Nichtigkeit, der Aufhebung durch die Behörde oder der Aufhebung durch die Widerspruchsbehörde oder das Gericht vorliegt.

Der Fall der Nichtigkeit eines Verwaltungsaktes (dazu: Papenheim et al. 2013, Kap. J.6.4) ist selten. Hier muss es so sein (vgl. § 40 SGB X), dass der Verwaltungsakt an einem besonders schwerwiegenden Fehler leidet und „dies bei verständiger Würdigung aller in Betracht kommenden Umstände offensichtlich ist." Juristen formulieren dies plastisch so: „Dem Verwaltungsakt muss die Rechtswidrigkeit gleichsam auf die Stirn geschrieben sein." Da häufig unklar sein dürfte, wann dies der Fall ist, ist gemäß § 40 Abs. 2 Nr. 1 bis 5 SGB X in den dort beschriebenen fünf Fällen, ein Verwaltungsakt nichtig, z. B. wenn nicht zu erkennen ist, wer die erlassende Behörde war (Nr. 1) oder wenn z. B. im Falle der Beamtenernennung die dafür erforderliche Urkunde nicht ausgehändigt worden ist (Nr. 2).

Mitunter hebt die Behörde den von ihr erlassenen Verwaltungsakt „von sich aus" wieder auf (§§ 44 ff. SGB X).

Dabei sind die Fälle der §§ 44 ff. SGB X sorgfältig voneinander zu unterscheiden (dazu: Winkler 2004, § 5, Kap. 8). Diese differenzieren danach, ob der Verwaltungsakt begünstigend oder nicht begünstigend bzw. rechtmäßig oder rechtswidrig war. Als „Faustformel" kann man davon ausgehen, dass eine solche Aufhebung umso eher in Betracht kommt, „je rechtswidriger und belastender" ein Verwaltungsakt für den Bürger war, am seltensten also bei einem begünstigenden Verwaltungsakt, auf den der Bürger hatte vertrauen können (vgl. §§ 45 und 47 sowie Fall 14).

Aufhebung von Verwaltungsakten

1. Rücknahme rechtswidriger nicht begünstigender Verwaltungsakte (§ 44 SGB X)
2. Rücknahme rechtswidriger begünstigender Verwaltungsakte (§ 45 SGB X)
3. Widerruf rechtmäßiger nicht begünstigender Verwaltungsakte (§ 46 SGB X)
4. Widerruf rechtmäßiger begünstigender Verwaltungsakte (§ 47 SGB X)

Übersicht 77

Da die Fälle der Nichtigkeit und der Aufhebung des Verwaltungsakts durch die Behörde selbst Ausnahmen darstellen, ist es für die Soziale Arbeit von zentraler Bedeutung zu wissen, wie ein rechtswidriger Verwaltungsakt „beseitigt" werden kann, nämlich in der Regel nur durch Widerspruch und ggf. anschließende gerichtliche Klage (dazu ausführlich Kapitel 12).

11.2 Öffentlich-rechtlicher Vertrag

Anstelle des Erlasses eines Verwaltungsakts kann auf dem Gebiet des Sozialleistungsrechts (als Teil des öffentlichen Rechts) gemäß § 53 Abs. 1 SGB X auch ein öffentlich-rechtlicher Vertrag geschlossen werden (Winkler 2004, § 6; Papenheim et al. 2013, Kap. J.8). Dies geschieht zunehmend, ist der öffentlich-rechtliche Vertrag doch vom Prinzip her Ergebnis von Verhandlungen zwischen Vertragspartnern (auch mit dem Bürger) „auf Augenhöhe" und von daher von der Konstruktion her etwas grundsätzlich anderes als ein Verwaltungsakt, der von der Behörde gleichsam „von oben" herab erlassen worden ist und dann zumeist nur noch durch Widerspruch oder gerichtliche Klage beseitigt werden kann.

Allerdings kann gemäß § 53 Abs. 2 SGB X ein öffentlich-rechtlicher Vertrag über Sozialleistungen nur geschlossen werden, soweit die Erbringung der Leistungen im Ermessen des Leistungsträgers steht. Hat der Berechtigte einen Anspruch, soll kein öffentlich-rechtlicher Vertrag „zu schlechteren Bedingungen als im Gesetz vorgesehen" abgeschlossen werden dürfen.

Der öffentlich-rechtliche Vertrag *Übersicht 78*

1. **Zulässigkeit von öffentlich-rechtlichen Verträgen**
1.1 Rechtsvorschriften dürfen nicht entgegenstehen (§ 53 Abs. 1 Satz 1 sowie Abs. 2 SGB X).
1.2 Der Vertragsabschluss mit einer Behörde erfolgt auf dem Gebiet des öffentlichen Rechts.
1.3 Zur Anwendung gelangen dabei die §§ 54 bis 60 SGB X sowie (vgl. § 61 SGB X) der übrigen Bestimmungen des SGB und ergänzend und entsprechend des BGB.

2. **Arten öffentlich-rechtlicher Verträge:**
2.1 Subordinationsrechtliche Verträge zwischen Staat und Bürger anstelle des Erlasses eines VA, z. B.:
   2.1.1 Vergleichsverträge (§ 54 SGB X)
   2.1.2 Austauschverträge (§ 55 SGB X: „Leistung gegen Gegenleistung")
   2.1.3 Bewilligungsverträge, z. B. Gewährung von öffentlicher Förderung an Träger der freien Jugendhilfe
   2.1.4 Versorgungsverträge mit freien Trägern (z. B. nach §§ 109 ff. SGB V, §§ 73 ff. SGB XI)
   2.1.5 Pflegesatz-, Leistungs-, Entgeltvereinbarungen etc. mit freien Trägern (z.B. nach §§ 75 ff. SGB XII, §§ 78a ff. SGB VIII, § 85 SGB XI)
2.2 Koordinationsrechtliche Verträge zwischen mindestens zwei „gleichgeordneten" Trägern öffentlicher Verwaltung, z. B. zwei Gemeinden

---

Von besonderer Bedeutung für die Soziale Arbeit sind insbesondere öffentlich-rechtliche Verträge zwischen Leistungsträgern und Trägern der freien Jugendhilfe, Sozialhilfe, Behindertenhilfe etc., also zwischen privaten Organisationen als Leistungserbringern.

Besondere Bedeutung haben hier neben Bewilligungsverträgen die soeben genannten Versorgungsverträge sowie Pflegesatz-, Leistungs- und Entgeltvereinbarungen (vgl. zum SGB VIII meinen Grundkurs Kinder- und Jugendhilferecht für die Soziale Arbeit: Wabnitz 2012b, Kap. 13).

11.3 Gebundene und Ermessensverwaltung

Vertiefung: Anknüpfend an Kapitel 2 (2.3.3) werden in der folgenden Übersicht die beiden „Grundtypen" gebundenen und „freien" (rechtlich weniger stark gebundenen) Verwaltungshandelns im Sozialleistungsbereich dargestellt (dazu: Maurer 2011, § 7; Papenheim et al. 2013, Kap. D.7; Trenczek et al. 2011, Kap. I.3.4.).

Gebundene und „freie" Verwaltung

Übersicht 79

1. **Regelfall:** „Vorprogrammierte" Verpflichtungen der Verwaltung durch „Konditionalprogramme" in (relativ) klar bestimmten Rechtsnormen mit Tatbestand und Rechtsfolge: wenn/dann.
Beispiel: Gemäß § 39 Abs. 1 Satz 2 SGB V besteht ein Anspruch eines Versicherten auf Krankenhausbehandlung, wenn diese erforderlich ist, weil das Behandlungsziel nicht anders erreicht werden kann.

2. **Ausnahme:** unklare/mehrdeutige Rechtsbegriffe (auf der Tatbestandsseite der Norm) bzw. Ermessen (auf der Rechtsfolgeseite der Norm):

2.1 Unbestimmter Rechtsbegriff („geeignet", „verhältnismäßig", „Wohl des Kindes"; § 27 SGB VIII)

   2.1.1 meist ohne Beurteilungsspielraum (also: gerichtlich voll überprüfbar)

   2.1.2 mitunter mit Beurteilungsspielraum (entsprechende Entscheidungen des Jugendamtes sind hier gerichtlich nur eingeschränkt überprüfbar; es bestehen deshalb erhebliche Handlungsspielräume für Sozialarbeiter/innen, ob z. B. Heimziehung oder Unterbringung eines Kindes in Vollzeitpflege besser geeignet und notwendig ist)

2.2 Ermessen (meist bei „Kann"–Bestimmungen)
Beispiel: § 74 Abs. 3 SGB VIII (Entscheidungen des Jugendamts über Art und Höhe der öffentlichen Förderung eines Trägers der freien Jugendhilfe im Rahmen der verfügbaren Haushaltsmittel

nach „pflichtgemäßem Ermessen"). Auch hier bestehen große Entscheidungsspielräume für Behörden und Sozialarbeiter/innen.

11.4 Fälle

Fall 13: Vielerlei Verwaltungsakte

Handelt es sich bei den folgenden Maßnahmen um Verwaltungsakte? Warum?

1. Gegenüber dem Träger eines Kinderhortes wird gemäß § 45 SGB VIII die Erlaubnis für den Betrieb des Hortes widerrufen.
2. Dies wird auch den Eltern der Kinder mitgeteilt.
3. Das Sozialamt übernimmt nach § 29 SGB XII die Kosten für Unterkunft und Heizung der Wohnung der Familie F.
4. Das Amt für Ausbildungsförderung fordert die Studentin S. zur Rückzahlung von Förderungsbeträgen nach dem Bundesausbildungsförderungsgesetz gemäß § 20 BAföG auf.
5. Das Sozialamt lehnt es ab, dem Wohnungslosen W. Hilfe zum Lebensunterhalt gemäß § 27 ff. SGB XII zu bewilligen.
6. Das Jugendamt erstellt einen Bericht zur Unterstützung des Familiengerichts nach § 50 SGB VIII.
7. Die Agentur für Arbeit zahlt dem arbeitslosen Arbeitnehmer A. am 01.10. des Jahres X das am 04.09. desselben Jahres auf Grund der §§ 117 ff. SGB III bewilligte Arbeitslosengeld aus.

Fall 14: Rückforderung von Leistungen nach dem SGB II

Frau F. hat mit Bescheid vom Tage X aufgrund der §§ 19 ff. SGB II Arbeitslosengeld II in Höhe von Y Euro bewilligt erhalten und sodann monatlich ausbezahlt bekommen, obwohl die gesetzlichen Voraussetzungen gar nicht vorgelegen hatten. Kann die Agentur für Arbeit den Bescheid nach sechs Monaten zurücknehmen und muss Frau F. – ggf. ab wann? – die gezahlten Sozialleistungen zurückzahlen, wenn

1. sie das Geld bereits ausgegeben hat;
2. sie grob fahrlässig falsche Angaben gemacht hat und der Verwaltungsakt (Bescheid über die Bewilligung von Arbeitslosengeld II) auf diesen falschen Angaben beruhte?

12 Rechtsschutz gegenüber Verwaltungshandeln

12.1 Rechtsschutz durch Verwaltung und Volksvertretung

Rechtsschutz durch Verwaltung und Volksvertretung

Übersicht 80

1. **Verwaltungsinterne Kontrollen**
1.1 durch Vorgesetzte
1.2 durch übergeordnete Behörden
1.3 durch Rechtsaufsichtsbehörden
1.4 durch Rechnungsprüfung

2. **Formlose Rechtsbehelfe**
2.1 Gegenvorstellung
2.2 Fachaufsichtsbeschwerde
2.3 Dienstaufsichtsbeschwerde
2.4 Petition

3. **Förmliche Rechtsbehelfe**
3.1 Widerspruch (bei Verwaltungsakten); zugleich (bei Verwaltungsakten) Voraussetzung für sozial- und verwaltungsgerichtliche Verfahren
3.2 Einspruch (in finanzgerichtlichen Verfahren)

Im Bereich der öffentlichen Verwaltung gibt es zahlreiche verwaltungsinterne Kontrollen (dazu eingehend: Papenheim et al. 2013, Kap. N.1.2), vor allem durch Vorgesetzte. Verwaltungsbehörden werden auch durch übergeordnete Behörden kontrolliert, sofern solche im „Instanzenzug" vorhanden sind. Die Kommunen werden durch die Rechtsaufsichtsbehörden dahingehend kontrolliert, ob sie gegen Rechtsvorschriften verstoßen haben (Rechtsaufsicht). Ein sehr wirkungsvolles Instrument ist auch die Rechnungsprüfung durch den Bundesrechnungshof, den Landesrechnungshof und die kommunalen Rechnungsprüfungsämter. Allerdings hat der Bürger keinen Anspruch darauf, dass die genannten Institutionen tätig werden.

Vertiefung: Bei den so genannten formlosen Rechtsbehelfen kann der Bürger selbst initiativ werden. In einer Gegenvorstellung gegenüber der Behörde kann er seine abweichende Auffassung kundtun und anregen, dass die Behörde ihre Entscheidung abändert. Der Bürger kann auch eine Fachaufsichtsbeschwerde (Volksmund: „formlos, fristlos, fruchtlos") an eine höhere Behörde richten mit dem Ziel, eine Entscheidung der Ausgangsbehörde unter sachlichen Gesichtspunkten abzuändern. Eine Dienstaufsichtsbeschwerde zielt darauf ab, ein bestimmtes Verhalten von Mitarbeiterinnen und Mitarbeitern zu rügen.

Möglich ist auch, eine Petition entweder an den Deutschen Bundestag (aufgrund von Art. 17 GG), den Landtag (aufgrund der Landesverfassung) oder auch an die jeweilige kommunale Vertretungskörperschaft (Gemeinderat, Stadtrat, Stadtverordnetenversammlung, Kreistag) zu richten. Aufgrund einer solchen Petition wird die Verwaltung aufgefordert, die Gründe für ihre Entscheidung im Einzelnen darzulegen. Ggf. wird die Verwaltung aufgefordert, ihre Entscheidung zu überdenken oder abzuändern. Ein „Durchgriffsrecht" auf die Verwaltung besteht jedoch nicht.

Auf allen staatlichen Ebenen gibt es zudem zahlreiche „Beauftragte", die sich für Belange der Bürgerinnen und Bürger im allgemeinen bzw. bestimmter Bevölkerungsgruppen einsetzen. Ähnlich wie bei einer Petition fordern auch diese Beauftragten die Verwaltung auf, die Gründe für ihre Entscheidung darzulegen und ggf. ihre Entscheidung noch einmal zu überprüfen und zu ändern (Papenheim et al. 2013, Kap. N.2.2).

Beauftragte bei Bund, Ländern und Kommunen

Übersicht 81

Zum Beispiel:
1. Gleichstellungsbeauftragte (bei Bund, Ländern und Kommunen) betreffend die Belange von Frauen und Männern
2. Datenschutzbeauftragte (bei Bund, Ländern und Kommunen)
3. Beauftragte(r) der Bundesregierung für Migration, Flüchtlinge und Integration

4. Beauftragte(r) der Bundesregierung für Aussiedlerfragen und nationale Minderheiten
5. Beauftragte(r) der Bundesregierung für die Belange der Patientinnen und Patienten
6. Beauftragte(r) der Bundesregierung für die Belange behinderter Menschen
7. Wehrbeauftragter des Bundes (beim Deutschen Bundestag)
8. Bundesbeauftragter für den Zivildienst (bei dem für den Zivildienst zuständigen Bundesministerium)
9. Kinderschutzkommission des Deutschen Bundestages
10. Bürgerbeauftragte (in den Ländern Rheinland-Pfalz, Thüringen und Mecklenburg-Vorpommern)
11. Kinderbeauftragte der Kommunen

12.2 Widerspruchsverfahren

Der wichtigste förmliche Rechtsbehelf (siehe bereits oben 11.1.3) ist der Widerspruch (evtl. mit anschließender gerichtlicher Klage). Nur durch ein Widerspruchsverfahren ist es möglich, eine Behörde gegen den Willen ihrer Mitarbeiterinnen und Mitarbeiter zu „zwingen", einen Verwaltungsakt aufzuheben bzw. einen nicht erlassenen Verwaltungsakt zu erlassen (Papenheim et al. 2013, Kap. N.3; Winkler 2004, § 5 Kap. 9; Trenczek et al. 2011, Kap. I. 5.2.2).

Zugleich ist sowohl im Sozialgerichts- als auch im Verwaltungsgerichtsprozess (siehe 12.3) bei Anfechtungs- und Verpflichtungsklagen Voraussetzung, dass zuvor ein Widerspruchsverfahren durchgeführt worden ist. Das Widerspruchsverfahren ist kostenfrei (§ 64 SGB X). In Übersicht 82 wird ein Beispiel für die Einlegung eines Widerspruchs dargestellt.

Einlegung eines Widerspruchs

Übersicht 82

Franz Mustermann
Musterstr. 1
PLZ Musterstadt
den, 05.11.20XY

An die Agentur für Arbeit
Postfach
PLZ Musterstadt

Betr.: Arbeitslosengeld – Ihr ablehnender Bescheid vom 20.10.20XY – Az. I.05/1028

Widerspruch

Sehr geehrte Damen und Herren,

hiermit lege ich gegen Ihren o. g. Bescheid, mit dem Sie meinen Antrag auf Arbeitslosengeld abgelehnt haben, form- und fristgerecht Widerspruch ein.

Entgegen Ihrer Auffassung habe ich Anspruch auf Arbeitslosengeld nach den §§ 117 ff. SGB III, weil ich arbeitslos bin, mich bei Ihnen arbeitslos gemeldet und die Anwartschaftszeit erfüllt habe. Ich bitte Sie, Ihren o. g. Bescheid aufzuheben und das Arbeitslosengeld nunmehr wie beantragt für die Zeit ab ... zu bewilligen. (Es folgt eine nähere Begründung mit Nachweisen.)

Mit freundlichen Grüßen

(Franz Mustermann)

Das Widerspruchsverfahren führt zum Erfolg, wenn der Widerspruch „zulässig" und sodann „begründet" ist (Papenheim et al. 2013, Kap. N.3.21). „Zulässig" bedeutet, dass das Widerspruchsverfahren als solches formal statthaft ist, dass also bestimmte formale Voraussetzungen erfüllt sind. „Begründet" bedeutet, dass der Widerspruch in der Sache – gemessen an den Vorschriften des materiellen Rechts – Erfolg hat, weil der Verwaltungsakt rechtswidrig oder zweckwidrig war. Dazu die folgende Übersicht 83.

Widerspruchsverfahren (§§ 78 ff. SGG bzw. §§ 68 ff. VwGO)

Übersicht 83

1. **Zulässigkeit des Widerspruchs (als Verfahrensart)**
   1.1 Die angefochtene oder begehrte Maßnahme ist ein VA.
   1.2 Es muss eine „Beschwer" des Widerspruchsführers vorliegen: Dieser muss geltend machen, in seinen (eigenen!) Rechten verletzt zu sein,
       1.2.1 weil der VA rechtswidrig sei und subjektive Rechte des Widerspruchsführers beeinträchtige, oder
       1.2.2 weil der VA zweckwidrig sei, z. B. weil Ermessensspielräume nicht genutzt worden seien.
   1.3 Der Widerspruch muss in Schriftform oder zur Niederschrift der Behörde erhoben werden.
   1.4 Die Erhebung muss fristgerecht erfolgen, und zwar
       1.4.1 innerhalb eines Monats, wenn der VA mit einer Rechtsbehelfsbelehrung versehen war,
       1.4.2 oder innerhalb eines Jahres bei VA ohne Rechtsbehelfsbelehrung.
   1.5 Die Erhebung des Widerspruchs muss bei der zuständigen Behörde erfolgen, und zwar:
       1.5.1 in der Regel bei der Behörde, die den VA erlassen hat,
       1.5.2 oder bei der nächsthöheren Behörde (sofern existent)
       1.5.3 oder ggf. bei einer anderen Behörde.

2. **Begründetheit des Widerspruchs (= Erfolg in der Sache)**
   2.1 Der Widerspruch hat Erfolg, wenn er
       2.1.1 zulässig (siehe 1) und
       2.1.2 der VA rechtswidrig oder unzweckmäßig ist.
   2.2 Die Entscheidung darüber und zugleich darüber, ob der VA aufzuheben bzw. der begehrte VA zu erlassen ist, trifft
       2.2.1 die „Ausgangsbehörde", die den VA erlassen hat (sog. „Abhilfe" des Widerspruchs),

> 2.2.2 oder, falls keine „Abhilfe" erfolgt, die Widerspruchsbehörde; dies ist zumeist entweder eine andere Behörde oder eine andere Stelle desselben Rechtsträgers, z.B. ein Stadt- oder Kreisrechtsausschuss nach Landesrecht.
>
> **3. Wirkung der Einlegung des Widerspruchs**
> Häufig hat bereits diese „aufschiebende Wirkung": Die Behörde darf den VA dann bis zur Entscheidung über den Widerspruch nicht vollziehen!

Das Widerspruchsverfahren bezieht sich also nur auf Verwaltungsakte (siehe 11.1). „Beschwer" im Rahmen der Prüfung der Zulässigkeit des Widerspruchs bedeutet, dass der Widerspruchsführer geltend macht, selbst in eigenen Rechten betroffen zu sein (siehe dazu Fall 15). Man kann also nicht „für andere" einen Widerspruch einlegen. Wichtig ist sodann vor allem, die genannten Fristen einzuhalten, in der Regel eine Frist von einem Monat. Wird diese verpasst, „ist alles zu spät", selbst wenn man im Recht ist. Da die Bestimmung der zuständigen Behörde gelegentlich Schwierigkeiten bereiten kann, empfiehlt es sich, den Widerspruch immer bei derjenigen Behörde einzulegen, die den Verwaltungsakt erlassen hat; diese ist aus dem Briefkopf des Bescheides ersichtlich.

Begründet ist der Widerspruch, wenn er entweder rechtswidrig oder unzweckmäßig war (Papenheim et al. 2013, Kap. N.3.22). Rechtswidrigkeit bedeutet, der VA (Bescheid) steht nicht mit geltendem Recht in Einklang, weil Rechtsvorschriften nicht beachtet oder falsch angewendet worden sind. Unzweckmäßigkeit bedeutet, dass insbesondere bei Ermessensentscheidungen (Rechtsvorschriften mit „kann"-Regelungen) die Behörde auch rechtlich einwandfrei anders und sachangemessener hätte entscheiden können.

Hilft die Ausgangsbehörde dem Widerspruch nicht von sich aus ab, weil sie durch die Einlegung und Begründung des Widerspruchs überzeugt worden ist, entscheidet die Widerspruchsbehörde über den Widerspruch (Papenheim et al. 2013, a.a.O.). Dies ist die nächsthöhere Behörde (z.B. im Bereich der Landesverwaltung), eine andere Behörde (z.B. die Kreisverwaltung bei Verwaltungsakten von kreisangehörigen Gemeinden), die Ausgangsbehörde oder eine andere Stelle im Bereich der Verwaltung desselben Rechtsträgers (z.B. in Angelegenheiten der Sozialversicherung eine dort bestehende Stelle oder im Bereich des Sozial- und Jugendhilferechts z.B.

ein Stadt- oder Kreisrechtsausschuss aufgrund des Landesrechts). Dem Widerspruch wird mit dem Widerspruchsbescheid unter Aufhebung des Ausgangsbescheides entweder (ganz oder teilweise) stattgegeben, oder der Widerspruch wird zurückgewiesen, weil die Widerspruchsbehörde derselben Auffassung ist wie die Ausgangsbehörde, die den VA erlassen hatte (Papenheim et al. 2013 a. a. O.).

Bei Erfolg des Widerspruchs (dazu: Papenheim et al. 2013, a. a. O.) sind dem Widerspruchsführer von der entsprechenden Behörde die erstattungsfähigen Kosten zu ersetzen, wie z. B. Reisekosten, Verdienstausfall, Telefon-, Schreib-, Fotokopie-, Portokosten etc. Ggf. sind auch die Gebühren und Auslagen eines Rechtsanwalts oder eines sonstigen Bevollmächtigten erstattungsfähig, wenn die Hinzuziehung eines solchen „notwendig" war (vgl. § 63 Abs. 2 SGB X), wenn also der Widerspruchsführer nicht in der Lage gewesen wäre, selbst den Widerspruch einzulegen und zu begründen.

12.3 Sozial- und verwaltungsgerichtliches Verfahren

Hat der Widerspruch nicht zum Erfolg geführt (oder war kein Widerspruchsverfahren durchzuführen, weil es sich nicht um einen Verwaltungsakt, sondern z. B. um einen öffentlich-rechtlichen Vertrag gehandelt hat), kann „im nächsten Schritt" Klage vor dem Sozialgericht oder dem Verwaltungsgericht erhoben werden (Papenheim et al. 2013, Kap. 5), je nachdem, um welche sozialrechtliche Materie es sich handelt (siehe Übersicht 84).

Zuständigkeiten der Sozial- und Verwaltungsgerichte im Sozialrecht

Übersicht 84

1. Die Sozialgerichte entscheiden aufgrund des Sozialgerichtsgesetzes (SGG) insbesondere in Streitigkeiten über
1.1 Grundsicherung
1.2 Arbeitsförderung
1.3 Krankenversicherung
1.4 Rentenversicherung
1.5 Unfallversicherung
1.6 Pflegeversicherung
1.7 Kindergeld (soweit die Familienkassen zuständig sind)
1.8 Bundeselterngeld

1.9 Sozialhilfe
1.10 Leistungen nach dem Asylbewerber-Leistungsgesetz
2. Die Verwaltungsgerichte entscheiden aufgrund der Verwaltungsgerichtsordnung (VwGO) u. a. in Streitigkeiten über
2.1 Kinder- und Jugendhilfe
2.2 Unterhaltsvorschussleistungen
2.3 Ausbildungsförderung
2.4 Wohngeld
2.5 Aufenthaltsrecht
2.6 Asylverfahren
2.7 Kriegsopferfürsorge
2.8 Schwerbehindertenfürsorge

Außerdem kommt unter Umständen noch eine Verfassungsbeschwerde zum Bundesverfassungsgericht bzw. zu einem Landesverfassungsgericht in Betracht (Papenheim et al. 2013, Kap. N 5.6); dies setzt allerdings in der Regel voraus, dass zuvor der (Sozial- oder) Verwaltungsrechtsweg erfolglos durchlaufen worden, mithin „erschöpft" ist.

Das Verfahren vor den Sozialgerichten ist grundsätzlich gerichtskostenfrei (§ 183 SGG). Auch das Verfahren vor den Verwaltungsgerichten ist gemäß § 188 VwGO mit Blick auf die genannten sozialrechtlichen Materien überwiegend gerichtskostenfrei (insbesondere im Bereich der Kinder- und Jugendhilfe, der Schwerbehindertenfürsorge und der Ausbildungsförderung). Trotz Gerichtskostenfreiheit besteht ein Kostenrisiko insoweit, als dass im Falle des Unterliegens die Kosten für den eigenen sowie eventuell zusätzlich für den Rechtsanwalt der Gegenseite getragen werden müssen. Allerdings besteht in den erstinstanzlichen Gerichten kein Anwaltszwang.

Der formale Ablauf des gerichtlichen Verfahrens (dazu: Papenheim et al. 2013, Kap. N 5.4) ist ähnlich wie der des Widerspruchsverfahrens, mit dem Unterschied allerdings, dass hier nur über die Rechtmäßigkeit und nicht (wie ggf. im Widerspruchsverfahren) auch über die Zweckmäßigkeit eines Verwaltungsaktes zu entscheiden ist. Die gerichtliche Klage muss zunächst „zulässig" in dem Sinne sein, dass bestimmte „formale" Sachurteilsvoraussetzungen erfüllt sind. Nur wenn dies der Fall ist, tritt das Gericht in eine materiell-rechtliche Überprüfung der Verwaltungsentscheidung bzw. in eine Prüfung der „Begründetheit" der Klage ein – mit dem möglichen Ergebnis, dass der Kläger dann in der Sache („materiell-rechtlich") Recht erhält.

Dazu die Übersicht 85, aus der sich auch ergibt, dass in gerichtlichen Verfahren je nach „Klageart" unterschiedliche Voraussetzungen erfüllt sein müssen.

Klage vor dem Sozial- oder Verwaltungsgericht (§§ 54, 55, 131 SGG bzw. § 40 ff., 74 ff., 113 ff. VwGO)

Übersicht 85

1. Zulässigkeit der Klage = „formale" Sachurteilsvoraussetzungen sind erfüllt

1.1 Der Sozial- bzw. der Verwaltungsrechtsweg ist eröffnet; zuständig ist entweder
   1.1.1 gemäß § 51 SGG die Sozialgerichtsbarkeit für fast alle Streitigkeiten nach dem SGB,
   1.1.2 sonst gemäß § 40 VwGO die Verwaltungsgerichtsbarkeit.
1.2 Die richtige Klageart wurde gewählt, und zwar die:
   1.2.1 Anfechtungsklage; Ziel: Aufhebung/Abänderung des Verwaltungsaktes (VA), oder die
   1.2.2 Verpflichtungsklage; Ziel: Verpflichtung der Behörde zum Erlass eines beantragten VA, oder die
   1.2.3 Allgemeine Leistungsklage; Ziel: Verpflichtung der Behörde zu bestimmtem Tun, Dulden oder Unterlassen, z. B. Abschluss eines öffentlich-rechtlichen Vertrages (= kein VA!) oder
   1.2.4 weitere Klagearten wie Feststellungsklage oder Untätigkeitsklage.
1.3 Klagebefugnis: Der Kläger muss darlegen, möglicherweise in eigenen (!) Rechten verletzt zu sein.
1.4 Ein Widerspruchsverfahren wurde durchgeführt (bei Anfechtungs- und Verpflichtungsklagen).
1.5 Die Klagefrist (von in der Regel einem Monat) wurde eingehalten.

2. Begründetheit der Klage = Kläger erhält in der Sache („materiell-rechtlich") Recht

2.1 Im Falle der Anfechtungsklage: Die Anfechtungsklage ist begründet und das Gericht hebt den VA und den Widerspruchsbescheid auf, wenn
   2.1.1 der VA rechtswidrig ist, und zwar
      – formell (z. B. wegen Fehlern bei Zuständigkeit, Form, Verfahren) oder
      – materiell (wenn die Behörde gegen Rechtsvorschriften verstoßen hat), und

2.1.2 der Kläger dadurch in seinen Rechten verletzt ist.
2.2 Im Falle der Verpflichtungsklage:
  2.2.1 die Verpflichtungsklage ist begründet und das Gericht verpflichtet die Behörde zum Erlass eines VA, wenn
  – die Ablehnung oder Unterlassung des VA aus formellen oder materiellen Gründen rechtswidrig war,
  – der Kläger dadurch in seinen Rechten verletzt worden ist und
  – die Sache entscheidungsreif („spruchreif") ist.
  2.2.2 Das Gericht darf der Behörde jedoch keine Ermessensentscheidung „abnehmen". Bei Fehlen der sog. „Spruchreife" spricht deshalb das Gericht (nur) die Verpflichtung der Behörde aus, den Kläger unter Beachtung der Rechtsauffassung des Gerichts neu zu bescheiden.
2.3 Im Falle der allgemeinen Leistungsklage: Die Leistungsklage ist begründet, wenn der Kläger einen rechtlichen Anspruch auf Vornahme der begehrten Handlung oder auf Unterlassung derselben hat, z. B. auf Abschluss eines öffentlich-rechtlichen Vertrages. Das Gericht spricht ggf. die dementsprechende Verpflichtung der Behörde aus.

Vertiefung: Fast immer ist in sozialrechtlichen Angelegenheiten nach dem Sozialgesetzbuch (mit Ausnahme der Kinder- und Jugendhilfe nach dem SGB VIII) der Sozialrechtsweg eröffnet, ansonsten der Verwaltungsrechtsweg (Papenheim et al. 2013, Kap. N 5.3). Im gerichtlichen Verfahren muss sodann die „richtige Klageart" gewählt werden (siehe Übersicht 85). Die Anfechtungsklage (Papenheim et al. 2013, Kap. N 5.4.1) zielt („wie beim Fechten, wo der sportliche Kontrahent getroffen werden soll") auf die Aufhebung oder Abänderung eines Verwaltungsaktes ab (vgl. Fall 17).

Anders ist dies bei der Verpflichtungsklage (vgl. Fall 18). Da der Bürger nicht denjenigen Verwaltungsakt (z. B. die Bewilligung einer Leistung) erhalten hat, die er begehrt hatte, ist das Ziel der Verpflichtungsklage (Papenheim et al. 2013, Kap. N 5.4.2), dass das Gericht eine Verpflichtung der Behörde zum Erlass eben dieses Verwaltungsaktes ausspricht. Dies darf das Gericht aus Gründen der Gewaltenteilung aber nur dann, wenn die Sache „spruchreif" ist, wenn also alle entscheidungserheblichen Voraussetzungen, ggf. auch für eine Ermessensentscheidung, erfüllt sind. Oft kann deshalb mit einer Verpflichtungsklage nur die Aufhebung des Verwaltungsaktes sowie eine Verpflichtung der Behörde durch das Gericht erreicht werden, auf der Grundlage der Rechtsauffassung des Gerichts über die Angelegenheit neu zu entscheiden, also einen neuen Verwaltungsakt zu erlassen. Beispiel siehe Übersicht 86.

Beispiel eines Verpflichtungsurteils eines Verwaltungsgerichts

Übersicht 86

Aktenzeichen
Verwaltungsgericht V.
Im Namen des Volkes
Urteil

In der Verwaltungsrechtssache
des Vereins XYZ, vertreten durch den
Vorstand, Adresse — Kläger —

Prozessbevollmächtigt: Rechtsanwalt Dr. Schlau,
Adresse, PLZ

gegen

den Landkreis XYZ, vertreten durch den
Landrat, Adresse, PLZ — Beklagter —

wegen Förderung eines Kindergartens

hat das Verwaltungsgericht V. – 11. Kammer – durch den Vorsitzenden Richter des Verwaltungsgerichtes X, die Richterin am Verwaltungsgericht Y und die Richterin am Verwaltungsgericht Z sowie durch die ehrenamtlichen Richterinnen A und B auf die mündliche Verhandlung
    vom 11.04.20XY
    für Recht erkannt:

1. Der Beklagte wird verpflichtet, über den Antrag des Klägers auf Förderung seines Kindergartens für die Jahre ... unter Beachtung der Rechtsauffassung des Gerichts neu zu entscheiden.
2. Der Bescheid des Beklagten vom ... (Datum) und dessen Widerspruchsbescheid vom ...(Datum) werden aufgehoben.
3. Der Beklagte hat die Kosten des Verfahrens zu tragen.
4. Der Streitgegenstand wird auf ... € festgesetzt.

Tatbestand
(Hier werden die tatsächlichen Grundlagen des Urteiles – Sachverhalt und Verfahrensablauf – dargestellt.)

Entscheidungsgründe
(Nunmehr werden die für das Gericht erheblichen rechtlichen Erwägungen dargestellt.)

> Rechtsmittelbelehrung
> Gegen dieses Urteil kann innerhalb eines Monats nach Zustellung des vollständigen Urteils beim Verwaltungsgericht V. schriftlich die Zulassung der Berufung beantragt werden. Der Antrag muss das angefochtene Urteil bezeichnen. Die Rechtsmittelschrift muss spätestens am letzten Tag der Frist beim Gericht eingehen.
>
> (Es folgen weitere Ausführungen zur Zulassung der Berufung.)

Weitere Vertiefung: Die Gerichte benötigen für ihre Entscheidungen leider oft eine erhebliche Zeit, auch wenn dafür ggf. eine finanzielle Entschädigung nach den §§ 198–201 des Gerichtsverfassungsgesetzes verlangt werden kann. Insbesondere Verwaltungsgerichtsverfahren können sich über viele Jahre hinziehen. Deshalb gibt es auch die Möglichkeit des so genannten einstweiligen Rechtsschutzes. Mit einem solchen Eilverfahren kann man relativ schnell zu einer – wenn auch vorläufigen – gerichtlichen Entscheidung kommen (siehe dazu im Einzelnen z.B. Papenheim et al. 2013, Kap. N 5.7).

Ist man als Bürger mit der Entscheidung des Sozial- oder Verwaltungsgerichtes nicht zufrieden, kann unter bestimmten Voraussetzungen der „Instanzenzug" durchlaufen, also das Landessozialgericht bzw. das Oberverwaltungsgericht als Berufungsgericht (2. Instanz) sowie ggf. das Bundessozialgericht oder das Bundesverwaltungsgericht als Revisionsgericht (3. Instanz) angerufen werden (siehe dazu oben 7.1). Dabei ist es allerdings zunächst erforderlich, die Zulassung der Berufung bzw. der Revision gerichtlich zu beantragen und zu erlangen.

12.4 Fälle

Fall 15: Der sozial denkende Nachbar

Nachbar N. ist ein sozial aufgeschlossener, gerecht denkender Mensch. Er kümmert sich häufig um die mit ihm befreundete, in ärmlichen Verhältnissen lebende Familie F., die Sozialhilfe bezieht. Er erfährt, dass das Sozialamt den Antrag von Frau F. auf Kostenübernahme für einen dringend benötigten Wintermantel abgelehnt hat. Er ist empört, lässt sich von Familie F. den ablehnenden Bescheid des Sozialamts geben und legt im eigenen Namen Widerspruch ein. Wird N. Erfolg haben?

Fall 16: Widerspruch gegen den Gebührenbescheid

Herr H. ist arbeitslos geworden und wendet sich an die Agentur für Arbeit. Er lässt sich dort im Rahmen der Berufsberatung ausführlich über seine künftigen beruflichen Perspektiven beraten und zwar in insgesamt fünf Beratungsgesprächen. Nach Abschluss der Berufsberatung erhält er wenige Wochen später einen mit einer Rechtsbehelfsbelehrung versehenen „Gebührenbescheid für Berufsberatung" von der Agentur für Arbeit in Höhe von 200 Euro (je 40 Euro pro Beratungseinheit). Hätte die Einlegung eines Widerspruchs von H. Aussicht auf Erfolg?

Fall 17: Der Widerruf der Pflegeerlaubnis

Familie F. hat seit Jahren Kinder in Vollzeitpflege (Familienpflege) und dafür zuvor vom Jugendamt der Stadt M. eine unbefristete und nicht mit einer Nebenbestimmung versehene Pflegeerlaubnis gemäß § 44 Abs. 1 SGB VIII erhalten. Nunmehr erhalten Herr und Frau F. vom Jugendamt einen „Widerrufsbescheid", der die Pflegeerlaubnis mit der Begründung widerruft, es gäbe inzwischen genug andere Pflegefamilien in der Stadt M. Der von Frau und Herrn F. form- und fristgerecht eingelegte Widerspruch ist vom Stadtrechtsausschuss der Stadt M. als Widerspruchsbehörde zurückgewiesen worden. Hätte eine verwaltungsgerichtliche Klage von Frau und Herrn F. Aussicht auf Erfolg?

Fall 18: Ablehnung der Förderung eines Trägers der freien Jugendhilfe

Der dem Deutschen Paritätischen Wohlfahrtsverband (DPWV) angehörende, in der Rechtsform eines eingetragenen Vereins (e. V.) organisierte Träger der freien Jugendhilfe T. engagiert sich seit drei Jahren auch erfolgreich auf dem Gebiet der Jugendarbeit nach § 11 SGB VIII. Er beantragt dafür jetzt einen Zuschuss beim Jugendamt. Das Jugendamt lehnt dies mit einem mit einer Rechtsbehelfsbelehrung versehenen Bescheid mit der Begründung ab, dass es keine finanziellen Spielräume mehr habe, weil die in diesem Jahr zur Verfügung stehenden Haushaltsmittel bereits erschöpft seien. Was kann T. dagegen tun?

13 Strafrecht

Auch das Strafrecht hat erhebliche Bedeutung für die Soziale Arbeit. Denn zahlreiche Sozialarbeiter/innen arbeiten im Bereich der Straffälligenhilfe/Bewährungshilfe, in der Jugendgerichtshilfe oder im Strafvollzug/Jugendstrafvollzug. Zudem können sich Sozialarbeiter/innen bei ihrer beruflichen Tätigkeit unter Umständen strafbar machen, was es natürlich zu vermeiden gilt. Wer sich über diesen Grundkurs hinaus intensiver mit strafrechtlichen Fragestellungen befassen möchte, sei auf die folgenden, auf das Feld der Sozialen Arbeit zugeschnittenen Lehrbücher verwiesen: Brühl et al. (2005), Höflich/Weller (2005), Riekenbrauk (2011) sowie Oberlies (2012).

13.1 Strukturprinzipien und Rechtsquellen des Strafrechts

Strafrecht hat mit Verboten, Geboten und Sanktionen zu tun. Der Staat stellt bestimmtes sozial schädliches Verhalten unter Strafe, und ggf. wird der Täter bei Begehung einer entsprechenden Straftat (zumeist) in Form einer Geld- oder Freiheitsstrafe bestraft (§§ 38 ff. StGB). Dabei ist der Staat Inhaber des Strafmonopols und tritt dem Bürger in einem besonders markanten Verhältnis der Über- und Unterordnung gegenüber. Strafrecht ist mithin ein besonders „intensiver" Teil des öffentlichen Rechts.

Über die Funktion(en) des Strafrechts und die verschiedenen Strafzwecke gab und gibt es unterschiedliche Auffassungen, die sich im Laufe der Zeit verändert haben. Während früher Vergeltung und Sühne im Vordergrund standen, waren es später Abschreckung und Prävention (vgl. Höflich/Weller 2005, Einführung 1.1). Und während in den 1970er Jahren das Ziel der Resozialisierung von Straftätern in besonderer Weise verfolgt wurde, sind in den vergangenen Jahren auch Opferschutz und Opferhilfe in den Vordergrund getreten. Mit der folgenden Übersicht über Sinn und

Zweck von Strafe ist deshalb keine prioritäre Reihenfolge verbunden (siehe Übersicht 87).

Sinn und Zweck von Strafe
1. Rechtsgüterschutz
2. Abschreckung
3. Sicherung
4. Resozialisierung
5. Vergeltung und Sühne
6. Opferschutz und Opferhilfe

Übersicht 87

Wer sich eingehender mit den verschiedenen Straftheorien befassen möchte, sei auf die oben genannten Lehrbücher verwiesen.

Vertiefung: In der folgenden Übersicht werden einige wichtige Strukturprinzipien des deutschen Strafrechts stichwortartig erläutert. In § 1 des Strafgesetzbuches (StGB) heißt es: „Eine Tat kann nur bestraft werden, wenn die Strafbarkeit gesetzlich bestimmt war, bevor die Tat begangen wurde." Des Weiteren ist das deutsche Strafrecht ein ausgeprägtes Schuldstrafrecht (Brühl et al. 2005, Rz. 149 ff.); d. h. bestraft wird nur, wer für ein bestimmtes Verhalten auch individuell-persönlich verantwortlich gemacht werden kann. Und wie in anderen Bereichen des öffentlichen Rechts auch gilt im Strafrecht in besonderer Weise der Grundsatz der Verhältnismäßigkeit (siehe bereits 8.2.4).

Die wichtigsten Strukturprinzipien des deutschen Strafrechts

Übersicht 88

1. **Keine Strafe ohne Gesetz (§ 1 StGB)**
1.1 Bestimmtheitsgebot:
   1.1.1 Die strafbare Handlung muss vor ihrer Begehung gesetzlich bestimmt worden sein.
   1.1.2 Dasselbe gilt für die (Straf-)Rechtsfolgen.
1.2 Analogieverbot:
   Die „sinngemäße" Anwendung von Straftatbeständen ist im Strafrecht unzulässig (dazu bereits 3.2.5).
1.3 Rückwirkungsverbot:
   Strafbegründungen oder -verschärfungen dürfen nicht rückwirkend, also für einen Zeitraum vor Begehung der Straftat, erfolgen.

2. Keine Strafe ohne Schuld (§ 15 StGB)
Nur persönlich zurechenbares Handeln ist strafbar (vgl. §§ 15 bis 21 StGB).

3. Grundsatz der Verhältnismäßigkeit
Der allgemeine rechtsstaatliche Grundsatz der Verhältnismäßigkeit gilt insbesondere hinsichtlich Art und Maß der Strafrechtsfolge (vgl. § 46 StGB: Grundsätze der Strafzumessung).

Aufgrund des Strafrechts greift der Staat so intensiv wie nirgendwo sonst in Grundrechte der Bürgerinnen und Bürger ein. Das Rechtsstaatsprinzip gebietet deshalb, dass Umfang und Voraussetzungen von strafrechtlichen Eingriffen vom Gesetzgeber präzise bestimmt werden und dass auch im Strafverfahren und im Strafvollzug die Grundrechte der Betroffenen, wenn auch in eingeschränkter Weise, Geltung beanspruchen. Deshalb existieren im Strafrecht zahlreiche gesetzliche Vorschriften (siehe Übersicht 89).

Rechtsquellen des Strafrechts

Übersicht 89

1. Grundgesetz (Art. 1, 2, 3, 92, 97, 101 bis 104 GG)
2. Strafgesetzbuch (StGB)
2.1 – Allgemeiner Teil (§§ 1 bis 79b)
2.2 – Besonderer Teil (§§ 80 bis 358: einzelne Straftatbestände)
3. Nebenstrafrecht (andere Gesetze mit Straftatbeständen)
4. Gerichtsverfassungsgesetz (GVG)
5. Strafprozessordnung (StPO)
6. Jugendgerichtsgesetz (JGG)
7. Bundeszentralregistergesetz (BZRG)
8. Strafvollzugs- und Jugendstrafvollzugsgesetze der Länder

Vertiefung: Das wichtigste Strafgesetz ist das Strafgesetzbuch (StGB), das die materiell-rechtlichen Bestimmungen des Strafrechts enthält, ergänzt um das Strafverfahrensrecht nach der Strafprozessordnung (StPO). Im Gerichtsverfassungsgesetz (GVG) ist geregelt, welche (Straf-)Gerichte im Einzelnen zuständig sind (dazu bereits 7.1). Das Jugendgerichtsgesetz (JGG) enthält zusätzliche, vom Erziehungsgedanken geprägte strafrechtliche Vorschriften für Jugendliche und junge Heranwachsende. Im Bundeszentralregister wird auf der Grundlage des Bundeszentralregistergesetzes (BZRG) gespeichert und ggf. ausgewiesen, wer sich wie und wann strafbar gemacht hat. Der Bereich des Strafvollzugs, der früher durch das Strafvollzugsgesetz des Bundes geregelt war, wird nunmehr durch Strafvollzugs- und Jugendstrafvollzugsgesetze der Länder normiert.

Neben dem Strafrecht gibt es darüber hinaus so genanntes „Verwaltungsunrecht" (mit Bußgeldtatbeständen); dieses ist u.a. im Gesetz über Ordnungswidrigkeiten (OWiG) geregelt.

13.2 Materielles Strafrecht

Das Strafgesetzbuch (StGB) ist wie folgt aufgebaut (siehe Übersicht 90).

Aufbau des Strafgesetzbuchs

Übersicht 90

1. **Allgemeiner Teil:**
   Die §§ 1 bis 79b enthalten allgemeine Bestimmungen z. B. über Verbrechen und Vergehen, Handeln und Unterlassen, Täterschaft und Teilnahme, Versuch, Strafen und andere Rechtsfolgen der Tat, Strafbemessung, Verjährung, die für alle Straftatbestände nach dem StGB sowie für das Nebenstrafrecht relevant sind.

2. **Besonderer Teil:**
   In den §§ 80 bis 358 sowie im so genannten Nebenstrafrecht (in anderen Gesetzen) werden die einzelnen Straftatbestände definiert, u.a.:
   2.1 Straftaten gegen die Person, und zwar u. a. gegen
      2.1.1 das Leben: z. B. Mord § 211, Totschlag § 212, fahrlässige Tötung § 222
      2.1.2 das werdende Leben: Abbruch der Schwangerschaft §§ 218 ff.
      2.1.3 die körperliche Unversehrtheit: Körperverletzung § 223, fahrlässige Körperverletzung § 230
      2.1.4 die sexuelle Selbstbestimmung: Vergewaltigung § 177, sexuelle Nötigung § 178, sexueller Missbrauch von Kindern und Jugendlichen §§ 176 ff.

2.2 Straftaten gegen den Personenstand, die Ehe und die Familie, und zwar u. a.:
   2.2.1 Personenstandsfälschung § 169
   2.2.2 Verletzung der Unterhaltspflicht § 170
   2.2.3 Verletzung der Fürsorge- und Erziehungspflicht § 171
   2.2.4 Doppelehe § 172
   2.2.5 Beischlaf zwischen Verwandten § 173
2.3 Straftaten gegen die öffentliche Ordnung, z. B. Nichtanzeige geplanter Straftaten § 138
2.4 Straftaten gegen den persönlichen Lebens- und Geheimbereich, z. B. Verletzung von Privatgeheimnissen § 203
2.5 Straftaten gegen das Eigentum und Vermögen, und zwar u. a. gegen:
   2.5.1 das Eigentum: Diebstahl § 242, Unterschlagung § 246, Raub § 249, Sachbeschädigung § 303
   2.5.2 das Vermögen: Betrug § 263, Untreue § 266

Darüber hinaus enthält das Strafgesetzbuch in seinem Besonderen Teil noch zahlreiche andere Strafvorschriften, die für die Soziale Arbeit jedoch weniger relevant sind (z.B. Straftaten wie Gefährdung des demokratischen Rechtsstaates, Straftaten gegen die Landesverteidigung, gegen die Staatsgewalt, Geld- und Wertzeichenfälschung, Insolvenzstraftaten, Urkundenfälschung, gemeingefährliche Straftaten, Straftaten gegen die Umwelt oder Straftaten im Amte).

Außerdem gibt es das so genannte Nebenstrafrecht. Dabei handelt es sich um andere Gesetze außerhalb des Strafgesetzbuches, die jedoch einzelne Strafvorschriften in Form spezieller Straftatbestände enthalten, z.B. in der Abgabenordnung (Steuerstrafrecht), im Betäubungsmittelgesetz (Strafbarkeit im Zusammenhang mit Drogen), im Versammlungsgesetz, im Waffengesetz, im Wehrstrafgesetz oder im Zivildienstgesetz.

Eine Strafbarkeit nach all diesen zahlreichen Strafvorschriften setzt immer voraus, dass es sich um eine tatbestandsmäßige, rechtswidrige und schuldhafte Handlung einer individuellen Person gehandelt hat (dazu: Brühl et al. 2005, Rz. 60 ff.). Um bestraft zu werden, muss man also zunächst den Tatbestand einer Strafrechtsnorm in allen Tatbestandsmerkmalen erfüllt haben (Rz. 61 ff.). Darüber hinaus muss man rechtswidrig gehandelt haben (Rz. 122 ff.); dies ist nur ausnahmsweise dann nicht der Fall, wenn man sich auf einen Rechtfertigungsgrund wie z.B. auf Notwehr (§ 32 StGB) oder rechtfertigenden Notstand (§ 34 StGB) berufen kann.

Schließlich muss man schuldhaft gehandelt haben (dazu Rz. 149 ff.). Dies bedeutet, dass die Tat einer einzelnen Person subjektiv zugerechnet werden kann. Dies setzt zunächst Schuldfähigkeit voraus, die bei Kindern im Alter von unter 14 Jahren überhaupt nicht gegeben ist (Schuldunfähigkeit des Kindes gemäß § 19 StGB), die wegen seelischer Störungen (gemäß § 20 StGB) nicht gegeben oder die in bestimmten Fällen vermindert sein kann (verminderte Schuldfähigkeit gemäß § 21 StGB). Des Weiteren muss die Tat vorsätzlich oder zumindest fahrlässig (§ 15 StGB) begangen worden sein, und es darf kein Fall eines Tatbestands- oder Verbotsirrtums (§§ 16, 17 StGB) oder eines entschuldigenden Notstands (§ 35 StGB) vorliegen. Die Übersicht 91 informiert über die Voraussetzungen der Strafbarkeit im Einzelnen.

Voraussetzungen der Strafbarkeit nach dem StGB (Deliktsaufbau)

Übersicht 91

1. **Tatbestandsmäßigkeit**
   = Erfüllung aller objektiven und subjektiven Merkmale eines Straftatbestandes (§ im Strafgesetzbuch oder in einem anderen Gesetz) aufgrund einer Handlung (aktives Tun oder Unterlassen, § 13)
1.1 eines
   1.1.1 Täters (§ 25) oder
   1.1.2 Teilnehmers (Anstifters, Gehilfen, §§ 26, 27)
1.2 im Falle einer
   1.2.1 vollendeten Tat oder
   1.2.2 einer versuchten Tat (§§ 22 bis 24; 30, 31).

2. **Rechtswidrigkeit**
   = keine Rechtfertigung der Erfüllung eines Tatbestandes (ausnahmsweise!) z.B. aufgrund von
2.1 Notwehr (§§ 32, 33),
2.2 Rechtfertigendem Notstand (§ 34)
2.3 oder einer anderen gesetzlichen Bestimmung.

3. **Schuld**
   = subjektiv-individuelle Zurechenbarkeit der Tat bei:
3.1 Schuldfähigkeit (vgl. §§ 19, 20, 21),

3.2 Vorsatz oder Fahrlässigkeit (§ 15) in Form von
   3.2.1 unbedingtem, direktem Vorsatz (Absicht) oder von sicherem Wissen um den Erfolg der Tat oder von
   3.2.2 bedingtem Vorsatz (bei billigender Inkaufnahme des Erfolges der Tat) oder
   3.2.3 von bewusster Fahrlässigkeit oder
   3.2.4 von unbewusster Fahrlässigkeit; ferner:
3.3 kein Tatbestandsirrtum (§ 16),
3.4 kein Verbotsirrtum (§ 17),
3.5 kein entschuldigender Notstand (§ 35).

Ergänzend wird dazu auf die Fälle 19, 20, 21 und 22 zum Strafrecht verwiesen.

13.3 Rechtsfolgen der Straftat

Das Sanktionensystem nach dem StGB ist zweispurig (Kindhäuser 2012, Vorbemerkung zu den §§ 38–45b; Brühl et al. 2005, Rz. 190 ff.). Liegt tatbestandsmäßiges, rechtswidriges und schuldhaftes Handeln vor (siehe vorstehende Übersicht), ist die Rechtsfolge Strafe (als Antwort auf Schuld), insbesondere in Form von Freiheits- oder Geldstrafen (dazu: Kindhäuser 2012, Erläuterungen zu §§ 38 ff.). Dabei können Freiheitsstrafen unter bestimmten Voraussetzungen (vgl. §§ 56 ff. StGB) zur Bewährung ausgesetzt werden. Außerdem gibt es Nebenstrafen und Nebenfolgen.

Hat ein Täter nicht schuldhaft gehandelt, weil er z. B. geisteskrank war, kann er nicht wegen einer strafbaren Handlung verurteilt werden. Im Falle etwa von psychisch kranken Rechtsbrechern können gleichwohl zum Schutz der Allgemeinheit Maßregeln der Besserung und Sicherung als Antwort auf die Sozialgefährlichkeit des Täters in Betracht kommen (dazu: Kindhäuser 2012, Erläuterungen zu §§ 61 ff. StGB). Über die Rechtsfolgen der Straftat nach dem geltenden deutschen Strafrecht im Einzelnen informiert die Übersicht 92.

Rechtsfolgen der Straftat

Übersicht 92

1. **Strafen (als Antwort auf Schuld)**
   1.1 Hauptstrafen
       1.1.1 Freiheitsstrafe
             (von 1 Monat bis zu 15 Jahren oder lebenslang, § 38 StGB)
       1.1.2 Geldstrafe
             (mindestens 5, höchstens 360 Tagessätze, § 40 StGB)
       1.1.3 Vermögensstrafe (§ 43a StGB)
   1.2 Nebenstrafe – Fahrverbot (§ 44 StGB)
   1.3 Nebenfolgen
       1.3.1 Verlust von Amtsfähigkeit, Wählbarkeit und Stimmrecht (§§ 45 bis 45b StGB)
       1.3.2 Verfall und Einziehung (§§ 73 ff. StGB)
       1.3.3 Bekanntgabe der Verurteilung (§§ 165, 200 StGB)

2. **Maßregeln der Besserung und Sicherung (als Antwort auf Sozialgefährlichkeit)**
   2.1 mit Freiheitsentziehung und Unterbringung:
       2.1.1 in einem psychiatrischen Krankenhaus (§ 63 StGB)
       2.1.2 in einer Entziehungsanstalt (§ 64 StGB)
       2.1.3 in der Sicherungsverwahrung (§ 66 StGB)
   2.2 ohne Freiheitsentziehung:
       2.2.1 Führungsaufsicht (§§ 68 ff. StGB)
       2.2.2 Entziehung der Fahrerlaubnis (§§ 69 ff. StGB)
       2.2.3 Berufsverbot (§§ 70 ff. StGB)

Hat das Gericht eine Freiheitsstrafe verhängt, kommt bei Strafen unter zwei Jahren gemäß §§ 56 ff. StGB eine Strafaussetzung zur Bewährung in Betracht (siehe im Einzelnen: Kindhäuser 2012, Erläuterungen zu §§ 56 ff. StGB). Voraussetzungen dafür sind bei einer Verurteilung zu einer Freiheitsstrafe von nicht mehr als einem Jahr gemäß § 56 Abs. 1 StGB eine günstige Sozialprognose, ein zu erwartender ausreichender „Warneffekt" sowie eine durch Tatsachen begründete Wahrscheinlichkeit künftiger straffreier Führung. Eine Strafaussetzung zur Bewährung in Fällen der Verurteilung zu einer Freiheitsstrafe von nicht mehr als zwei Jahren setzt darüber hinaus das Vorliegen zusätzlicher besonderer Umstände voraus (vgl. § 56 Abs. 2 StGB).

Wird eine Freiheitsstrafe zur Bewährung ausgesetzt, bestimmt das Gericht die Dauer der Bewährungszeit, kann Auflagen oder

Weisungen erteilen und kann den Verurteilten der Bewährungshilfe unterstellen (§ 56d StGB). Der Bereich der Bewährungshilfe ist ein wichtiges Arbeitsfeld der Sozialen Arbeit (dazu: Brühl et al. 2005, Rz. 782 ff.). Aufgabe der Bewährungshelfer/innen ist es, den Verurteilten helfend und betreuend zur Seite zu stehen und die Erfüllung von Auflagen und Weisungen zu überwachen (vgl. § 56d Abs. 3 StGB). Bei der Wahrnehmung der Aufgaben der Bewährungshilfe, die als Institution der Justiz den Gerichten zugeordnet ist, haben Sozialarbeiterinnen und Sozialarbeiter – wie auch bei Hilfe zur Erziehung nach den §§ 27 ff. SGB VIII – die nicht leichte Aufgabe, die Doppelfunktion von Hilfe und Kontrolle wahrzunehmen.

13.4 Fälle

Fall 19: Messer und Faust

A und B sind verfeindet. Sie treffen sich zufällig spät abends in der Stadt. A sieht B zuerst, zieht ein Messer mit feststehender Klinge aus dem Halfter und sticht auf B ein, der ihn erst in diesem Moment erkennt. Der nicht bewaffnete B duckt sich in letzter Sekunde geschickt weg, so dass A ihn nicht trifft. Blitzschnell versetzt B dem A einen gezielten Faustschlag ins Gesicht, so dass A zu Boden geht und ins Krankenhaus gebracht werden muss.

1. Hat A sich nach dem StGB strafbar gemacht?
2. Hat B sich nach dem StGB strafbar gemacht?

(Die ebenfalls einschlägigen §§ 823 ff. BGB über unerlaubte Handlungen und Schadenersatz – siehe Kapitel 6 – sind hier nicht zu prüfen!)

Fall 20: Die wertvolle Uhr

A ist Eigentümer einer wertvollen Uhr. B ist darauf neidisch. Macht B sich strafbar, wenn

1. er dem A die Uhr in einem günstigen Moment aus dessen Schlafzimmer in Abwesenheit des A entwendet und mitnimmt;
2. er dem A die Uhr auf der Straße unter Androhung einer gehörigen Tracht Prügel entreißt;
3. er die Uhr, die A ihm geliehen hat, seiner Frau zum Geburtstag schenkt;
4. im Falle 1. A und B gemeinsam in einer Wohnung gelebt hätten?

14 Strafverfahrensrecht, Jugendstrafrecht

Das Strafverfahrensrecht oder Strafprozessrecht stellt eine wichtige Ergänzung des materiellen Strafrechts nach dem Strafgesetzbuch (StGB) dar. Das Strafverfahrensrecht ist im Wesentlichen in der Strafprozessordnung (StPO) geregelt. Da der Staat im Strafrecht, wie dargestellt, in denkbar massiver Weise in Grundrechte der Bürgerinnen und Bürger eingreift, ist das Strafverfahren in der StPO in über 400 Paragrafen detailliert geregelt, wobei viele Vorschriften explizit dem Schutz der Betroffenen dienen.

14.1 Akteure und Verfahrensabschnitte

Im Strafverfahrensrecht sind die folgenden drei staatlichen Organe beteiligt: die Staatsanwaltschaft, die Polizei und das (Straf-)Gericht (vgl. zum Ganzen: Brühl et al. 2005, Rz. 286 ff. sowie Trenczek et al. 2011, Kap. III. 8.3).

Die Aufgaben der Staatsanwaltschaft, einem Organ der Strafrechtspflege (also: der Judikative und nicht der Exekutive!), sind im Wesentlichen die Folgenden: Die Ermittlungen zu führen (§ 160 StPO), ggf. Anklage („öffentliche Klage") zu erheben (§ 152 StPO), an der Hauptverhandlung teilzunehmen (§ 226 StPO) und die Vollstreckung der Strafurteile als Strafvollstreckungsbehörde (§ 451 StPO) durchzuführen. Die Staatsanwaltschaft hat weitgehende Ermittlungs- und ggf. Zwangsbefugnisse und ist von daher „Herrin des Strafermittlungsverfahrens". Dabei hat sie allerdings nicht nur alle belastenden, sondern auch entlastenden Umstände zu ermitteln (§ 160 Abs. 2 StPO) und wird deshalb mitunter als die „objektivste Behörde der Welt" bezeichnet.

Die Beamten der Polizei sind im Rahmen der Strafverfolgung Hilfsbeamte der Staatsanwaltschaft und insoweit verpflichtet, den Anordnungen der Staatsanwaltschaft Folge zu leisten. Zugleich ist es allerdings Aufgabe der Polizei, von sich aus Straftaten zu erforschen und alle keinen Aufschub gestattenden Anordnungen zu treffen (§ 163 StPO). Von daher ist es trotz des in der StPO vorgesehenen Unterordnungsverhältnisses der Polizei gegenüber der Staatsanwaltschaft faktisch zu einer weitgehenden Machtverschiebung zugunsten der Polizeibehörden gekommen, die auch technisch und personell im Vergleich zur Staatsanwaltschaft weitaus besser ausgestattet sind.

Die Organisation der Polizei fällt in die Zuständigkeit der Länder. Innerhalb der Polizeibehörden sind die Abteilungen der Kriminalpolizei für die Strafverfolgung zuständig. Neben den Polizeipräsidien und Kreispolizeibehörden gibt es in jedem Bundesland ein Landeskriminalamt und auf Ebene des Bundes das Bundeskriminalamt mit genau bezeichneten speziellen Zuständigkeiten.

Strafgerichte sind die Amts-, Land-, Oberlandesgerichte sowie der Bundesgerichtshof als Gerichte der ordentlichen Gerichtsbarkeit. Wegen weiterer Einzelheiten wird insoweit auf Kapitel 7.1 verwiesen.

Die Übersicht 93 informiert über die drei Verfahrensabschnitte des Strafverfahrens.

Es lassen sich drei Verfahrensabschnitte unterscheiden:

1. Das Ermittlungs- oder Vorverfahren
2. Das – gerichtliche – Zwischenverfahren
3. Die Hauptverhandlung

Übersicht 93

Vertiefung: Der Ablauf des Strafverfahrens ist in der StPO detailliert geregelt (vgl. im Einzelnen: Trenczek et al. 2011, Kap. III.8.3.2; Brühl et al. 2005, Rz. 278 ff.). Überwiegend aufgrund einer Strafanzeige von Bürgern oder aufgrund der Ermittlungstätigkeit von Polizei und/oder Staatsanwaltschaft kommt es zunächst zu einem Ermittlungs- oder Vorverfahren. Staatsanwaltschaft und Polizei haben dabei die bereits genannten Aufgaben nach den §§ 152, 160 und 163 StPO, nämlich im Wesentlichen die der Erforschung des Sachverhaltes. Die Staatsanwaltschaft ist grundsätzlich verpflichtet, wegen aller verfolgbaren Straftaten einzuschreiten, sofern zureichende tatsächliche Anhaltspunkte vorliegen (§ 152 Abs. 2 StPO). Bieten die Ermittlungen genügenden Anlass zur Erhebung einer öffentlichen Klage vor Gericht, so erhebt die Staatsanwaltschaft gemäß § 170 Abs. 1 StPO durch Einreichung einer Anklageschrift bei dem zuständigen Strafgericht die öffentliche Klage.

Nach Zustellung der Anklageschrift beginnt das gerichtliche Zwischenverfahren mit einer richterlichen Vorprüfung. Ergebnis dieser richterlichen Vorprüfung ist die Einstellung des Verfahrens oder der gerichtliche Beschluss über die Eröffnung des Hauptverfahrens. Gemäß § 203 StPO beschließt das Strafgericht die Eröffnung des Hauptverfahrens, wenn nach den Ergebnissen des vorbereitenden Verfahrens „der Angeschuldigte einer Straftat hinreichend verdächtig erscheint" (Eröffnungsbeschluss).

Der betroffene Bürger, der im Ermittlungsverfahren „Beschuldigter" und nach Erhebung der öffentlichen Klage durch die Staatsanwaltschaft „Angeschuldigter" genannt wurde, wird vom Gesetz ab dem Beschluss über die Eröffnung des Hauptverfahrens als „Angeklagter" bezeichnet (vgl. § 157 StPO).

In der zumeist öffentlichen Hauptverhandlung vor dem zuständigen Strafgericht vertritt der Vertreter der Staatsanwaltschaft die Anklage, und ein Verteidiger nimmt die Rechte des Angeklagten wahr. Für die Hauptverhandlung enthält die StPO weitere detaillierte Verfahrensvorschriften (§§ 226 bis 275 StPO). Die Hauptverhandlung endet mit einem Urteil des Strafgerichts, das eine Verurteilung oder einen Freispruch beinhaltet.

Weitere Vertiefung: Für das Strafverfahren gelten unter anderem die folgenden allgemeinen Grundsätze und Prinzipien (siehe Trenczek et al. 2011, Kap. III. 8.3.1 sowie Übersicht 94).

Grundsätze und Prinzipien des Strafverfahrens

Übersicht 94

1. **Rechtsstaatsprinzip (Art. 1, 20, 97, 101 ff. GG).**
   1.1 Der Strafprozess erfolgt nach genau festgelegten Rechtsvorschriften, insbesondere der StPO.
   1.2 Die Menschenwürde ist auch im gerichtlichen Verfahren zu achten.
   1.3 Es besteht das Prinzip des „gesetzlichen Richters" (vgl. Art. 101 Abs. 1 Satz 2 GG); das heißt, die Zuständigkeit der jeweiligen Richter und Spruchkörper des Gerichts müssen bereits vor dem jeweiligen Strafverfahren festgelegt worden sein.
   1.4 Der rechtsstaatliche Grundsatz der Verhältnismäßigkeit (Art. 20 Abs. 3 GG) gilt auch im Strafverfahren.

2. Offizialprinzip.
2.1 Der Strafanspruch steht allein dem Staat zu (staatliches Strafmonopol).
2.2 Die Durchsetzung des Strafanspruchs erfolgt nur durch die staatlichen Organe ohne Rücksicht auf den Willen einzelner Personen.

3. Akkusationsprinzip.
3.1 Dieses kennzeichnet den Grundsatz der Trennung von Anklagebehörde und Gericht (kein Inquisitionsprozess wie im Mittelalter!).
3.2 Das Gericht kann nur aufgrund einer Anklage tätig werden.

4. Legalitätsprinzip.
4.1 Die Staatsanwaltschaft (StA) ist bei entsprechendem Anhalt zu Ermittlungen und zur Anklage verpflichtet, wenn die Ermittlungen dafür genügenden Anlass bieten.
4.2 Ausnahme: In bestimmten Fällen können StA und Gericht auch bei hinreichendem Tatverdacht das Verfahren einstellen (Opportunitätsprinzip), z. B. wegen Geringfügigkeit.

5. Untersuchungsgrundsatz.
Die Wahrheitserforschung erfolgt durch StA und Gericht von Amts wegen; es bedarf dazu keines Antrages.

6. Prinzip der materiellen Wahrheit.
Die Gerichtsentscheidung darf nur auf Tatsachen gestützt werden, die nach Überzeugung des Gerichts als wahrheitsgemäß feststehen.

7. Unschuldsvermutung bis zum Nachweis der Schuld.

8. „In dubio pro reo" („Im Zweifel für den Angeklagten", der in diesem Falle freizusprechen ist).

14.2 Soziale Arbeit und Strafverfahren

Wie bereits dargelegt, ist der Bereich des Strafrechts, insbesondere der Bewährungshilfe, der Jugendgerichtshilfe, des Strafvollzugs sowie der entsprechenden sozialen Dienste der Kinder- und Jugendhilfe und der Justiz, ein breites Arbeitsfeld für Sozialarbeiterinnen und Sozialarbeiter (dazu: Kievel et al. 2013, Kap. 15; Trenczek et al. 2011, Kap. III 8.6; besonders eingehend: Brühl et al. 2005, 2. Teil ab Rz. 710 ff.). Unabhängig davon stellt sich mitunter auch die Frage, wie sich Sozialarbeiterinnen und Sozialarbeiter verhalten müssen, wenn es z. B. um Fragen der Anzeigepflicht von Straftaten, der Aussagepflicht in gerichtlichen Verfahren oder gar um mögliches eigenes strafbares Verhalten geht. Auf diese speziellen berufsrechtlichen Fragestellungen soll im Folgenden eingegangen werden.

§ 138 StGB stellt die „Nichtanzeige geplanter Straftaten" unter Strafe (Kindhäuser 2012, Erläuterungen zu § 138 StGB). Dies gilt mit Blick auf jedermann, also auch mit Blick auf Sozialarbeiterinnen und Sozialarbeiter. Dabei geht es sowohl um die Nichtanzeige geplanter besonders schwerer Straftaten, die in der Sozialen Arbeit in der Regel nicht vorkommen, wie die Vorbereitung eines Angriffskrieges, die Begehung von Hoch- oder Landesverrat, Geld- oder Wertpapierfälschung, als auch um solche wie Mord und Totschlag, Straftaten gegen die persönliche Freiheit, Raub oder räuberische Erpressung. In all diesen Fällen muss es sich allerdings um „geplante" Straftaten handeln. Nicht strafbar ist die Nichtanzeige bereits begangener Straftaten.

In gerichtlichen Verfahren benötigen Sozialarbeiterinnen und Sozialarbeiter im öffentlichen Dienst zunächst eine Aussagegenehmigung durch den Dienstherrn (Trenczek et al. 2011, Kap. III. 8.2.3.1). Ungeachtet dessen können Sozialarbeiterinnen und Sozialarbeiter die Aussage vor Gericht verweigern, wenn sie sich auf ein Zeugnisverweigerungsrecht berufen können. Ein solches ist im Zivil-, Verwaltungs- und Sozialgerichtsprozess anerkannt (§ 383 Abs. 1 Nr. 6 ZPO, § 98 VwGO und § 118 SGG).

Im Strafrecht ist dies allerdings anders. Denn gemäß § 53 Abs. 1 Nr. 3a und 3b StPO sind im sozialen Bereich lediglich: Mitglieder oder Beauftragte einer anerkannten Beratungsstelle nach dem Schwangerschaftskonfliktgesetz sowie Berater für Fragen der Betäubungsmittelabhängigkeit zur Verweigerung des Zeugnisses berechtigt. Abgesehen davon sind Sozialarbeiterinnen und Sozialarbeiter jedoch vor den Strafgerichten grundsätzlich zur Aussage verpflichtet (so auch: Kievel et al., Kap. 15.7.2; anders akzentuiert: Brühl et al. 2005, Rz. 746 ff. sowie Trenczek et al. 2011, Kap. III. 8.2.3.1; jeweils mit weiteren Nachweisen).

Sozialarbeiterinnen und Sozialarbeiter sind des Weiteren nicht nur zur Einhaltung der Datenschutzbestimmungen verpflichtet (siehe dazu bereits oben 10.5.3), sondern sie unterliegen auch einer (strafrechtlichen) Schweigepflicht gemäß § 203 Abs. 1 StGB. § 203 StGB schützt die Verletzung von Privatgeheimnissen. Ein solches „Geheimnis" ist jede Tatsache, die nur einem Einzelnen oder einem beschränkten Personenkreis bekannt ist und an deren Geheimhaltung der Betroffene ein schutzwürdiges Interesse hat (Kindhäuser 2012, § 53 StGB, Erläuterung 4).

Dazu zählen in der Sozialen Arbeit regelmäßig wichtige persönliche Informationen, die eine Sozialarbeiterin oder ein Sozialarbeiter z.B. in einem Beratungsgespräch von ihren Klienten oder Klientinnen erfährt. Der Geheimhaltungspflicht nach § 203 Abs. 1 StGB unterliegen mehrere Berufsgruppen, u.a. Ehe-, Familien-, Erziehungs- oder Jugendberater sowie Berater für Suchtfragen (Nr. 4), Mitglieder oder Beauftragte von Beratungsstellen nach dem Schwangerschaftskonfliktgesetz (Nr. 4a) und insbesondere ganz allgemein „staatlich anerkannte Sozialarbeiter oder staatlich anerkannte Sozialpädagogen" (Nr. 5).

Deshalb kann sich gemäß § 203 Abs. 1 StGB strafbar machen, wer „ein fremdes Geheimnis, namentlich ein zum persönlichen Lebensbereich gehörendes Geheimnis, offenbart", das ihm in dieser Eigenschaft anvertraut worden oder sonst bekannt geworden ist. Strafbar ist eine solche Verletzung von Privatgeheimnissen allerdings nur, wenn dies „unbefugt" geschieht. Mit anderen Worten, wenn eine „Befugnis" zur Offenbarung besteht, besteht keine strafrechtliche Schweigepflicht und macht man sich nicht gemäß § 203 Abs. 1 StGB strafbar (a.a.O. Erläuterungen 9, 10). Die Übersicht 95 informiert über die wichtigsten Offenbarungsbefugnisse in diesem Sinne (Brühl et al. 2005, Rz. 744 ff.).

Strafrechtliche Schweigepflicht und Offenbarungsbefugnisse gemäß § 203 StGB

Übersicht 95

1. **Schweigepflicht.**
   Sozialarbeiterinnen und Sozialarbeiter dürfen in den Fällen des § 203 Abs. 1 StGB nicht „unbefugt" fremde Geheimnisse offenbaren – es sei denn, es besteht eine Offenbarungsbefugnis nach 2.

2. **Offenbarungsbefugnisse bestehen bei:**
   2.1 (freiwilliger) Einwilligung der Betroffenen; dies ist der praktisch wichtigste Fall(!);
   2.2 rechtfertigendem Notstand nach § 34 StGB, wenn ein höherrangiges Rechtsgut (z. B. Leben, körperliche Unversehrtheit oder sexuelle Selbstbestimmung) bei einer Rechtsgüterabwägung gegenüber dem Rechtsgut „Geheimnisschutz" überwiegt;

2.3 gesetzlichen Offenbarungspflichten, z. B. bei
   2.3.1 Anzeigepflichten nach § 138 StGB (bei besonders schweren geplanten Straftaten wie z. B. Mord);
   2.3.2 Anzeigepflichten nach dem Bundesseuchengesetz (z. B. bei Aids);
   2.3.3 Anzeigepflichten nach dem Strafvollzugsrecht bei erheblicher Gefahr für Leib oder Leben von Gefangenen;
2.4 berufsspezifischen Offenbarungspflichten;
   z. B. Mitteilungspflichten der Jugendgerichtshilfe oder Bewährungshilfe an die Gerichte;
2.5 Zeugnispflichten. Grundsätzlich besteht die Verpflichtung, in strafgerichtlichen Verfahren als Zeuge auszusagen (siehe soeben).

Vertiefung: Für die Soziale Arbeit ist schließlich wichtig zu wissen, dass man sich unter Umständen auch dadurch strafbar machen kann, indem man eine bestimmte gebotene Handlung unterlässt. So kann eine strafrechtliche Verantwortung einer Sozialarbeiterin oder eines Sozialarbeiters gemäß § 13 StGB (Begehen durch Unterlassen) dann in Betracht kommen, wenn bei einer ihr/ihm anvertrauten Person ein Körper- oder Gesundheitsschaden, ggf. mit Todesfolge, eingetreten ist und wenn die Sozialarbeiterin oder der Sozialarbeiter „rechtlich dafür einzustehen hat, dass der Erfolg nicht eintritt" (Näheres bei: Kindhäuser 2012, Erläuterungen zu § 13).

Um sich strafbar zu machen, muss also eine so genannte strafrechtliche Garantenstellung bestanden haben, die eine Handlungspflicht etwa einer Sozialarbeiterin oder eines Sozialarbeiters im Jugendamt zum Schutz eines Kindes ausgelöst hat (Kievel et al. 2013, Kap. 15.7.3; Brühl et al. 2005, Rz. 759 ff.; Trenczek et al. 2011, Kap. IV. 1.3.3). Eine solche besteht ggf. mit Blick auf ein Kind, das schon mehrfach von seinen Eltern misshandelt worden ist, insoweit, als dass dann die weitere Entwicklung in einer solchen Familie genau zu beobachten ist, um ggf. rasch eingreifen zu können. Diese so genannte „Garantenstellung" oder „Beschützergarantie" wird aus dem staatlichen Wächteramt (Art. 6 Abs. 2 Satz 2 GG) abgeleitet. Kommt eine Sozialarbeiterin oder ein Sozialarbeiter einer insoweit bestehenden Verpflichtung zum Handeln nicht nach, kann diese(r) sich aufgrund unterlassenen Handelns zum Schutz eines Kindes strafbar machen.

Letzteres ist allerdings nicht zu befürchten, wenn Sozialarbeiterinnen und Sozialarbeiter ihre Pflichten sorgfältig und fachgerecht erfüllt haben. Was „lege artis", also „kunst"- und fachgerecht ist, weil es anerkannten professionellen Standards entspricht, kann nicht strafbar sein! (vgl. Trenczek/Tammen/Behlert 2011, Kap. III. 8.2.2.2).

14.3 Jugendstrafrecht

Die Rechtsordnung, auch das Strafrecht, versucht, den Bedingungen und Besonderheiten der Lebensphase „Jugend" Rechnung zu tragen. Gerade während der Pubertät und danach ist es „jugendtypisch", eigene Normen und Wertvorstellungen zu entwickeln, sich kritisch mit vorgegebenen Lebensbedingungen in der Gesellschaft auseinanderzusetzen und auch Grenzen „auszutesten". Das Recht der Kinder- und Jugendhilfe nach dem SGB VIII zielt deshalb ab auf die Förderung der Entwicklung und der Erziehung junger Menschen zu eigenverantwortlichen und gemeinschaftsfähigen Persönlichkeiten, indem ihnen spezielle Angebote unterbreitet und Hilfeleistungen zur Verfügung gestellt werden.

Und zusätzlich zum Erwachsenenstrafrecht nach dem StGB und der StPO gelten für Jugendliche im Alter von 14 bis 17 und ggf. auch für Heranwachsende im Alter von 18 bis 20 Jahren besondere, ebenfalls vom Erziehungsgedanken geprägte Vorschriften des Jugendgerichtsgesetzes (JGG); dazu: Nix et al. (2011) und Janssen/Riehle (2013). Während die Kinder- und Jugendhilfe auf dem Prinzip der Freiwilligkeit basiert, ist das Jugendstrafrecht nach dem JGG allerdings „echtes" Strafrecht, das auf dem Grundsatz von Zwang beruht.

Für welche jungen Menschen gelten allgemeines Strafrecht und Jugendstrafrecht? Darüber informiert die Übersicht 96.

Kinder, Jugendliche und Heranwachsende im Strafrecht (JGG/StGB)

Übersicht 96

1. **Kinder,**
   die zur Tatzeit unter 14 Jahre alt sind,
   1.1 sind schuldunfähig und strafunmündig (§ 19 StGB);
   1.2 deshalb ist weder das JGG noch das StGB auf sie anwendbar.

2. Jugendliche,
die zur Tatzeit 14 bis unter 18 Jahre alt sind,
2.1 sind bedingt strafmündig, sofern ihre Verantwortlichkeit gemäß § 3 JGG („Reife", „Einsicht") zu bejahen ist;
2.2 auf sie ist dann das JGG anwendbar (§ 1 JGG, § 10 StGB), ergänzend das StGB.

3. Heranwachsende,
die zur Tatzeit 18 bis unter 21 Jahre alt sind,
3.1 sind immer voll strafmündig.
3.2 Ob auf sie neben dem StGB auch noch das JGG anwendbar ist, hängt davon ab, ob die Voraussetzungen des § 105 Abs. 1 Nr. 1 oder 2 JGG erfüllt sind!
   3.2.1 Das JGG ist danach anwendbar, wenn
      – der Täter zur Zeit der Tat nach seiner Persönlichkeit und Entwicklung (noch) einem Jugendlichen gleichstand (Nr. 1) oder wenn
      – es sich bei der Tat um eine („typische") Jugendverfehlung handelt (Nr. 2).
   3.2.2 Es ist nur das StGB anzuwenden, wenn die in § 105 JGG genannten Voraussetzungen nicht erfüllt sind.

Während Kinder also im Alter von unter 14 Jahren überhaupt nicht strafmündig sind, weil sie vom Gesetz als schuldunfähig angesehen werden (§ 19 StGB) und während Jugendliche im Alter von 14 bis unter 18 Jahren bedingt strafmündig sind, sind junge Erwachsene ab der Vollendung des 18. Lebensjahres strafrechtlich voll verantwortlich und unterliegen insoweit dem allgemeinen Erwachsenenstrafrecht. Allerdings kann auf Heranwachsende im Alter von 18 bis unter 21 Jahren gemäß § 105 Abs. 1 Nr. 1 oder 2 JGG in den beiden dort genannten Fällen zusätzlich auch (noch) Jugendstrafrecht nach dem JGG angewendet werden (dazu: Nix et al. 2011, § 5 B).

Die wichtigste Besonderheit des Jugendstrafrechts besteht in der Andersartigkeit und größeren Differenziertheit der Straffolgen bei begangener Straftat (im Einzelnen: Meier et al. 2013, §§ 6 bis 12). Anders als im Erwachsenenstrafrecht ist bei Jugendlichen (und ggf. Heranwachsenden) eine Geldstrafe überhaupt nicht vorgesehen. Die Verhängung einer Jugendstrafe (Freiheitsentzug in einer Jugendstrafanstalt) kommt nur unter besonderen Voraussetzungen in Betracht. Und anders als das Erwachsenenstrafrecht ist das Jugendstrafrecht durch die Möglichkeit der Verhängung von „Erziehungsmaßregeln" und „Zuchtmitteln" geprägt, bei denen erzieherische Konsequenzen im Vordergrund stehen; die entsprechenden jungen Menschen sind zudem dadurch nicht „vorbestraft". Die Übersicht 97 vermittelt einen Eindruck über das vielfältige Maßnahmenspektrum nach dem JGG.

Erziehungsmaßregeln, Zuchtmittel und Jugendstrafe nach dem Jugendgerichtsgesetz (JGG)

Übersicht 97

1. **Erziehungsmaßregeln (§§ 9 bis 12):**
   1.1 Weisungen, z. B. hinsichtlich Aufenthaltsort, Verkehrsunterricht, Arbeitsauflage, sozialer Trainingskurs, Täter-Opfer-Ausgleich
   1.2 Auferlegung von Hilfe zur Erziehung nach dem SGB VIII
      1.2.1 Erziehungsbeistandschaft (§ 30 SGB VIII)
      1.2.2 Heimerziehung oder betreutes Wohnen (§ 34 SGB VIII)

2. **Zuchtmittel (§§ 13 bis 16):**
   2.1 Verwarnung
   2.2 Erteilung von Auflagen
      2.2.1 Schadenswiedergutmachung
      2.2.2 Entschuldigung beim Verletzten
      2.2.3 Erbringung von Arbeitsleistungen
      2.2.4 Zahlung eines Geldbetrages zugunsten einer gemeinnützigen Einrichtung
   2.3 Jugendarrest
      2.3.1 Freizeitarrest
      2.3.2 Kurzarrest
      2.3.3 Dauerarrest (höchstens vier Wochen)

3. **Jugendstrafe (§§ 17 ff.)** als Freiheitsentzug in einer Jugendstrafanstalt (mindestens 6 Monate, höchstens fünf Jahre, bei besonders schweren Verbrechen zehn Jahre):
   3.1 Jugendstrafe ohne Aussetzung zur Bewährung
   3.2 Aussetzung der Jugendstrafe von bis zu zwei Jahren zur Bewährung

---

Das zentrale Arbeitsfeld für Sozialarbeiterinnen und Sozialarbeiter im Bereich des Jugendkriminalrechts ist die Mitwirkung im Verfahren nach dem Jugendgerichtsgesetz gemäß § 52 SGB VIII („Jugendgerichtshilfe"). Diese stellt eine „andere Aufgabe" gemäß

§ 2 Abs. 3 Nr. 8 SGB VIII dar. Sie ist eine Aufgabe des Jugendamtes (eventuell auch von Trägern der freien Jugendhilfe) an der „Schnittstelle" von Kinder- und Jugendhilfe und Jugendstrafjustiz. Sie besteht gemäß § 52 Abs. 1 SGB VIII (Kinder- und Jugendhilfe) i.V.m. mit §§ 38 und 50 JGG insbesondere darin, die betroffenen Jugendlichen oder Heranwachsenden während aller Verfahrensabschnitte des Strafverfahrens (siehe 14.1) zu begleiten und zu unterstützen. Dies gilt für die Zeit vom polizeilichen und staatsanwaltschaftlichen Ermittlungsverfahren über das strafgerichtliche Verfahren bis ggf. für die Zeit danach (zum Ganzen: Meier et al. 2013, § 13 II. 2. c; Nix et al. 2012, § 10). Auch hier stellen sich mitunter schwierige Aufgaben im Spannungsfeld von Hilfe und Kontrolle.

14.4 Fälle

Fall 21: Privatgeheimnisse

S. ist staatlich anerkannte Sozialarbeiterin in einer katholischen Ehe-, Familien- und Erziehungsberatungsstelle. Ihre Klientin K. offenbart ihr intime private Erlebnisse und Angaben zu ihrer sehr schwierigen persönlichen und finanziellen Situation. Macht S. sich strafbar, wenn sie diese Informationen weitergibt:

1. anlässlich einer privaten Party bei sich zu Hause,
2. mit Einwilligung der K. an ihre Kollegin X, um auch deren fachliche Meinung mit einzubeziehen,
3. an das Jugendamt unter Einhaltung der einschlägigen Datenschutzbestimmungen,
4. an das Gesundheitsamt, soweit ihr K. mitgeteilt hat, dass sie sich eine HIV-Infektion (Aids) zugezogen hat,
5. an die Polizei, soweit ihr K. mitgeteilt hat, dass sie beabsichtige, ihren Ex-Freund zu vergiften?

Fall 22: Schwangerschaftsabbruch

1. F. ist seit 5 Wochen schwanger und will abtreiben. Was muss sie tun, um straffrei zu bleiben?
2. G. ist seit 14 Wochen schwanger. Die Geburt des Kindes würde sie in Lebensgefahr bringen. Macht der Arzt sich strafbar, wenn er die Schwangerschaft beendet?
3. H. ist vergewaltigt und davon schwanger geworden. Macht der Arzt sich strafbar, wenn er diese Schwangerschaft abbricht, obwohl davon auszugehen ist, dass sowohl H. als auch ihr Kind keinen gesundheitlichen Schaden erlitten bzw. zu erwarten haben?
4. Arzt A. veröffentlicht jeden Samstag in der örtlichen Tageszeitung eine Anzeige, in der er anbietet, schnell, sauber, preiswert sowie schmerzfrei Schwangerschaftsabbrüche durchzuführen. Macht A. sich strafbar?

Anhang

Musterlösungen

Hinweis: Die folgenden Musterlösungen zu den am Ende der jeweiligen Kapitel dieses Buches dargestellten Fällen ergeben sich nicht selten bereits aus dem Text der einschlägigen gesetzlichen Bestimmungen. Deshalb müssen nicht immer „lehrbuchmäßige Subsumtionen" durchgeführt werden, wie dies mit Blick auf schwierige Fälle und komplizierte Auslegungsprobleme an anderer Stelle empfohlen worden ist (vgl. 3.3.4: „Fünf goldene Schritte bei der Fallbearbeitung").

Lösung Fall 1: Der preisgünstige MP3-Player

K. könnte gegenüber V. einen Anspruch auf Übergabe des gewünschten Gerätes zum Preise von 200 € und auf Eigentumsverschaffung aufgrund von § 433 Abs. 1 Satz 1 BGB haben. Dies setzt voraus, dass zwischen K. und V. aufgrund von zwei übereinstimmenden Willenserklärungen ein entsprechender Kaufvertrag zustande gekommen ist (vgl. § 433 Abs. 1 Satz 1 BGB: „durch den Kaufvertrag wird der Verkäufer... verpflichtet"). Insoweit müsste die eine Vertragspartei ein rechtswirksames, bindendes Angebot gemäß § 145 BGB („Antrag") abgegeben haben, das die andere Vertragspartei angenommen hätte.

Im vorliegenden Fall war es so, dass V. den von K. gewünschten MP3-Player zum Preise von 200 € im Schaufenster ausgestellt hatte. Hier stellt sich nun die Frage, ob dies bereits ein rechtlich bindendes Angebot nach § 145 BGB darstellt. Nach allgemeiner Auffassung ist dies nicht der Fall. Vielmehr handelt es sich bei Warenauslagen in Schaufenstern wie bei Anzeigen in Zeitungen lediglich um eine Aufforderung an andere, dass diese ein Angebot (zum Kauf) abgeben. Juristen sprechen hier lateinisch vornehm von einer „invitatio ad offerendum" („Einladung zum Angebot"). Durch solche Aufforderungen oder Ankündigungen will sich ein Verkäufer in aller Regel noch nicht konkret rechtlich binden. Es könnte ja sein, dass er zu einem bestimmten Zeitpunkt nicht mehr über die offerierten Gegenstände verfügt oder er mit einem bestimmten Käufer keinen Kaufvertrag abschließen möchte. Damit stellt die Auslage im Schaufenster kein juristisch relevantes Angebot dar.

Ein juristisch relevantes Angebot war hingegen die Aufforderung von K. im Geschäft, ihm den ausgestellten MP3-Player für 200 € zu verkaufen. Dieses Angebot hat jedoch wiederum der Verkäufer nicht angenommen. Im Ergebnis ist also kein rechtswirksamer Kaufvertrag zustande gekommen. (Hinweis: Dasselbe Ergebnis ließe sich auch damit begründen, dass hier nicht zwei übereinstimmende Willenserklärungen vorlagen, weil man sich nicht über den Kaufpreis verständigen konnte.)

Damit ist bereits das erste Tatbestandsmerkmal von § 433 Abs. 1 Satz 1 BGB („Kaufvertrag") nicht erfüllt, so dass K. bereits aus diesem Grunde von V. nicht verlangen kann, ihm den MP3-Player für 200 € zu übergeben und ihm das Eigentum daran zu verschaffen.

Lösung Fall 2: Der unbrauchbare Laptop

In diesem Fall ist ein Kaufvertrag nach § 433 BGB abgeschlossen worden. Kaufsache ist der Laptop „Quick-Fox", den V. an K. für 700 € übergeben und ihr das Eigentum an dem (defekten) Laptop verschafft hat. Zu prüfen ist deshalb, ob K. Rechte aus § 437 BGB geltend machen könnte.

Dies setzt gemäß § 437 BGB voraus, dass die Sache mangelhaft, also mit einem Sachmangel (§ 434 BGB) behaftet war. Gemäß § 433 Abs. 1 Satz 2 gehört es zu den Hauptpflichten des Verkäufers, dem Käufer die Sache frei von Sach- und Rechtsmängeln zu verschaffen. Im vorliegenden Fall war der Laptop funktionsuntüchtig und damit ganz offensichtlich nicht frei von Sachmängeln, weil er sich nicht gemäß § 434 Abs. 1 Satz 2 Nr. 1 BGB für die nach dem Vertrag vorausgesetzte Verwendung (Nutzung als Laptop) eignete. In einem solchen Fall kann K. alternativ die dem Käufer gemäß § 437 Nr. 1, 2 und 3 zustehenden fünf verschiedene Rechte in Anspruch zunehmen:

- Gemäß § 437 Nr. 1 i. V. m. § 439 kann K. von V. „Nacherfüllung" verlangen, also nach ihrer Wahl gemäß § 439 Abs. 1 die Beseitigung des Mangels (z. B. durch einen für sie kostenfreien Austausch des defekten Teiles) oder die Lieferung einer mangelfreien Sache (also eines funktionsfähigen anderen Laptops).
- Sie kann aber auch gemäß § 437 Nr. 2 i. V. m. § 440 von dem Vertrag zurücktreten; dies bedeutet, dass der Vertrag „rückabgewickelt" werden muss und V. der K. gegen Rücknahme des defekten Gerätes die 700 € zurückerstatten muss.
- Des Weiteren besteht nach § 437 Nr. 2 i. V. m. § 441 auch die Möglichkeit, durch Erklärung der K. gegenüber dem V. den Kaufpreis zu mindern.
- Schließlich könnte K. gemäß § 437 Nr. 3 auch Schadenersatz oder Ersatz vergeblicher Aufwendungen verlangen, sofern sie solche vergeblich getätigt haben sollte.

Lösung Fall 3: Der Student und die Mietwohnung

1. Gemäß § 540 Abs. 1 BGB ist S. als Mieter ohne Erlaubnis des Vermieters V. nicht berechtigt, den Gebrauch der Mietsache einem Dritten zu überlassen, insbesondere sie weiter zu vermieten. V. kann deshalb gemäß § 541 BGB nach Abmahnung auf Unterlassung klagen. Verweigert V. allerdings die Erlaubnis zur Untervermietung, so kann S. gemäß § 540 Abs. 1 Satz 2 BGB das Mietverhältnis außerordentlich mit der gesetzlichen Frist kündigen, sofern nicht in der Person des Dritten ein wichtiger Grund vorliegt; davon ist nach dem Sachverhalt jedoch nicht auszugehen.

2. Gemäß § 573 Abs. 1 BGB kann der Vermieter das Mietverhältnis nicht „ohne Weiteres" kündigen, sondern nur dann, wenn er ein berechtigtes Interesse an der Beendigung des Mietverhältnisses hat. Ein berechtigtes Interesse des Vermieters an der Beendigung des Mietverhältnisses liegt gemäß § 573 Abs. 2 Nr. 1, 2 und 3 BGB insbesondere dann vor, wenn der Mieter seine vertraglichen Pflichten schuldhaft nicht unerheblich verletzt hat (Nr. 1), wenn der Vermieter „die Räume als Wohnung für sich, seine Familienangehörigen oder Angehörige seines Haushalts benötigt" (Nr. 2) oder wenn ... (vgl. Nr. 3).

Das berechtigte Interesse des V. an einer Kündigung ist hier gemäß § 573 Abs. 2 Nr. 2 BGB begründet, weil er die Eigentumswohnung in Wiesbaden selbst nutzen möchte, nachdem er dort eine neue Arbeitsstelle angenommen hat. Gemäß § 568 Abs. 1 BGB müsste V. das Mietverhältnis in schriftlicher Form kündigen und dabei die Kündigungsfristen nach § 573c BGB beachten. Da das Mietverhältnis jedoch noch nicht fünf oder gar acht Jahre gedauert hat (vgl. § 573c Abs. 1 Satz 2 BGB), ist hier eine Kündigung gemäß § 573c Abs. 1 Satz 1 BGB spätestens am dritten Werktag eines Kalendermonats zum Ablauf des übernächsten Monats zulässig.

Gemäß § 574 Abs. 1 BGB kann sodann der Kündigung des Vermieters seitens des Mieters widersprochen werden, wenn die Beendigung des Mietverhältnisses für ihn eine nicht zu rechtfertigende Härte wäre. Dies wäre gemäß 574 Abs. 2 BGB der Fall, wenn angemessener Ersatzwohnraum zu zumutbaren Bedingungen nicht beschafft werden kann. Ob dies hier so wäre, kann nach dem Sachverhalt nicht abschließend beurteilt werden. Im Falle des § 574 BGB könnte S. gemäß § 574a Abs. 1 Satz 1 BGB verlangen, dass das Mietverhältnis so lange fortgesetzt wird, wie dies unter Berücksichtigung aller Umstände angemessen ist. Käme insoweit keine Einigung zwischen V. und S. zustande, so könnten ggf. die Fortsetzung des Mietverhältnisses und deren Dauer durch gerichtliches Urteil bestimmt werden (§ 574a Abs. 2 Satz 1 BGB).

3. Gemäß § 562 Abs. 1 Satz 1 BGB hat der Vermieter „für seine Forderungen aus dem Mietverhältnis ein Pfandrecht an den eingebrachten Sachen des Mieters". Ein solches Vermieterpfandrecht besteht auch hier, weil S. mit seinen Mietzahlungen im Rückstand ist und V. deshalb entsprechende Forderungen gegenüber S. auf Mietzinszahlung hat. Daran knüpft ein sog. „Selbsthilferecht" des Vermieters an: Gemäß § 562b Abs. 1 Satz 1 BGB darf der Vermieter der Entfernung der Sachen, die seinem Pfandrecht unterliegen, widersprechen und darf darüber hinaus gemäß § 562b Abs. 1 Satz 2 BGB, wenn der Mieter auszieht, diese Sachen in seinen Besitz nehmen.

Fraglich ist des Weiteren, welche Gegenstände, die im Eigentum des S. stehen, von V. in diesem Sinne in seinen Besitz genommen werden dürfen. Gemäß § 562 Abs. 1 Satz 2 BGB erstreckt sich das Pfandrecht „nicht auf die Sachen, die der Pfändung nicht unterliegen". Welche Sachen in diesem Sinne unpfändbar sind, ist in § 811 der Zivilprozessordnung (ZPO) geregelt.

Gemäß § 811 Abs. 1 Nr. 10 ZPO sind (nach dessen etwas altertümlicher Formulierung) folgende Sachen nicht der Pfändung unterworfen: „die Bücher, die zum Gebrauch des Schuldners und seiner Familie in der Kirche oder Schule oder einer sonstigen Unterrichtsanstalt oder bei der häuslichen Andacht bestimmt sind". Das Wörterbuch von Kreft/Mielenz und das Handbuch von Otto/Thiersch sind zwar nicht zum „Gebrauch in der Kirche oder der häuslichen Andacht", allerdings zweifelsfrei zum Studium von S. bestimmt und sind deshalb nicht pfändbar. Anders ist es bei dem DVD-Player, den V. deshalb an sich nehmen darf.

Lösung Fall 4: Die Mieterhöhung

1. Gemäß § 557 Abs. 1 BGB können die Parteien des Mietverhältnisses zwar jederzeit eine Erhöhung der Miete vereinbaren; zu einer solchen Vereinbarung ist es nach dem Sachverhalt jedoch nicht gekommen. Auch eine Staffelmiete (§ 557a BGB) oder eine Indexmiete (§ 557b BGB) ist nicht vereinbart worden.

2. Möglicherweise ist V. jedoch berechtigt, gemäß § 558 Abs. 1 Satz 1 BGB von M. die Zustimmung zu einer Erhöhung der Miete bis zur ortsüblichen Vergleichsmiete zu verlangen, die nach dem Sachverhalt in der Tat bei 700 € liegt. Gemäß § 558 Abs. 1 Satz 2 BGB kann ein Mieterhöhungsverlangen frühestens ein Jahr nach der letzten Mieterhöhung geltend gemacht werden. Nach dem Sachverhalt ist es in den letzten drei Jahren zu keiner Mieterhöhung gekommen, so dass diese Voraussetzung erfüllt ist. Des Weiteren darf sich die Miete gemäß § 558 Abs. 3 BGB innerhalb von drei Jahren nicht um mehr als 20% erhöhen; auch diese Voraussetzung ist gegeben.

3. Sodann müssen die Vorschriften über Form und Begründung der Mieterhöhung eingehalten werden. Das Mieterhöhungsverlangen ist dem Mieter gemäß § 558a Abs. 1 BGB in Textform zu erklären und zu begründen; hinsichtlich der Textform reicht der eingeschriebene Brief aus. Gemäß § 558a Abs. 2 BGB kann zur Begründung des Mieterhöhungsverlangens insbesondere Bezug genommen werden auf einen Mietspiegel (Nr. 1), eine Auskunft aus einer Mietdatenbank (Nr. 2), auf ein mit Gründen versehenes Gutachten eines öffentlich bestellten und vereidigten Sachverständigen (Nr. 3) oder auf entsprechende Entgelte für einzelne vergleichbare Wohnungen; hierbei genügt die Benennung von drei Wohnungen (Nr. 4). Eine solche qualifizierte Begründung hat V. seinem Mieterhöhungsverlangen nicht beigefügt.

Allerdings ergibt sich aus der Formulierung von § 558a Abs. 2 BGB („insbesondere"), dass die Aufzählung der in den Nummern 1. bis 4. genannten Begründungsmittel nicht abschließend ist. Sonstige Begründungsmittel könnten deshalb verwendet werden, wenn sie ebenso geeignet sind wie die Begründungsmittel nach den Nummern 1. bis 4. (vgl. Palandt 2009, § 558a, Rand Rz 7, 12). Zeitungsberichte wird man jedoch nicht als ausreichend ansehen können, weil sie nicht in vergleichbarer Weise zuverlässig sind.

4. Nach dem Sachverhalt ist nicht davon auszugehen, dass M. nunmehr der Mieterhöhung gemäß § 558b Abs. 1 BGB zustimmt. Soweit M. auch nicht bis zum Ablauf des zweiten Kalendermonats nach dem Zugang des Mieterhöhungsverlangens zustimmt, kann V. gemäß § 558b Abs. 2 BGB auf Erteilung der Zustimmung durch M. klagen; die Klage muss innerhalb von drei weiteren Monaten erhoben werden. Da einer solchen Klage ein Mieterhöhungsverlangen vorausgegangen war, das den formalen Anforderungen des § 558a BGB nicht entsprochen hat, kann V. nunmehr auch noch im Klageverfahren gemäß § 558b Abs. 3 Satz 1 BGB die Mängel des Erhöhungsverlangens beheben, indem er z. B. einen Mietspiegel gemäß § 558a Abs. 2 Nr. 1 BGB oder drei entsprechende Vergleichsangebote (Nr. 4) vorlegt. Gelingt ihm dies, kann er sein Mieterhöhungsverlangen durchsetzen. Dabei ist der Einwand von M. irrelevant, dass bereits vor seinem Einzug vor drei Jahren die Miete von 500 € auf 600 € erhöht worden war; dies spielt nach den Bestimmungen der §§ 558 ff. BGB keine Rolle.

5. Allerdings hat M. in diesem Falle ein Sonderkündigungsrecht gemäß § 561 Abs. 1 Satz 1 BGB: Er kann innerhalb der dort bestimmten Frist das Mietverhältnis außerordentlich kündigen. Kündigt er, so tritt gemäß § 561 Abs. 1 Satz 2 BGB die Mieterhöhung nicht ein.

Lösung Fall 5: Der schwer verletzte Student

S. ist im Sinne des § 823 Abs. 1 BGB an seinem Körper bzw. an seiner Gesundheit verletzt worden. Fraglich ist jedoch, ob G. in diesem Zusammenhang in rechtlich relevanter Weise gehandelt hat. Eine Handlung stellt nämlich nur ein bewusstes Tun oder Unterlassen dar. Daran fehlt es, so dass hier keine relevante Handlung vorliegt. Zu demselben Ergebnis gelangt man auch über § 827 Satz 1 BGB: Da sich G. im Zustand der Bewusstlosigkeit befunden hat, ist er für den Schaden nicht verantwortlich.

Allerdings könnte eine Ersatzpflicht aus Billigkeitsgründen nach § 829 BGB in Betracht kommen. Es handelt sich hier um einen Fall nach § 823 Abs. 1 BGB, für den G. aufgrund von § 827 Satz 1 BGB nicht verantwortlich ist. Des Weiteren müsste die „Billigkeit" nach den Umständen, insbesondere nach den Verhältnissen der Beteiligten, eine „Schadloshaltung" des S. erfordern. Dies erscheint durchaus denkbar, kann jedoch im vorliegenden Fall nicht abschließend beurteilt werden, da die näheren Umstände nach dem Sachverhalt nicht bekannt sind.

(Hinweis: unabhängig davon haftet hier G. als Halter eines Kraftfahrzeugs auch ohne Verschulden nach § 7 Abs. 1 des Straßenverkehrsgesetzes).

Lösung Fall 6: Das werdende Kind

Das Kind K. könnte einen Schadenersatzanspruch gegenüber A. nach § 823 Abs. 1 BGB haben. Von einer bewussten Handlung des A. ist auszugehen. Fraglich ist jedoch, ob es sich bei dem Kind K. zum Zeitpunkt des Unfalls um einen „anderen" im Sinne des § 823 Abs. 1 BGB gehandelt hat. K. war nämlich zu diesem Zeitpunkt noch nicht geboren und damit noch nicht rechtsfähig im Sinne von § 1 BGB. In der Rechtsprechung ist jedoch anerkannt (vgl. BGHZ 58, 48), dass von § 823 Abs. 1 BGB auch erfasst ist, wer zur Zeit der Verletzungshandlung noch nicht geboren war und dann geschädigt geboren wird. Man kann dies auch im Wege einer extensiven Interpretation von § 823 Abs. 1 BGB begründen: ein „anderer" im Sinne des § 823 Abs. 1 BGB ist auch ein „werdender anderer".

Nach dem Sachverhalt ist im Übrigen davon auszugehen, dass A. auch widerrechtlich und schuldhaft (zumindest fahrlässig) gehandelt hat, so dass A. dem K. wegen der Verletzung von dessen Körper und Gesundheit zum Ersatz des entstandenen Schadens verpflichtet ist. Neben dem Ersatz der Krankheitskosten und immaterieller Schäden erstreckt sich die Verpflichtung zum Schadensersatz ggf. auch auf die Nachteile, welche die Handlung für den Erwerb oder das Fortkommen des Verletzten herbeiführt (§ 842 BGB) sowie auf die Entrichtung einer Geldrente oder auf eine Kapitalabfindung nach § 843 BGB.

Lösung Fall 7: Das allgemeine Persönlichkeitsrecht

1. Fraglich ist zunächst, ob U. ein „sonstiges (geschütztes) Recht" im Sinne des § 823 Abs. 1 BGB verletzt hat. Dazu zählt auch das „allgemeine Persönlichkeitsrecht", das von der Rechtsprechung in richterlicher Rechtsfortbildung aufgrund von Art. 1 und 2 GG entwickelt worden ist (vgl. BGH NJW 71, 698; 75, 1882).

Zu einer Verletzung des Persönlichkeitsrechts gehört z. B. auch die unerlaubte Veröffentlichung von Fotoaufnahmen aus dem Privatbereich. Hier handelt es sich sogar um die Fotomontage eines Bildes von S., die zur Werbung für pornographische Produkte genutzt wurde. Dies ist als Ehrverletzung der S. zu bewerten (vgl. BGHZ 39, 124). Das allgemeine Persönlichkeitsrecht von S. ist hier zudem dadurch verletzt worden, dass eine Abbildung ihrer Person ohne ihre Zustimmung „kommerzialisiert" worden ist (BGHZ 26, 349; BGHZ 143, 214). Da auch die übrigen Tatbestandsmerkmale von § 823 Abs. 1 BGB offensichtlich erfüllt sind, ist U. der S. aufgrund dieser Bestimmung zum Schadenersatz verpflichtet.

2. Hier ist S. zwar kein finanzieller, wohl aber ein immaterieller Schaden entstanden. Gemäß § 253 Abs. 1 BGB kann jedoch wegen eines „Schadens, der nicht Vermögensschaden ist", eine Entschädigung in Geld „nur in den „durch das Gesetz bestimmten Fällen gefordert werden". Eine „Verletzung des Körpers, der Gesundheit, der Freiheit oder der sexuellen Selbstbestimmung" im Sinne von § 253 Abs. 2 BGB liegt hier nicht vor. Darüber hinaus gehend kann nach der Rechtsprechung eine Entschädigung in Geld jedoch für die Verletzung ideeller Interessen auch dann gefordert werden, wenn das Persönlichkeitsrecht des Betroffenen in besonders erheblicher Weise beeinträchtigt worden ist oder den Handelnden ein schweres Verschulden trifft (BGHZ 26, 349). Dies wird im vorliegenden Fall beides zu bejahen sein, so dass S. wegen des erlittenen immateriellen Schadens eine Entschädigung in Geld zusteht.

Lösung Fall 8: Haftung für den Verrichtungsgehilfen

1. F. hat widerrechtlich und vorsätzlich die Grundstücke, also das Eigentum des B. beschädigt, so dass er dem B. zum Ersatz des daraus entstandenen Schadens gemäß § 823 Abs. 1 BGB verpflichtet ist.

2. Fraglich ist, ob darüber hinaus auch ein Haftung des U. gemäß § 831 Abs. 1 BGB in Betracht kommt. U. hat F. als Fahrer für Behindertentransporte und damit zu einer „Verrichtung" bestellt, bei deren Ausführung dieser dem B. widerrechtlich einen Schaden zugefügt hat. Die Voraussetzungen von § 831 Abs. 1 Satz 1 BGB sind mithin erfüllt. Allerdings tritt die Ersatzpflicht des U. nicht ein, wenn er einen so genannten „Entlastungsbeweis" nach § 831 Abs. 1 Satz 2 BGB führen könnte. Ein solcher „Entlastungsbeweis" („Exkulpation") ist möglich,

- wenn U. bei der Auswahl von F. und bei der Beschaffung der Fahrzeuge „die im Verkehr erforderliche Sorgfalt beobachtet hat"; davon ist nach dem Sachverhalt auszugehen;
- wenn der Schaden auch bei Anwendung der erforderlichen Sorgfalt („sowieso") entstanden sein würde; davon ist nicht auszugehen;

- wenn er die „Ausführung der Verrichtung zu leiten" und dabei „die im Verkehr erforderliche Sorgfalt beobachtet" hat. Die insoweit erforderliche Sorgfalt hat U. hier nicht walten lassen, da er es unterlassen hat, selbst oder durch einen Vertreter die Tätigkeit von F. hinreichend zu überwachen. U. kann sich also nicht „exkulpieren". Der Hinweis auf „Arbeitsüberlastung" reicht insoweit nicht aus, so dass U. neben F. dem B. zum Ersatz des entstandenen Schadens verpflichtet ist.

3. Da F. und U. nebeneinander für den Ersatz des entstandenen Schaden verantwortlich sind, haften sie gemäß § 840 Abs. 1 BGB gemeinsam als „Gesamtschuldner". In einem solchen Fall kann B. gemäß § 421 BGB „nach seinem Belieben von jedem der Schuldner ganz oder zu einem Teil" die Leistung von Schadensersatz fordern, sich ggf. also an den vermutlich finanziell „stärkeren" U. alleine halten. Im „Innenverhältnis" zwischen U. und B. ist gemäß § 840 Abs. 2 BGB allerdings F. verantwortlich.

Lösung Fall 9: Mit neun Jahren im Straßenverkehr

1. R. könnte gegenüber S. einen Anspruch auf Schadenersatz nach § 823 Abs. 1 BGB haben. S. hat zumindest fahrlässig die Gesundheit des R. widerrechtlich verletzt, wobei sein Handeln ursächlich für den Schaden des R. war.

2. Problematisch ist hier allein die Deliktsfähigkeit von S. Im Alter von neun Jahren ist man nicht mehr deliktsunfähig im Sinne von § 828 Abs. 1 BGB. Auch ein Fall von § 828 Abs. 2 BGB liegt hier nicht vor, da es sich nicht um einen Unfall mit einem Kraftfahrzeug, einer Schienenbahn oder einer Schwebebahn gehandelt hat, sondern um einen solchen mit Fahrrädern. Allerdings wäre S. für den Schaden nicht verantwortlich, wenn er gemäß § 828 Abs. 3 BGB bei der Begehung der schädigenden Handlung „nicht die zur Erkenntnis der Verantwortlichkeit erforderliche Einsicht" hatte. Diese hatte er jedoch nach dem Sachverhalt, denn danach war er geistig durchaus in der Lage, das Rechtsfahrgebot und seine Konsequenzen zu begreifen. Nach dem Wortlaut von § 828 Abs. 3 BGB kommt es dabei nicht darauf an, ob er auch die Reife besessen hat, sich dieser Einsicht gemäß zu verhalten, denn in § 828 Abs. 3 BGB wird allein auf die intellektuelle Fähigkeit des Minderjährigen, nicht jedoch (auch) auf die individuelle Steuerungsfähigkeit abgestellt, sich dieser Einsicht gemäß zu verhalten (Palandt 2009, § 828, Rz 3; BGH NJW 1984, 1958). Das (vielleicht überraschende) Ergebnis lautet deshalb: S. ist dem R. gemäß § 823 Abs. 1 BGB zum Schadensersatz verpflichtet.

(Hinweis: nach einer Haftung der aufsichtpflichtigen Eltern gemäß § 832 Abs. 1 BGB ist in diesem Fall nicht gefragt worden. Deren Haftung wäre allerdings ausgeschlossen, wenn sie ihrer Aufsichtspflicht genügt hätten; vgl. dazu auch Fall 10).

Lösung Fall 10: Der fliegende Blumentopf

In diesem Fall sind eventuelle Schadensersatzansprüche von P. gegen alle denkbaren Personen zu prüfen. Lediglich eine Prüfung mit Blick auf den sechsjährigen B. erübrigt sich, weil dieser überhaupt nicht gehandelt hat.

1. Schadensersatzansprüche P. gegen A.? A. hat beim Werfen des Blumentopfes durchaus bewusst, wenn auch vielleicht spontan und offenbar unüberlegt gehandelt. Durch seine Handlung hat er den P. widerrechtlich und fahrlässig an seinem Körper und an seiner Gesundheit verletzt und ihm dadurch einen Gesundheitsschaden zugefügt. Allerdings ist er gemäß §828 Abs. 1 BGB für den Schaden, den er P. zugefügt hat, nicht verantwortlich, weil er noch nicht das siebente Lebensjahr vollendet hat; A. ist mithin deliktsunfähig. Denkbar wäre allenfalls eine Ersatzpflicht aus Billigkeitsgründen gemäß § 829 BGB, sofern der Ersatz des Schadens nicht von einem aufsichtspflichtigen Dritten verlangt werden kann. Dies ist zunächst mit Blick auf die Eltern von A. und B. im Folgenden zu prüfen.

2. Schadenersatzansprüche von P. gegenüber den Eltern von A.? Eltern sind kraft Gesetzes, nämlich gemäß §1631 Abs. 1 BGB, im Sinne von §832 Abs. 1 S. 1 BGB zur Führung der Aufsicht über ihren minderjährigen Sohn A. verpflichtet – und damit ggf. auch zum Ersatz des Schadens, den A. dem P. widerrechtlich zugefügt hat. Allerdings tritt gemäß §832 Abs. 1 Satz 2 BGB die genannte Ersatzpflicht u. a. dann nicht ein, wenn die Eltern von A. ihrer Aufsichtspflicht genügt hätten. Hier war es so, dass die Eltern ihre Kinder wechselseitig in ihren Wohnungen spielen ließen. Insofern haben die Eltern von A. ihrer Aufsichtspflicht genügt, wenn sie A. „wie schon häufig" in die Wohnung der Eltern von B. gebracht haben. Eine Haftung der Eltern A. scheidet deshalb aus.

3. Schadenersatzansprüche von P. gegenüber den Eltern von B.? Eine Schadensersatzpflicht der Eltern von B. gemäß §832 Abs. 1 BGB kommt nicht in Betracht, da sie nicht kraft Gesetzes zur Führung der Aufsicht über den minderjährigen A. verpflichtet sind. Die gleiche Verantwortlichkeit wie nach §832 Abs. 1 BGB trifft jedoch gemäß §832 Abs. 2 BGB „denjenigen, welcher die Führung der Aufsicht durch Vertrag übernimmt". Fraglich ist, ob hier ein solcher Vertrag zwischen den Eltern A. und B. über die Übernahme der Aufsichtsführung zustande gekommen ist. Dies setzt insoweit übereinstimmende Willenserklärungen der Eltern A. und B. voraus.

Die Eltern von A. und B. waren sich zwar einig, dass die Kinder abwechselnd in ihren Wohnungen sollten spielen dürfen. Fraglich ist jedoch, ob mit diesem Einverständnis auch ein rechtsgeschäftlicher Bindungswille in dem Sinne verbunden war, dass sich dieser auf die Erbringung einer Leistung und ggf. auf Konsequenzen im Falle einer Nichtleistung bezogen hätte. Dies wird man hier verneinen müssen. Vielmehr handelte es sich bei dem wechselseitigen Einverständnis der Eltern, dass ihre Kinder miteinander in den jeweiligen Wohnungen spielen sollten, nur um eine Gefälligkeit ohne einen rechtsgeschäftlichen Bindungswillen in dem gekennzeichneten Sinne (BGH NJW 1968, 1874). Insofern ist zwischen den Eltern kein Aufsichtsführungsvertrag im Hinblick auf die Kinder zustande gekommen, so dass auch die Eltern von B. nicht von P. auf Schadenersatz in Anspruch genommen werden können.

(Hinweis: Dies ist völlig anders bei Verträgen zwischen Eltern und Trägern von sozialen Einrichtungen, etwa von Kindergärten, Heimen, Jugendfreizeitstätten, Heimen für Behinderte, wo ein entsprechender rechtsgeschäftlicher Bindungswille des Einrichtungsträgers vorliegt und deshalb Schadensersatzpflichten gemäß § 832 Abs. 2 BGB entstehen können.)

4. Nach alledem lautet das (für P. sehr unbefriedigende) Ergebnis: Er hat allenfalls einen Schadenersatzanspruch gegenüber dem sechsjährigen Jungen A. gemäß § 829 BGB. A. hat mithin dem P. den Schaden insoweit zu ersetzen, „als die Billigkeit nach den Umständen, insbesondere nach den Verhältnissen der Beteiligten eine Schadloshaltung erfordert…". Ob diese Voraussetzungen hier vorliegen, kann mangels näherer Angaben im Sachverhalt nicht beurteilt werden.

(Erneuter Hinweis: Eltern sollten für ihre minderjährigen Kinder eine private Haftpflichtversicherung abschließen!)

Lösung Fall 11: Die Sache mit dem Bundesschulamt

1. Gemäß Art. 30 GG ist die Ausübung der staatlichen Befugnisse und die Erfüllung der staatlichen Aufgaben „Sache der Länder, soweit dieses Grundgesetz keine andere Regelung trifft oder zulässt." Deswegen ist zu prüfen, ob es im Grundgesetz Regelungen gibt, die die in Rede stehenden Vorhaben der Bundesministerin zulassen. Dabei ist zu unterscheiden zwischen eventuellen Kompetenzen des Bundes im Bereich der Gesetzgebung (nach den Art. 70 ff. GG) sowie im Bereich der Ausführung von Bundesgesetzen (Verwaltungskompetenzen gemäß Art. 83 ff. GG).

Gemäß Art. 70 Abs. 1 GG haben die Länder das Recht der Gesetzgebung, „soweit dieses Grundgesetz nicht dem Bunde Gesetzgebungsbefugnis verleiht". Eine solche Befugnis findet sich allerdings weder im Katalog der Gebiete der ausschließlichen Gesetzgebung des Bundes (Art. 73 GG) noch im Katalog der Gebiete der so genannten konkurrierenden Gesetzgebung (Art. 74 GG). Mit Blick auf den Bildungsbereich findet sich ein Kompetenztitel des Bundes lediglich mit Blick auf die Hochschulzulassung und die Hochschulabschlüsse (Art. 74 Abs. 1 Nr. 33 GG). Danach gibt es also keine Gesetzgebungskompetenz des Bundes für den Erlass eines „Bundesschulorganisationsgesetzes". Der Hinweis, dass es sich hier um eine „nationale

Aufgabe" handele, ist verfassungsrechtlich irrelevant. Vielmehr hat das Grundgesetz eine klare Kompetenzverteilung zwischen Bund und Ländern geschaffen, die auch mit Blick auf so genannte „nationale Aufgaben" gilt.

Gemäß Art. 83 GG führen die Länder die Bundesgesetze als eigene Angelegenheit aus, soweit „dieses Grundgesetz nichts anderes bestimmt oder zulässt." Verwaltungsbehörden sind deshalb auch im Bereich der Ausführung von Bundesgesetzen von den Ländern einzurichten, es sei denn, in den Artikeln 86 ff. GG gäbe es eine Ermächtigung des Bundes, Bundesbehörden als so genannte „bundeseigene Verwaltung" einzurichten. Die insoweit in Betracht kommenden Sachgebiete betreffen gemäß Art. 87 ff. GG etwa den Bereich des Auswärtigen Dienstes, der Bundesfinanzverwaltung, der Bundesgrenzschutzbehörden, der Verwaltung der Streitkräfte u. a. Die Errichtung eines „Bundesschulamtes" ist dort weder explizit vorgesehen, noch wäre die Errichtung einer solchen Bundesbehörde aufgrund von Art. 87 Abs. 3 GG zulässig – weil dem Bund, wie soeben dargestellt, hier keine Gesetzgebungskompetenz zusteht.

Sowohl die Verabschiedung eines „Bundesschulorganisationsgesetzes" als auch die Errichtung eines „Bundesschulamtes" wären mithin verfassungswidrig.

2. Sollte dennoch (völlig wider Erwarten) vom Deutschen Bundestag ein solches „Bundesschulorganisationsgesetz" beschlossen werden, könnte die Landesregierung des Landes X das Bundesverfassungsgericht anrufen. Dieses entscheidet gemäß Art. 93 Abs. 1 Nr. 2 GG bei Meinungsverschiedenheiten oder Zweifeln über die förmliche und sachliche Vereinbarkeit von Bundesrecht mit dem Grundgesetz auf Antrag der Bundesregierung, einer Landesregierung oder eines Drittels der Mitglieder des Bundestages. Da ein „Bundesschulorganisationsgesetz", wie dargelegt, verfassungswidrig wäre, würde das Bundesverfassungsgericht ein solches Gesetz wegen Unvereinbarkeit mit dem Grundgesetz für verfassungswidrig und nichtig erklären.

Lösung Fall 12: Studienplatz und Numerus Clausus

A müsste gegen den ablehnenden Bescheid der Hochschule binnen Monatsfrist Widerspruch und später ggf. Klage vor dem Verwaltungsgericht erheben (siehe dazu im Einzelnen Kapitel 12). Fraglich ist jedoch, ob sie in der Sache Erfolg haben würde.

Zwar ist in Art. 12 Abs. 1 GG Folgendes bestimmt: „Alle Deutschen haben das Recht, Beruf, Arbeitsplatz und Ausbildungsstätte frei zu wählen. Die Berufsausübung kann durch Gesetz oder aufgrund eines Gesetzes geregelt werden." Von daher tangieren der Studienwunsch von A und ihre Bewerbung an der Hochschule ihr Grundrecht auf freie Wahl der Ausbildungsstätte. Obwohl danach ein (grundsätzliches) subjektives öffentliches

Recht auf Aufnahme in eine Hochschule besteht, sind nach der Rechtsprechung des Bundesverfassungsgerichts allerdings unter bestimmten Voraussetzungen Zulassungsbeschränkungen durch Gesetz oder aufgrund eines Gesetzes (hier: einer Kapazitätsverordnung des Landes) möglich (BVerfGE 33, 303). Der Kapazitätsermittlung müssen dabei genaue, nachvollziehbare objektive Kriterien zugrunde gelegt werden, damit eine Zulassungsbeschränkung bei Überschreitung der Kapazitätsgrenze ausgesprochen werden darf.

Obwohl Art. 12 GG eine „Regelung" durch Gesetz oder aufgrund eines Gesetzes ausdrücklich nur mit Blick auf die „Berufsausübung" statuiert, nicht jedoch mit Blick auf die Wahl einer Ausbildungsstätte, ist nach Auffassung der Rechtsprechung dadurch nicht ausgeschlossen worden, dass auch die Wahl derselben eingeschränkt werden kann. Denn die Begriffe „Wahl" und „Ausübung" lassen sich nicht so trennen, dass jeder von ihnen nur eine bestimmte zeitliche Phase des Berufslebens bezeichnete (BVerfGE 7, 377). Im Ergebnis wird A deshalb mit einem Widerspruch und einer Klage voraussichtlich keinen Erfolg haben.

(Hinweis außerhalb des Falles: Anders wäre es ggf. dann, wenn A. nachweisen könnte, dass die Kapazität der gewählten Hochschule mit 100 Studienplätzen für das erste Semester Soziale Arbeit nicht ausgeschöpft wäre und dass z. B. Räumlichkeiten, Lehrpersonal, Prüfkapazitäten etc. für z. B. 110 Studierende vorhanden wären. Dann könnte es ggf. dazu kommen, dass ein Verwaltungsgericht die Hochschule verpflichtet, über die Verteilung dieser zusätzlichen Plätze an diejenigen Studienbewerber/innen, die gegen die ihnen zugestellten Ablehnungsentscheidungen geklagt haben, erneut zu entscheiden.)

Lösung Fall 13: Vielerlei Verwaltungsakte

1. Einrichtungen der Kinder- und Jugendhilfe, auch Kinderhorte, bedürfen gemäß 45 SGB VIII einer Erlaubnis für ihren Betrieb durch das Landesjugendamt. Diese Erlaubnis war hier offenbar zuvor erteilt, ist nunmehr jedoch „widerrufen" worden. Dabei handelt es sich gemäß § 31 Satz 1 SGB X um eine hoheitliche Maßnahme einer Behörde (Landesjugendamt) auf dem Gebiet des öffentlichen Rechts (nämlich des SGB VIII). Der Widerrufsbescheid führt dazu, dass die frühere Erlaubnis für den Betrieb nicht mehr Bestand hat, so dass die Einrichtung nicht fortgeführt werden darf. Der Widerrufsbescheid enthält damit eine Regelung im Sinne einer verbindlichen Entscheidung in einem Einzelfall mit unmittelbarer Rechtswirkung nach außen, nämlich gegenüber dem Träger der Einrichtung. Der Widerrufsbescheid stellt also einen Verwaltungsakt im Sinne von § 31 Satz 1 SGB X dar.

2. Anders ist es bei der Mitteilung an die Eltern, die bereits keine hoheitliche Maßnahme darstellt. Zudem wird darin nichts „geregelt".

3. Bei der Übernahme der Kosten für Unterkunft und Heizung handelt es sich um eine hoheitliche Maßnahme einer Behörde (des Sozialamts) auf dem Gebiet des öffentlichen Rechts (des SGB XII). Es liegt auch eine „Regelung" vor, denn es ist verbindlich entschieden worden, dass die Kosten für Unterkunft und Heizung übernommen werden. Dies geschah auch im Einzelfall mit unmittelbarer Rechtswirkung gegenüber der Familie F., so dass alle Merkmale des Verwaltungsaktes im Sinne von § 31 Satz 1 SGB X zu bejahen sind.

4. Das Amt für Ausbildungsförderung ist eine Behörde. Der Rückzahlungsbescheid stellt eine hoheitliche Maßnahme auf dem Gebiet des öffentlichen Rechts (des Bundesausbildungsförderungsgesetzes) dar und enthält eine Regelung (Aufforderung zur Rückzahlung von Förderungsbeträgen). Diese Regelung erfolgt im Einzelfall mit unmittelbarer Rechtswirkung nach außen, nämlich gegenüber der Studentin S., so dass auch hier ein Verwaltungsakt nach § 31 Satz 1 SGB X vorliegt.

5. In diesem Fall hat wiederum das Sozialamt als Behörde auf dem Gebiet des öffentlichen Rechts (SGB XII) hoheitlich gehandelt. Die ablehnende Entscheidung enthält eine Regelung im Sinne einer verbindlichen Entscheidung dahingehend, dass dem Wohnungslosen W. Hilfe zum Lebensunterhalt versagt worden ist. Diese Regelung erfolgt im Einzelfall mit unmittelbarer Rechtswirkung gegenüber W., so dass auch hier ein Verwaltungsakt im Sinne von § 31 Satz 1 SGB X vorliegt.

6. Gemäß § 50 SGB VIII hat das Jugendamt mit dem Familiengericht zusammenzuarbeiten und es zu unterstützen, unter anderem durch Anfertigung von Berichten über die Situation von Kindern, Jugendlichen und deren Familien. Das Jugendamt hat hier als Behörde auf dem Gebiet des öffentlichen Rechts hoheitlich gehandelt. Allerdings enthält der Bericht keine Regelung; vielmehr ist eine verbindliche (richterliche) Entscheidung zu einem späteren Zeitraum durch das Familiengericht zu treffen (z. B. über den Entzug der elterlichen Sorge). Hier liegt also kein Verwaltungsakt vor.

7. Ebenso ist es im letzten Fall. Die Agentur für Arbeit ist zwar eine Behörde, die auf dem Gebiet des öffentlichen Rechts (des SGB III) hoheitlich gehandelt hat. Die „Regelung" im Sinne einer verbindlichen Entscheidung über die Bewilligung von Arbeitslosengeld ist aber mit dem Bescheid vom 04.09. aufgrund der §§ 117 ff. SGB III erfolgt. Die anschließende Auszahlung am 01.10. enthält keine Regelung mehr, sondern setzt gewissermaßen den Bescheid vom 04.09. um. Eine solche „nachbereitende" Maßnahme stellt keinen Verwaltungsakt dar.

Lösung Fall 14: Rückforderung von Leistungen nach dem SGB II

Die Bewilligung von Arbeitslosengeld II stellt einen Verwaltungsakt dar, da der Bewilligungsbescheid alle Elemente eines solchen im Sinne von § 31 Satz 1 SGB X enthält. Dieser Verwaltungsakt war mit Blick auf Frau F. begünstigend und zudem rechtswidrig, weil nach dem Sachverhalt die Voraussetzungen für dessen Erlass nicht vorgelegen hatten.

Allerdings bleibt gemäß § 39 Abs. 2 SGB X ein Verwaltungsakt solange wirksam, solange er nicht zurückgenommen, widerrufen, anderweitig aufgehoben oder durch Zeitablauf oder auf andere Weise erledigt ist. Fraglich ist, ob er als rechtswidriger begünstigender Verwaltungsakt in diesem Fall von der Agentur für Arbeit aufgrund von § 45 SGB X zurückgenommen werden könnte.

1.: Ein begünstigender Verwaltungsakt, der rechtswidrig ist, darf gemäß § 45 Abs. 1 SGB X, auch nachdem er unanfechtbar geworden ist, (nur) unter den Einschränkungen der Absätze 2 bis 4 zurückgenommen werden. Gemäß § 45 Abs. 2 Satz 1 SGB X darf ein solcher rechtswidriger begünstigender Verwaltungsakt allerdings dann nicht zurückgenommen werden, soweit der Begünstigte auf den Bestand des Verwaltungsaktes vertraut hatte und sein Vertrauen unter Abwägung mit dem öffentlichen Interesse an einer Rücknahme schutzwürdig ist. Gemäß § 45 Abs. 2 Satz 2 SGB X ist ein solches Vertrauen in der Regel schutzwürdig, wenn der Begünstigte erbrachte Leistungen (hier: nach dem SGB II) verbraucht hat. Dies ist hier nach dem Sachverhalt der Fall, weil F. das Geld bereits ausgegeben hat. Von daher kann der rechtswidrige begünstigende Verwaltungsakt hier nicht zurückgenommen werden.

2.: Anders ist es jedoch in dieser Variante, wo F. grob fahrlässig falsche Angaben gemacht hatte und der Verwaltungsakt auf diesen falschen Angaben beruhte. In diesem Fall kann sich F. gemäß § 45 Abs. 2 Satz 3 Nr. 2 SGB X nicht auf „Vertrauensschutz" berufen, und der rechtswidrige begünstigende Verwaltungsakt kann durch die Agentur für Arbeit zurückgenommen werden, gemäß § 45 Abs. 4 Satz 1 SGB X auch mit Wirkung für die Vergangenheit. Gemäß § 45 Abs. 4 Satz 2 SGB X muss die Agentur für Arbeit innerhalb eines Jahres seit Kenntnis der Tatsachen, welche die Rücknahme eines rechtswidrigen begünstigenden Verwaltungsaktes für die Vergangenheit rechtfertigen, entsprechend handeln.

Lösung Fall 15: Der sozial denkende Nachbar

Der Widerspruch müsste zunächst zulässig sein. Der ablehnende Bescheid stellt einen Verwaltungsakt im Sinne von § 31 Satz 1 SGB X dar: Er ist eine hoheitliche Maßnahme einer Behörde (des Sozialamtes), die eine ablehnende Entscheidung getroffen hat (Regelung) und zwar im Einzelfall mit rechtlicher Außenwirkung gegenüber der Familie F. Allerdings ist weitere Voraussetzung für die Zulässigkeit eines Widerspruchs, dass der Widerspruchsführer „beschwert" ist. Beschwert ist jemand, der geltend macht, in eigenen Rechten betroffen zu sein. Nachbar N. kann hier jedoch nicht in eigenen Rechten betroffen sein, sondern Familie F. wäre dies. Von daher ist der Widerspruch von N. mangels Beschwer unzulässig. (Weitere Ausführungen erübrigen sich.)

Lösung Fall 16: Widerspruch gegen den Gebührenbescheid

H. könnte Widerspruch einlegen. Dieser müsste zunächst zulässig sein. Der Gebührenbescheid ist eine hoheitliche Maßnahme einer Behörde (Agentur für Arbeit) auf dem Gebiet des öffentlichen Rechts (SGB III) zur Regelung (hier: Aufforderung zur Zahlung) eines Einzelfalles mit unmittelbarer rechtlicher Außenwirkung gegenüber H. – und damit ein Verwaltungsakt gemäß § 31 Satz 1 SGB X. Durch die Zahlungsaufforderung könnte H. in eigenen Rechten betroffen sein; er ist also „beschwert". Die Erhebung des Widerspruchs müsste in Schriftform oder zur Niederschrift und innerhalb einer Frist von einem Monat ab der Zustellung des Gebührenbescheides erfolgen, weil der Bescheid mit einer Rechtsbehelfsbelehrung versehen ist. Die Erhebung des Widerspruchs müsste bei der Agentur für Arbeit erfolgen. Der Widerspruch ist mithin zulässig.

Zu prüfen ist nunmehr, ob er auch begründet ist. Ein Widerspruch ist begründet, wenn der Verwaltungsakt rechtswidrig (oder unzweckmäßig) wäre. Wenn ein Träger hoheitlicher Verwaltung bzw. eine Behörde einen Bürger zur Zahlung von Geld auffordert, muss dafür (im Sozialrecht wie im Steuerrecht oder sonst im öffentlichen Recht) eine Rechtsgrundlage vorhanden sein. Es müsste also im SGB III (Arbeitsförderung) eine Regelung enthalten sein, aufgrund der die Agentur für Arbeit eine Gebühr für die Inanspruchnahme der Berufsberatung zu erheben hätte oder erheben durfte. Anders als sonst in vielen Gebieten des Verwaltungsrechts ist dies hier (für den Bereich der Berufsberatung nach dem SGB III) jedoch nicht der Fall; im gesamten SGB III gibt es keinen „Gebührentatbestand" betreffend Berufsberatung. Mangels Rechtsgrundlage für die Gebührenerhebung ist der Bescheid der Agentur für Arbeit, mit der H. zur Zahlung von 200 Euro aufgefordert wurde, also rechtswidrig. Der Widerspruch wird deshalb Aussicht auf Erfolg haben.

Lösung Fall 17: Der Widerruf der Pflegeerlaubnis

Eine verwaltungsgerichtliche Klage müsste zunächst zulässig sein. Dazu müsste der Verwaltungsrechtsweg eröffnet sein. Dies ist hier der Fall, da es in § 51 SGG keine Zuweisung von Angelegenheiten der Kinder- und Jugendhilfe zum Sozialgericht gibt. Deshalb ist der Verwaltungsrechtsweg gemäß § 40 VwGO eröffnet. Der Widerrufsbescheid des Jugendamts, mit der die frühere Pflegeerlaubnis widerrufen worden ist, stellt einen Verwaltungsakt gemäß § 31 Satz 1 SGB X dar: Es handelt sich nämlich um eine hoheitliche Maßnahme einer Behörde (Jugendamt) auf dem Gebiet des öffentlichen Rechts (SGB VIII) zur Regelung (Widerruf) eines Einzelfalles mit unmittelbarer rechtlicher Außenwirkung gegenüber Herrn und Frau F. Diese begehren die Aufhebung dieses Widerrufsbescheides, damit es im Ergebnis bei der Pflegeerlaubnis aus früheren Jahren verbleibt. Richtige Klageart wäre deshalb hier die Anfechtungsklage. Frau und Herr F. sind auch klagebefugt, weil sie möglicherweise in eigenen Rechten verletzt sind. Ein Widerspruchsverfahren ist durchgeführt worden. Wenn die Klagefrist (ein Monat) eingehalten wird, ist die verwaltungsgerichtliche Klage als Anfechtungsklage zulässig.

Die Anfechtungsklage wäre begründet, wenn der Verwaltungsakt aus formellen oder materiellen Gründen rechtswidrig wäre bzw. wenn es keine Rechtsgrundlage für den angefochtenen Widerrufsbescheid gäbe. Gemäß § 47 Abs. 1 SGB X darf ein rechtmäßiger begünstigender Verwaltungsakt (dies war die Pflegeerlaubnis) nur widerrufen werden, soweit der Widerruf durch Rechtsvorschrift zugelassen oder im Verwaltungsakt vorbehalten ist (Nr. 1), oder mit dem Verwaltungsakt eine Auflage verbunden war und der Begünstigte diese nicht oder nicht innerhalb einer gesetzten Frist erfüllt hat (Nr. 2). Alle diese Voraussetzungen liegen nicht vor.

Zu prüfen ist deshalb des Weiteren, ob das Jugendamt nach dem „spezielleren" SGB VIII befugt war, die Pflegeerlaubnis zu widerrufen. Eine Pflegeerlaubnis ist zunächst nur zu versagen, wenn das Wohl des Kindes oder des Jugendlichen in der Pflegestelle nicht gewährleistet ist (vgl. § 44 Abs. 2 SGB VIII). Kriterien für die Versagung einer Pflegeerlaubnis sind also nur Aspekte des Kindeswohls und nicht solche der „Bedarfssituation". Dementsprechend ist eine Pflegeerlaubnis gemäß § 44 Abs. 3 Satz 2 SGB VIII nur dann zurückzunehmen oder zu widerrufen, wenn das Wohl des Kindes oder des Jugendlichen in der Pflegestelle gefährdet und die Pflegeperson nicht bereit oder in der Lage ist, die Gefährdung abzuwenden. Nach dem Sachverhalt ist dies nicht der Fall, so dass der Widerruf der Pflegeerlaubnis rechtswidrig war. Das Verwaltungsgericht wird deshalb den Ausgangsbescheid sowie den Widerspruchsbescheid wegen Verstoßes gegen die genannten Bestimmungen des SGB VIII aufheben, denn Familie F. ist dadurch in ihren Rechten verletzt worden.

Lösung Fall 18: Ablehnung der Förderung eines Trägers der freien Jugendhilfe

1. T. könnte Widerspruch einlegen. Die Ablehnung der Förderung stellt einen Verwaltungsakt im Sinne von § 31 Satz 1 SGB X dar, denn es handelt sich um die Maßnahme einer Behörde (des Jugendamts) auf dem Gebiet des öffentlichen Rechts (SGB VIII) zur Regelung (Ablehnung der Förderung) eines Einzelfalles mit unmittelbarer rechtlicher Außenwirkung gegenüber T. Der Verein T. als juristische Person des Zivilrechts ist auch beschwert, nämlich möglicherweise in eigenen Rechten betroffen. Der Widerspruch müsste schriftlich oder zur Niederschrift binnen Monatsfrist, da der Bescheid mit einer Rechtsbehelfsbelehrung versehen war, beim Jugendamt eingelegt werden. Unter diesen Voraussetzungen ist der Widerspruch zulässig.

Fraglich ist, ob der Widerspruch auch in der Sache Erfolg hätte, also begründet wäre. Rechtsgrundlage für eine Förderung bzw. eine ablehnende Förderentscheidung ist hier § 74 SGB VIII (Förderung der freien Jugendhilfe). Ob die Fördervoraussetzungen nach § 74 Abs. 1 SGB VIII vorgelegen haben, lässt sich nach dem Sachverhalt nicht abschließend beurteilen, kann hier jedoch auch dahin stehen, denn über die Art und Höhe der Förderung entscheidet der Träger der öffentlichen Jugendhilfe gemäß § 74 Abs. 3 SGB VIII im Rahmen der verfügbaren Haushaltsmittel nach pflichtgemäßem Ermessen.

Nach dem Sachverhalt ist davon auszugehen, dass keine Haushaltsmittel mehr vorhanden waren, so dass die ablehnende Entscheidung weder rechtswidrig noch (mangels näherer Angaben im Sachverhalt) unzweckmäßig war. Im Ergebnis ist der Widerspruch also zwar zulässig, aber nicht begründet.

2. Sollte auch die Widerspruchsbehörde zu keiner anderen Entscheidung kommen, kommt eine Klage vor dem Verwaltungsgericht in Betracht. Der Verwaltungsrechtsweg ist gemäß § 40 Abs. 1 VwGO eröffnet, da Angelegenheiten der Kinder- und Jugendhilfe nicht dem Sozialgericht zugewiesen sind (vgl. § 51 SGG). Ziel der verwaltungsgerichtlichen Klage ist in diesem Fall eine Verpflichtung des Jugendamtes, eine positive Entscheidung über die Förderung von T. zu treffen. Dies könnte im Wege der Verpflichtungsklage erreicht werden, die hier deshalb die richtige Klageart darstellt. T. ist hier auch klagebefugt, nämlich möglicherweise in eigenen Rechten verletzt. Das Widerspruchsverfahren ist durchgeführt worden. Unter der Voraussetzung, dass die Klagefrist von einem Monat eingehalten wird, ist die verwaltungsgerichtliche Klage als Verpflichtungsklage zulässig.

Fraglich ist allerdings, ob die Klage auch begründet wäre. Eine Verpflichtungsklage ist begründet, wenn die Ablehnung oder Unterlassung des Verwaltungsaktes rechtswidrig, der Kläger dadurch in seinen Rechten verletzt und wenn die Sache entscheidungsreif („spruchreif") ist. Weil die Ablehnung oder Unterlassung des Verwaltungsaktes aus den unter 1. dargestellten Gründen nicht rechtswidrig war, wird auch eine verwaltungsgerichtliche Klage nicht zum Erfolg führen.

Lösung Fall 19: Messer und Faust

1. A könnte sich nach § 223 StGB (Körperverletzung) strafbar gemacht haben. Dazu müsste er eine andere Person, den B, körperlich misshandelt oder an der Gesundheit geschädigt haben. Dies ist hier nicht der Fall, da er den B nicht mit seinem Messer getroffen hat.

Allerdings ist gemäß § 223 Abs. 2 StGB auch der Versuch strafbar. Eine Straftat versucht, „wer nach seiner Vorstellung von der Tat zur Verwirklichung des Tatbestandes unmittelbar ansetzt" (§ 22 StGB). Dies ist hier der Fall, denn A wollte den B mit dem Messer treffen und hat auf ihn eingestochen, also zur Verwirklichung des Tatbestandes der Körperverletzung „unmittelbar angesetzt". Damit hat A den Tatbestand der §§ 223 Abs. 2, 22 StGB verwirklicht. Da dies im Übrigen „mittels einer Waffe" (§ 224 Abs. 1 Nr. 2 StGB) geschehen ist, hat sich der rechtswidrig und schuldhaft handelnde A sogar wegen einer versuchten gefährlichen Körperverletzung nach § 224 Abs. 1 Nr. 2, Abs. 2, 22 StGB strafbar gemacht.

2. Indem B den A mit dem gezielten Faustschlag ins Gesicht verletzt hat, so dass er ins Krankenhaus gebracht werden musste, hat B den Tatbestand des § 223 Abs. 1 StGB (Körperverletzung) erfüllt. Allerdings hatte A zuvor versucht, mit dem Messer auf ihn einzustechen. A hat deshalb den B in eine Notwehrsituation versetzt. Notwehr ist gemäß § 32 Abs. 2 StGB die Verteidigung, die erforderlich ist, um einen gegenwärtigen rechtswidrigen Angriff von sich (oder einem anderen) abzuwenden. Genau so war es hier, als B dem A den Faustschlag versetzt hat und gar keine andere Möglichkeit hatte, den Angriff des A abzuwehren. Von daher war in diesem Fall Notwehr geboten, und B hat gemäß § 32 Abs. 1 StGB nicht rechtswidrig gehandelt. Er hat sich deshalb auch nicht strafbar gemacht.

Lösung Fall 20: Die wertvolle Uhr

1. Indem B dem A die Uhr aus dessen Schlafzimmer und in Abwesenheit des A entwendet und an sich genommen hat, hat er rechtswidrig und schuldhaft einen Diebstahl gemäß § 242 Abs. 1 StGB begangen. Denn er hat eine fremde bewegliche Sache, die Uhr, dem A in der Absicht weggenommen, sie sich rechtswidrig zuzueignen.

2. Auch in diesem Fall hat er dem A in genau diesem Sinne die Uhr weggenommen. Dies geschah hier rechtswidrig und schuldhaft unter „Anwendung von Drohungen mit gegenwärtiger Gefahr für Leib oder Leben" des A, so dass B sich hier wegen Raubes gemäß § 249 Abs. 1 StGB strafbar gemacht hat.

3. Hier handelt es sich nicht um die „Wegnahme" der Uhr, weil B die Uhr, die ihm A geliehen hatte, bereits im Besitz hatte. Indem er sie allerdings nunmehr seiner Frau zum Geburtstag geschenkt hat, hat er ihr die Uhr rechtswidrig (und schuldhaft) zugeeignet und sich deshalb gemäß § 246 Abs. 1 StGB wegen einer Unterschlagung strafbar gemacht.

4. Da A und B in diesem Fall in einer gemeinsamen Wohnung „in häuslicher Gemeinschaft" gelebt haben, wird dieser Fall als „Haus- und Familiendiebstahl" vom Gesetzgeber in einem etwas milderen Lichte gesehen, so dass die Tat gemäß § 247 StGB nur auf Antrag von A (Strafantrag) verfolgt würde.

Lösung Fall 21: Privatgeheimnisse

Es ist jeweils zu prüfen, ob sich die Sozialarbeiterin S. gemäß § 203 Abs. 1 Nr. 4 bzw. Nr. 5 StGB strafbar gemacht hat. In allen Fällen hat sie ein fremdes Geheimnis, nämlich die Angaben über die schwierige persönliche und finanzielle Situation der K., die ihr als Sozialarbeiterin anvertraut worden waren, offenbart. Fraglich ist allein, ob dies „unbefugt" im Sinne von § 203 Abs. 1 StGB, also ohne eine Offenbarungsbefugnis, geschehen ist.

1. In diesem Fall war dies offenkundig „unbefugt", und das rechtswidrige und schuldhafte Handeln von S. ist deshalb strafbar.

2. Aufgrund der Einwilligung der K., die in Rede stehenden Mitteilungen an die Kollegin X weiterzugeben, hat S. in diesem Sinne nicht unbefugt gehandelt und sich nicht strafbar gemacht.

3. Auch in diesem Fall handelte S nicht unbefugt, weil die Weitergabe der Informationen an das Jugendamt unter Einhaltung der einschlägigen Datenschutzbestimmungen erfolgt ist. Was danach erlaubt ist, kann nicht nach § 203 Abs. 1 StGB als unbefugte Offenbarung strafbar sein.

4. Genauso ist dies im Falle der Weitergabe der Daten über die HIV-Infektion an das Gesundheitsamt, weil hier eine Anzeigeverpflichtung nach dem Bundesseuchengesetz bestand.

5. Auch bei der Weitergabe der Informationen an die Polizei handelt es sich nicht um eine unbefugte Offenbarung. Wenn man die geplante Vergiftung als Mord oder Totschlag im Sinne der §§ 211 oder 212 StGB wertet, war S. gemäß § 138 Abs. 1 Nr. 6 StGB sogar verpflichtet, solche geplanten Straftaten anzuzeigen. Sollten die Voraussetzungen des § 138 StGB nicht erfüllt sein, wäre die Weitergabe der Informationen an die Polizei zumindest nach

§ 34 StGB (Rechtfertigender Notstand) gerechtfertigt. Denn bei einer Rechtsgüterabwägung würde das Leben oder die körperliche Unversehrtheit des Ex-Freundes als höherrangig einzustufen sein als das Rechtsgut „Geheimnisschutz" der K.

Lösung Fall 22: Schwangerschaftsabbruch

1. Wer eine Schwangerschaft – als Schwangere oder als Arzt – abbricht, macht sich gemäß § 218 Abs. 1 und 3 StGB grundsätzlich strafbar. Allerdings sieht das Gesetz mehrere Fälle der Straflosigkeit des Schwangerschaftsabbruchs vor. Gemäß § 218a Abs. 1 StGB ist der Tatbestand des § 218 nicht verwirklicht, wenn die Schwangere den Schwangerschaftsabbruch verlangt und dem Arzt durch eine Bescheinigung nach § 219 Abs. 2 Satz 2 StGB (Bescheinigung über die Beratung nach dem Schwangerschaftskonfliktgesetz) nachgewiesen hat, dass sie sich mindestens drei Tage vor dem Eingriff hat beraten lassen (Nr. 1), der Schwangerschaftsabbruch von einem Arzt vorgenommen wird (Nr. 2) und seit der Empfängnis nicht mehr als 12 Wochen vergangen sind (Nr. 3). Dies ist der – häufigste – Fall der so genannten „Fristenlösung". F. würde sich bei Vorliegen dieser Voraussetzungen nicht strafbar machen.

2. Der Arzt würde hier im Falle eines Schwangerschaftsabbruches handeln, um eine Gefahr für das Leben der G. abzuwenden. Dies ist gemäß § 218a Abs. 2 StGB als Fall der sog. „medizinischen Indikation" nicht rechtswidrig und deshalb nicht strafbar.

3. Hier liegt eine Vergewaltigung nach § 177 Abs. 2 Satz 2 Nr. 1 StGB vor. Der Gesetzgeber ist davon ausgegangen ist, dass hier die Fortsetzung einer Schwangerschaft unzumutbar wäre. In einem solchen Fall der sog. kriminologischen Indikation ist ein Schwangerschaftsabbruch gemäß § 218a Abs. 3 StGB ebenfalls nicht rechtswidrig und deshalb nicht strafbar, wenn u. a. seit der Empfängnis nicht mehr als zwölf Wochen vergangen sind.

4. Gemäß § 219a Abs. 1 Nr. 1 StGB macht sich strafbar, wer u. a. öffentlich eigene oder fremde Dienste zur Vornahme oder Förderung eines Schwangerschaftsabbruchs anbietet. Das Schalten solcher Anzeigen in der Tageszeitung durch A. erfüllt diesen Straftatbestand, so dass sich A., der auch rechtswidrig und schuldhaft gehandelt hat, insoweit strafbar gemacht hat.

Literatur

Arzt, G. (1996): Einführung in die Rechtswissenschaft. Grundfragen mit Beispielen aus dem deutschen Recht. Luchterhand, Neuwied/Kriftel/Berlin

Becker, F. (2000): Grundzüge des öffentlichen Rechts. 7. Aufl. Vahlen, München

Brühl, A., Deichsel, W., Nothacker, G. (2005): Strafrecht und Soziale Praxis. Kohlhammer, Stuttgart

Bundesministerium für Arbeit und Soziales (2012): Sozialbudget 2012, Berlin

Falterbaum, J. (2009): Rechtliche Grundlagen Sozialer Arbeit. 3. Aufl. Kohlhammer, Stuttgart

Fasselt, U., Schellhorn, H. (Hrsg.) (2012): Handbuch der Sozialrechtsberatung. 4. Aufl. Nomos, Baden-Baden

Frings, D. (2011): Sozialrecht für die Soziale Arbeit. Kohlhammer, Stuttgart

Gastiger, S. (2010): Erste Hilfe in Recht. Ein Einstieg für das Studium der sozialen Arbeit. 5. Aufl. March/Freiburg im Breisgau

Herborth, R. (2014): Grundzüge des Sozialrechts für die Soziale Arbeit. Lambertus Verlag, Freiburg i. Brsg.

Höflich, P., Weller, F. (2005): Strafrecht schnell erfasst. 2. Aufl. Springer, Berlin/Heidelberg

Hömig, D. (Hrsg.) (2010): Grundgesetz für die Bundesrepublik Deutschland. 9. Aufl. Nomos, Baden-Baden (zitiert: Hömig/Bearbeiter)

ISS/Institut für Sozialarbeit und Sozialpädagogik (Hrsg.) (2011): Die Bücher des Sozialgesetzbuches. Einführung für die Soziale Arbeit. Ernst Reinhardt, München/Basel (zitiert: ISS/Bearbeiter)

Janssen, H., Riehle, E. (2013): Lehrbuch Jugendstrafrecht. Eine Einführung für die Soziale Arbeit. Beltz Juventa, Weinheim/Basel

Kievel, W., Knösel, P., Marx, A. (2013): Recht für soziale Berufe. Basiswissen kompakt. 7. Aufl. Wolters/Kluwer/Luchterhand, Neuwied

Kimminich, O. (1987): Deutsche Verfassungsgeschichte. 2. Aufl. Nomos, Baden-Baden

Kindhäuser, U. (2012): Strafgesetzbuch. Lehr- und Praxiskommentar. 5. Aufl. Nomos, Baden-Baden

Kokemoor, A. (2004): Sozialrecht. Lernbuch, Strukturen, Übersichten. Carl Heymanns, Köln/Berlin/München

Kreft, D., Mielenz, I. (Hrsg.) (2013): Wörterbuch Soziale Arbeit. Aufgaben, Praxisfelder, Begriffe und Methoden der Sozialarbeit und Sozialpädagogik. 7. Aufl. Juventa, Weinheim

Kreft, D., Münder, J., Kessler, R. (1994): Soziale Arbeit und Recht. Eine Einführung in das Recht für Sozialarbeiter/Sozialpädagogen. 4. Aufl. Beltz, Weinheim/Basel

Kropholler, J. (2011): Bürgerliches Gesetzbuch – Studienkommentar. 13. Aufl. Beck, München

Maurer, H. (2011): Allgemeines Verwaltungsrecht. 18. Aufl. Beck, München

Meier, B.-D., Rössner, D., Schöch, H. (2013): Jugendstrafrecht. 3. Aufl. Beck, München

Moritz, H.-P. (2013): Basiswissen Recht. 9. Aufl. Shaker Verlag, Aachen

Nix, C., Möller, W., Schütz, C. (2011): Einführung in das Jugendstrafrecht für die Soziale Arbeit. Ernst Reinhardt, München/Basel

Oberlies, D. (2012): Strafrecht und Kriminologie für die Soziale Arbeit. Kohlhammer, Stuttgart

Otto, H.-U., Thiersch, H. (Hrsg.) (2011): Handbuch Soziale Arbeit. 4. Aufl. Ernst Reinhardt, München/Basel

Palandt, O. (2013): Bürgerliches Gesetzbuch. 72. Aufl. Beck, München

Papenheim, H.-G., Baltes, J. (2011): Verwaltungsrecht für die soziale Praxis. 23. Aufl. Verlag „Recht für die soziale Praxis" (Eigenverlag), Frechen

Papenheim, H.-G., Baltes, J., Dern, S., Palsherm, I. (2013): Verwaltungsrecht für die soziale Praxis. 24. Aufl. Fachhochschulverlag, Frankfurt am Main

Ploetz, C. (2008): Der große Ploetz. Enzyklopädie der Weltgeschichte. 35. Aufl. Vandenhoeck & Ruprecht, Freiburg/Göttingen

Radbruch, G. (1973): Rechtsphilosophie. 8. Aufl. K. F. Koehler Verlag, Stuttgart

Riekenbrauk, K. (2011): Strafrecht und Soziale Arbeit. Eine Einführung für Studium und Praxis. 4. Aufl. Luchterhand, Neuwied

Trenczek, T., Tammen, B., Behlert, W. (2011): Grundzüge des Rechts. Studienbuch für soziale Berufe. 3. Aufl. Ernst Reinhardt, München/Basel

Wabnitz, R. J. (2012a): Grundkurs Familienrecht für die Soziale Arbeit. 3. Aufl. Ernst Reinhardt, München/Basel

Wabnitz, R. J. (2012b): Grundkurs Kinder- und Jugendhilferecht für die Soziale Arbeit. 3. Aufl. Ernst Reinhardt, München/Basel

Winkler, J. (2004): Sozialverwaltungsverfahren und Sozialdatenschutz (SGB X). Beck, München

Sachregister

Abschreckung 28, 195
Agentur für Arbeit 159
Akteneinsicht 165
Altersstufen im Recht 72
Amtsermittlungsgrundsatz 165
Amtsgericht 105
Anfechtungsklage 187
Anspruch 34
Anstalten des öffentlichen Rechts 138
Antragstellung 164
Arbeitsförderung 156
Arbeitsgericht 106
Arbeitsgerichtsbarkeit 106
Arbeitsvertrag 87
Asylrecht 128
Aufsichtsbehörden 137, 145
Aufsichtspflichten 98
Auftragsverwaltung, -angelegenheiten 144
Ausführung von Bundesgesetzen 136
Ausführung von Landesgesetzen 136
Auslegung von Gesetzen 52
–, Grammatikalische Auslegung 53
–, Historische Auslegung 54
–, Systematische Auslegung 53
–, Teleologische Auslegung 55
–, Weitere Auslegungsmethoden und Argumentationsfiguren 56
Aussagepflichten 207

Außergerichtliche Rechtsverwirklichung 103, 111, 112

Beauftragte bei Bund, Ländern und Kommunen 181
Behörden 137
Beliehene 138
Beratungshilfe 111
Berufswahl und -ausübung 129
Bescheid 169, 171
Beschleunigungsgebot 164
Beteiligte 165
Bewilligungsbescheid 171
Brief-, Post- und Fernmeldegeheimnis 129
Bürgerliches Gesetzbuch (BGB) 66 ff.
Bund und Länder 118
Bundesagentur für Arbeit 140
Bundesarbeitsgericht 106
Bundesfinanzhof 106
Bundesgerichtshof 105
Bundesgesetze 37
Bundeskanzler 117
Bundesminister 117, 141
Bundesministerien 140 f.
Bundesoberbehörden 140 f.
Bundespräsident 117
Bundesrechtsverordnungen 37
Bundesregierung 117
Bundesrepublik Deutschland 115 ff.
Bundessozialgericht 106

Bundesstaat 118
Bundestag 117
Bundesverfassungsgericht 105, 106, 119–121, 125–132
Bundesverwaltung 140
Bundesverwaltungsgericht 106

Datenschutz 166–168
Deliktsfähigkeit 71, 93
Deliktsrecht 91
Demokratie 117
Demonstrationsfreiheit 128
Deutsche Demokratische Republik 115, 118
Dienstaufsicht 137
Dienstvertrag 86
Dispositionsmaxime 110

Ehe und Familie 127
Eigentum und Erbrecht 129
Elternrechte, -pflichten 127, 128
Eilverfahren 192
Eingetragener Verein (e. V.) 67
Eingliederung behinderter Menschen 157
Eingriffsverwaltung 135
Einstweiliger Rechtsschutz 192
Entschädigung, Soziale 154
Ermessen 179
Erst-recht-Schluss 59
Erziehung 28, 127
Europa(recht) 37
Exekutive 120, 121, 135
Existenzminimum 126
Extensive und restriktive Auslegung 57

Fachaufsicht 137
Fahrlässigkeit 95, 200
Fallbearbeitung 59–65
Final- oder Zweckprogramme 43
Finanzgerichtsbarkeit 106

Freie Träger 160
Freiheit 22, 125
Freiheitsgrundrechte 123, 125, 126
Friedenssicherung 27

Garantenstellung 209
Gebundene und Ermessensverwaltung 179
Gemeinden 142
Generalklauseln 43
Gerechtigkeit 24
Gerichtliche Rechtsverwirklichung 103
Gerichtliches Verfahrensrecht 109
Gerichtsaufbau in Deutschland 104–108
Geschäftsfähigkeit 70
–, beschränkte 70
–, Geschäftsunfähigkeit 70
–, volle 70
Gesetzesauslegung: siehe Auslegung von Gesetzen 52
Gesetzliche Krankenversicherung 151, 156, 159
Gesetzliche Rentenversicherung 151, 156, 159
Gesetzliche Unfallversicherung 157
Gewaltenteilung 120
Gewissensfreiheit 127
Glaubensfreiheit 127
Gleichheit 23, 126
Gleichheitsgrundrechte 124, 126
Grundgesetz 115–131
Grundrechte 123
–, Einzelne Grundrechte 125–129
–, Grundrechtssystem des Grundgesetzes 129
Grundsicherung für Arbeitsuchende 151, 157

Sachregister

Haftung (zivilrechtliche) 91
Haftung für das Handeln oder Unterlassen anderer 97
–, Haftung des Aufsichtspflichtigen 98
–, Haftung für den Verrichtungsgehilfen 97
–, Haftung von Vereinen, Dienstleistungsunternehmen und sonstigen Gesellschaften 99
–, Rangverhältnis 100
Handlungsfähigkeit 70
Hoheitliche Verwaltung 135

In dubio pro reo 206

Judikative 103–110, 119
Jugendamt 162
Jugendschutz 127
Jugendstrafrecht 210–212
–, Arbeitsfelder der Sozialen Arbeit 212
–, Erziehungsmaßregeln, Zuchtmittel, Jugendstrafe 212
–, Jugendliche und Heranwachsende 211

Kaufvertrag 81
Kinder- und Jugendhilfe(recht) 151, 157
Klagearten (in der Sozial- und Verwaltungsgerichtsbarkeit) 189, 190
Körperschaften des öffentlichen Rechts 137
Kommunalverwaltung 142
–, Aufbau und Organisation der Kommunalverwaltung 145
–, Gemeinden, Städte und Landkreise 142–144
–, Rechte und Aufgaben 142
Konditionalprogramme 42

Krankenkassen 148
Krankenversicherung, gesetzliche 159
Kriegsdienstverweigerung 127
Kunstfreiheit 127

Landesgesetze 136
Landesjugendamt 162
Landesminister 117
Landesministerien 117, 141
Landesoberbehörden 141
Landesrechtsverordnungen 38
Landessozialamt 162
Landessozialgericht 106
Landesverfassungen 38, 117
Landesverwaltung 140
Landgericht 105
Landkreise 142–145
Landtage 38, 117
Legislative 120
Leistungsarten 155
Leistungserbringer 160
Leistungsklage 190
Leistungsträger 159
Leistungsverwaltung 135, 140

Maßregeln der Besserung und Sicherung 201
Meinungsfreiheit 127
Mehrheitsentscheidungen 31, 117
Menschenrechte, -würde 123, 125
Methoden praktischer Rechtsanwendung 50
–, Gesetzesauslegung 52
–, Rechtstechnik / Subsumtion 50
Mietvertrag 82
Minderjährige 69 ff.
Ministerien von Bund und Ländern 140 f.
Ministerpräsident 117
Mittelbare Staatsverwaltung 140, 141

240 Sachregister

Nationalsozialismus 44, 45, 120
Naturrecht 44, 45
Nichtanzeige geplanter Straftaten 207
Normen: siehe Rechtsnormen 30–45

Oberlandesgericht 105
Oberste Bundesbehörden 140
Oberste Landesbehörden 141
Oberverwaltungsgericht 106
Objektives Recht 34
Öffentliches Recht 46, 48
Öffentliche Verwaltung und Verwaltungsbehörden 134–148
–, Bundesverwaltung 140
–, Kommunalverwaltung 142
–, Landesverwaltung 140
–, Träger, Organe und Behörden 137
–, Verwaltungsbehörden 134
–, Verwaltungsorganisation 134
Öffentlich-rechtlicher Vertrag 177
Offenbarungsbefugnisse 207
Offizialmaxime 110
Ordentliche Gerichtsbarkeit 104, 105
Ordnungswidrigkeiten 197
Organe 139
Örtliche Zuständigkeit 162

Parlamentarische Demokratie 117
Personen 66
–, Juristische Personen 67
–, Natürliche Personen 67
Petitionsrecht 129, 182
Pflegekassen 147
Pflegeversicherung, Soziale 147, 157
Pluralität (von Trägern) 160
Politisch Verfolgte 128
Postgeheimnis 128

Pressefreiheit 127
Privatrecht (Zivilrecht) 46, 66–99
Prozessgesetze 109
Prozessmaximen 110, 203–205
Prozesskostenhilfe 112

Recht: als Rahmenbedingung Sozialer Arbeit 14
–, Juristen und Recht 19
–, Soziale Arbeit und Recht 15
–, Soziale Wirklichkeit und Recht 14
–, Studium der Sozialen Arbeit und Recht 16
–, Wissenschaften und Recht 18
Recht: Ziele und Funktionen 20
–, Abschreckung 28
–, Erziehung 28
–, Freiheitssicherung 22
–, Friedenssicherung 27
–, Gewährleistung von Gerechtigkeit 24
–, Gewährleistung von Gleichheit 23
–, Gewährleistung von Rechtssicherheit 26
–, Interessenausgleich 21
–, Steuerung gesellschaftlicher Prozesse 27
–, Strafe 29
Rechtsanspruch 34
Rechtsaufsicht 137
Rechtsfähigkeit 69
Rechtsgüter 26
Rechtsnormen 30–45
–, Charakteristika 30
–, Einteilung 35
–, Hierarchie 37
–, Objektive und subjektive Rechtsnormen 34
–, Strukturen 37
–, Zitierweise 37

Rechtspositivismus 44
Rechtsquellen 37
Rechtsschutz gegenüber
　Verwaltungshandeln 181–193
–, durch Verwaltung und Volksvertretung 181
–, Widerspruchsverfahren 183
–, gerichtliche Verfahren 105, 106, 109, 187–190
Rechtssicherheit 26, 150
Rechtsstaat, Rechtsstaatsprinzip 119, 205
Rechtstechnik 50
Rechtsträger 137
Rechtsverordnung(en) 38
Rechtsverwirklichung 103
–, Außergerichtliche 111
–, Gerichtliche 103
Rechtsweggarantie 120, 130
Rechtswidrigkeit 199
Rechtswissenschaft 18
Religionsfreiheit 127
Rentenversicherung, gesetzliche 156
Republik 116
Rundfunkfreiheit 127

Sachliche Zuständigkeit 162
Sachverhalt 50, 60
Satzungen 38
Schadenersatz 92, 94
Schmerzensgeld 96
Schuld 95, 199
Schuldverhältnisse 81 ff., 91 ff.
Schulpflicht 127 f.
Schweigepflichten 207
Selbstverwaltung, kommunale 142–146
Selbstverwaltung der Sozialversicherungsträger 147
Sittenwidrigkeit 74, 76
Sollensordnungen und Recht 17

Sozialamt 162
Sozialdatenschutz 166
Soziale Arbeit und Recht 15, 206–209
Soziale Entschädigung und Versorgung 154, 159
Soziale Gerechtigkeit 150
Soziale Pflegeversicherung 157
Soziale Fürsorge 154, 159
Soziale Sicherheit 150
Sozialgerichtliches Verfahren 187–192
–, Begründetheit einer Klage
–, Eröffnung des Rechtsweges 189
–, Instanzenzug 106, 192
–, Klagearten 189, 190
–, Kosten 188
–, Zulässigkeit einer Klage 189
Sozialgerichtsbarkeit 106
Sozialgerichtsgesetz 106
Sozialgesetzbuch (SGB) 150–168
–, Bücher I bis XII 151–158
Sozialhilfe 151, 157
Sozialrecht 150–168
Sozialrechtliches Dreiecksverhältnis 161
Sozialstaat 122, 149
Sozialversicherung 147, 151
Sozialverwaltungsverfahren 162
–, Sozialdatenschutz 166
–, Verfahrensvorschriften 163
–, Zuständigkeiten 162
Staat, Staaten 115, 140
Staatsprinzipien des Grundgesetzes 116
–, Bundesstaatsprinzip 118
–, Demokratieprinzip 117
–, Rechtsstaatsprinzip 119
–, Republikanisches Prinzip 116
–, Sozialstaatsprinzip 122
Staatsverwaltung 134–142
Städte 142 ff.

Stiftungen 138
Strafe 194, 200, 201
Strafgerichtsbarkeit 105, 200, 203
Strafrecht 194–202
–, Jugendstrafrecht 210
–, Materielles Strafrecht 197
–, Rechtsfolgen der Straftat 200
–, Rechtsquellen 194
–, Strafverfahrensrecht 203
–, Strukturprinzipien 204
Strafverfahren 203
–, Akteure 203
–, Grundsätze und Prinzipien 205
–, Schweigepflichten und Offenbarungsbefugnisse 207–210
–, Soziale Arbeit und Strafverfahren 207–210
–, Strafrechtliche Garantenstellung 209
–, Verfahrensabschnitte 204
Streitschlichtung 112
Subjektive(s) Recht(e) 34
Subsidiaritätsprinzip 160
Subsumtion 50

Tatbestand 63, 199
Tatbestandsmäßigkeit 199
Treu und Glauben 43

Umkehrschluss 59
Unabhängigkeit, richterliche 103, 205
Unbestimmte Rechtsbegriffe 45, 179
Unerlaubte Handlungen 91
Unfallversicherung, gesetzliche 157
Unmittelbare Staatsverwaltung 140
Unschuldsvermutung 206
Untersuchungsgrundsatz 206

Vereinigungsfreiheit 128
Verfahrensrecht 109
Verfahrensvorschriften 109
Verfassungsbeschwerde 109
Verfassungsgerichtsbarkeit 104
Verfassungskonforme Auslegung 56
Verfassungsrecht 115–132
Verhältnismäßigkeitsprinzip 120, 196
Verpflichtungsklage 189, 191
Verrichtungsgehilfe 97
Verordnung(en) 38
Versammlungsfreiheit 128
Verträge 77
Vertretung 79
–, Gesetzliche Vertretung 79
–, Rechtsgeschäftliche Vertretung 79
Verwaltung: siehe öffentliche Verwaltung 135
Verwaltungsakt 169–176
–, Begriff und Bestandteile 169
–, Bestandskraft und Aufhebung 175
–, begünstigender Verwaltungsakt 171
–, Inhalt, Form und Nebenbestimmungen 171
–, nicht begünstigender Verwaltungsakt 172
Verwaltungsbehörden 134–148
Verwaltungsgerichtliches Verfahren 187–192
–, Begründetheit einer Klage 189, 190
–, Eröffnung des Rechtsweges 189
–, Instanzenzug 106, 192
–, Klagearten 189
–, Kosten 188
–, Zulässigkeit einer Klage 189
Verwaltungsgericht 106, 187

Sachregister

Verwaltungsgerichtsbarkeit 106
Verwaltungsgerichtsordnung 106
Völkerrecht 27, 47, 118
Volk 117
Vorsatz 95, 200

Wahlen 117
Wenn-dann-Bestimmungen 42
Werkvertrag 88
Widerspruchsverfahren 183–187
–, Einlegung eines Widerspruchs 184
–, Entscheidungen über einen Widerspruch 186
Willenserklärungen 74
–, Anfechtung 76
–, Auslegung 76
–, Formen 75

–, Rechtsunwirksamkeit 76
Wissenschaften und Recht 18
Wissenschaftsfreiheit 127
Wohlfahrtspflege, -verbände 160

Zeugnisverweigerungsrecht 207
Zivilgerichtsbarkeit 105
Zivilrecht (Privatrecht) 46, 66–100
Zivilrechtliche Haftungsfragen (Deliktsrecht) 91–100
Zivilrechtliche Verträge 77, 78, 81–88
–, Arbeitsvertrag 87
–, Dienstvertrag 86
–, Kaufvertrag 81
–, Mietvertrag 82
–, Werkvertrag 88
Zuständigkeiten 104, 162

Leseprobe
Reinhard J. Wabnitz
Grundkurs Familienrecht für die Soziale Arbeit

Ausdruck der familiären Solidarität ist des Weiteren § 1619, aufgrund dessen das Kind verpflichtet ist, in einer seinen Kräften und seiner Lebensstellung entsprechenden Weise den Eltern „in ihrem Hauswesen und Geschäft Dienste zu leisten", solange es dort wohnt und von den Eltern erzogen oder unterhalten wird. Die Verpflichtung zur Mithilfe im gemeinsamen Haushalt – und bei vorrangiger Berücksichtigung der Belange von Schule und Berufsausbildung und in einem angemessenen zeitlichen Umfang – erscheint als grundsätzlich unproblematisch. Bei der Mithilfe im Betrieb der Eltern oder in der Landwirtschaft ist in besonderer Weise auf die Belange des Kindes (Schule, Ausbildung) Rücksicht zu nehmen und sind Überforderung und Überanstrengung zu vermeiden (vgl. BGH FamRZ 1960, 359; 1998, 101).

7.2 Begriff und Erwerb der elterlichen Sorge

7.2.1 Begriff und Bestandteile der elterlichen Sorge

Elterliche Sorge ist ein Sammelbegriff für die wichtigsten privatrechtlichen Beziehungen zwischen Eltern und Kindern nach den §§ 1626 bis 1698b. Elterliche Sorge ist die wichtigste Funktion der elterlichen Verantwortung im Zusammenhang mit ihrem verfassungsrechtlich geschützten, Pflichten gebundenen Elternrecht nach Art. 6 Abs. 1 Satz 1 GG (siehe dazu Kapitel 1.2). Die umfassend angelegten Verpflichtungen im Rahmen der elterlichen Sorge zielen ab auf die Entwicklung von jungen Menschen zu eigenverantwortlichen und gemeinschaftsfähigen Persönlichkeiten (vgl. auch § 1 Abs. 1 SGB VIII).

Seit Inkrafttreten des BGB im Jahre 1900 bis in die sechziger Jahre des 20. Jahrhunderts war das Eltern-Kind-Verhältnis rechtlich und weit gehend auch tatsächlich durch ein „Über-Unterordnungsverhältnis" gekennzeichnet, das insoweit zutreffend durch den Rechtsbegriff „Elterliche Gewalt" zum Ausdruck gebracht wurde. Dieser Begriff wurde erst 1980 durch den nunmehr gültigen Begriff der elterlichen Sorge abgelöst und durch die Kindschaftsrechtsreform 1998 und die Einfügung partnerschaftlicher Beziehungsmerkmale in § 1626 Abs. 2 in die zurzeit gültige, modernen Anschauungen entsprechende Gesetzesform gebracht. Danach berücksichtigen die Eltern bei der Pflege und Erziehung des Kindes dessen wachsende Fähigkeit und sein wachsendes Bedürfnis zu selbstständigem, verantwortungsbewusstem Handeln. Sie besprechen mit dem Kind, soweit es nach seinem Entwicklungsstand angezeigt ist, Fragen der elterlichen Sorge und streben dabei Einvernehmen an.

Elterliche Sorge umfasst gemäß § 1626 Abs. 1 Satz 2 die Sorge für die Person (Personensorge) und das Vermögen des Kindes (Vermögenssorge). Daran knüpft gemäß § 1629 Abs. 1 Satz 1 jeweils die gesetzliche Vertretung an, so dass die elterliche Sorge die in Übersicht 26 aufgeführten Elemente beinhaltet.

Elterliche Sorge

Übersicht 26

– **Personensorge** § 1626 Abs. 1 sowie § 1629 (gesetzliche Vertretung)
– Vermögenssorge § 1626 Abs. 1 sowie § 1629 (gesetzliche Vertretung)

Man muss also unterscheiden zwischen:

1. Personensorge in tatsächlicher Hinsicht (siehe 7.3)
2. Gesetzlicher Vertretung in Personensorge-Angelegenheiten (siehe 8.2)
3. Vermögenssorge in tatsächlicher Hinsicht (siehe 8.1)
4. Gesetzlicher Vertretung in Vermögenssorge-Angelegenheiten (siehe 8.2)

Wer Inhaber der elterlichen Sorge ist, nimmt diese zumeist in allen vier in Übersicht 26 gekennzeichneten Dimensionen wahr. Allerdings muss dies – z.B. bei Minderjährigen – nicht immer der Fall sein, so dass gelegentlich Personensorge, Vermögenssorge und/oder die gesetzliche Vertretung auseinander fallen können.

Grundtypen der elterlichen Sorge sind die gemeinsame Sorge durch beide Eltern und die Alleinsorge durch einen Elternteil.

℞ reinhardt
www.reinhardt-verlag.de

Vertiefung: Unbeschadet der vorstehenden und nachfolgenden Darstellung des Sorgerechts von Eltern (Müttern und / oder Vätern) gibt es in eingeschränktem Umfange auch sorgerechtliche Befugnisse weiterer Personen (siehe dazu Übersicht 27).

Leseprobe (S. 86-87) aus:

Reinhard J. Wabnitz
Grundkurs Familienrecht für die Soziale Arbeit
3., überarb. Auflage 2012. 197 Seiten. 8 Tab. Mit 67 Übersichten, 14 Fallbeispielen und Musterlösungen
(978-3-8252-3699-1) kt

ℝ️ **reinhardt**
www.reinhardt-verlag.de

Bereits in 3. Auflage erschienen

Reinhard J. Wabnitz
Grundkurs Kinder- und Jugendhilferecht für die Soziale Arbeit
3., überarb. Auflage 2012. 189 Seiten. 3 Tab.
Mit 62 Übersichten und 14 Fallbeispielen
(978-3-8252-3841-4) kt

Der „Grundkurs Kinder- und Jugendhilferecht für die Soziale Arbeit" vermittelt die elementaren Kenntnisse des Kinder- und Jugendhilferechts. Er gibt Studierenden einen Überblick über die rechtlichen Regelungen im SGB VIII, die Leistungen und anderen Aufgaben in der Kinder- und Jugendhilfe sowie über deren Trägerstrukturen und Behörden.

reinhardt
www.reinhardt-verlag.de

Wissen, was der Fall ist

Andrea Braun / Gunther Graßhoff / Cornelia Schweppe
Sozialpädagogische Fallarbeit
(Studienbücher für soziale Berufe; 11)
2011. 135 Seiten.
(978-3-8252-8460-2) kt

Dieses Lehrbuch stellt einen methodischen Zugang zur sozialpädagogischen Fallarbeit vor. Konkrete Fälle aus der sozialpädagogischen Praxis dienen als didaktisches Material, um die Herausforderungen der sozialpädagogischen Fallarbeit zu verdeutlichen und im Rahmen der Kernprobleme sozialpädagogischen Handelns zu diskutieren.

ℝ/ reinhardt
www.reinhardt-verlag.de

Systemisch, praktisch, gut

Wilfried Hosemann / Wolfgang Geiling
Einführung in die Systemische Soziale Arbeit
2013. 225 Seiten. 29 Abb. 5 Tab.
(978-3-8252-4008-0) kt

In weiten Teilen der Sozialen Arbeit gilt es mittlerweile als Zeichen der Qualität, systemisch zu arbeiten. Der systemische Ansatz verhilft zu mehr Klarheit bei komplexen Ausgangslagen und Zuständigkeiten. Er ermöglicht mehr Sicherheit im Umgang mit vielfältigen Ansprüchen an die Soziale Arbeit.
Dieses Buch führt in die Grundbegriffe systemischen Denkens und Handelns ein und verknüpft diese mit der Praxis der Sozialen Arbeit.

℞/ reinhardt
www.reinhardt-verlag.de

Grundlagen des Jugendstrafrechts

Christoph Nix / Winfried Möller / Carsten Schütz
Einführung in das Jugendstrafrecht für die Soziale Arbeit
2011. 210 Seiten. 6 Abb. 2 Tab.
(978-3-8252-3216-0) kt

Dieses Werk führt Studierende der Sozialen Arbeit in das Jugendstrafrecht ein und setzt sich kritisch mit dessen Grundlagen auseinander. Damit bietet es auch für JuristInnen einen zielgerichteten Zugang zu diesem Rechtsgebiet. Die Schwerpunkte liegen auf der Darstellung jugendstrafrechtlicher Sanktionen und der Analyse des Verhältnisses von Jugendstrafrecht und Jugendhilfe.

reinhardt
www.reinhardt-verlag.de

Mit Zusatzmaterial zum Download

Johannes Schilling / Susanne Zeller
Soziale Arbeit
Geschichte – Theorie – Profession
(Studienbücher für soziale Berufe; 1)
5., durchges. Auflage 2012. 300 Seiten. 30 Abb. 5 Tab.
Mit 127 Übungsaufgaben
(978-3-8252-8512-8) kt

Studierende der Sozialen Arbeit / Sozialpädagogik / Sozialarbeit finden in diesem Buch einen Leitfaden für ihr Studienfach – von den Anfängen der Armenfürsorge, über Theorien und Methoden bis hin zu heutigen Berufsbildern und dem professionellen Selbstverständnis.
Didaktische Elemente, Fragen zum Text bzw. zur Prüfungsvorbereitung und Zusammenfassungen erleichtern die Arbeit mit diesem Buch.

ℝ/ reinhardt
www.reinhardt-verlag.de

Bereits in 5. Auflage

Hiltrud von Spiegel
Methodisches Handeln in der Sozialen Arbeit
Grundlagen und Arbeitshilfen für die Praxis
5., vollständig überarbeitete Auflage 2013. 269 Seiten. 4 Abb.
4 Tab. Mit 30 Arbeitshilfen
(978-3-8252-8557-9) kt

Oft fehlt Praktikern, aber auch den Studierenden das Rüstzeug für die Planung und Nachbereitung ihrer Arbeit. Berufliches Handeln erfolgt überwiegend intuitiv und mit Rückgriff auf Erfahrungen und Routinen. Ob und warum dieses aber in einer gegebenen Situation angemessen ist, bleibt unklar. Das Buch zeigt hier Auswege auf, indem es Anregungen für ein systematisch geplantes und am wissenschaftlichen Vorgehen orientiertes methodisches Handeln bietet.

ℝ/ reinhardt
www.reinhardt-verlag.de

Keine Angst vor Statistik

Heinz-Günter Micheel
Quantitative empirische Sozialforschung
(Studienbücher für soziale Berufe; 10)
2010. 188 Seiten. 37 Abb. 34 Tab.
(978-3-8252-8439-8) kt

Viele Studierende der Sozialen Arbeit, Erziehungs- und Sozialwissenschaften sehen den Statistik-Prüfungen mit Schrecken entgegen. Das muss nicht sein: Dieses Lehrbuch enthält die prüfungsrelevanten Inhalte, übersichtlich und verständlich aufbereitet. Praktische Beispiele aus dem Feld der Sozialen Arbeit helfen, empirische Forschung zu verstehen und auch selbst anwenden zu können.

ℰ𝒱 reinhardt
www.reinhardt-verlag.de

Praxisorientierte Methodenlehre für Studierende

Dieter Kreft / C. Wolfgang Müller (Hg.)
Methodenlehre in der Sozialen Arbeit
Konzepte, Methoden, Verfahren, Techniken
2010. 176 Seiten.
(978-3-8252-3370-9) kt

Wie kann in den verschiedenen Tätigkeitsfeldern der Sozialen Arbeit fachlich angemessen und dabei planvoll gehandelt werden? Was sind die relevanten Methoden, Verfahren und Techniken und wie werden diese professionell eingesetzt? Namhafte AutorInnen erläutern in diesem Buch gut strukturiert die drei klassischen Methoden und stellen zahlreiche Beispiele für Verfahren und Techniken als Grundlagen für das Handeln nach den Regeln der Kunst vor.

ℝ⁄ reinhardt
www.reinhardt-verlag.de